COMMENTAIRES·SUR LES

MÉMOIRES DE FOUCHÉ

ŒUVRES POSTHUMES DE P.-J. PROUDHON

—————

Jésus et les Origines du Christianisme (In-8, chez G. Havard fils). *Manuscrits inédits*, publiés avec Introduction et notes par Clément Rochel.

Napoléon Ier (In-18, chez Montgrédien et Cie). *Manuscrits inédits*, publiés avec Introduction et notes par Clément Rochel.

EN PRÉPARATION :

Napoléon III.

Les Carnets de P.-J. Proudhon.

P.-J. PROUDHON

COMMENTAIRES SUR LES

MÉMOIRES DE FOUCHÉ

SUIVIS DU PARALLÈLE ENTRE

NAPOLÉON & WELLINGTON

MANUSCRITS INÉDITS PUBLIÉS

PAR

CLÉMENT ROCHEL

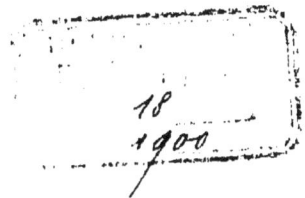

PARIS

SOCIÉTÉ D'ÉDITIONS LITTÉRAIRES ET ARTISTIQUES

LIBRAIRIE PAUL OLLENDORFF

50, CHAUSSÉE D'ANTIN, 50

1900

IL A ÉTÉ TIRÉ A PART :

Cinq exemplaires sur papier de Hollande
numérotés

COMMENTAIRE

SUR LES

MÉMOIRES DE FOUCHÉ

P.-J. PROUDHON

COMMENTAIRES SUR LES

MÉMOIRES DE FOUCHÉ

SUIVIS DU PARALLÈLE ENTRE

NAPOLÉON & WELLINGTON

MANUSCRITS INÉDITS PUBLIÉS

PAR

CLÉMENT ROCHEL

PARIS

SOCIÉTÉ D'ÉDITIONS LITTÉRAIRES ET ARTISTIQUES

LIBRAIRIE PAUL OLLENDORFF

50, CHAUSSÉE D'ANTIN, 50

1900

INTRODUCTION

En septembre 1824, les *Mémoires de Joseph
Fouché*, duc d'Otrante, ministre de la Police
Générale[1], furent publiés à Paris. D'après
Quérard et Barbier, ces Mémoires[2] avaient été
rédigés par A. de Beauchamp, à l'aide de notes
fournies par Louis-Pascal Jullian.

Beauchamp et Jullian étaient bien renseignés.
Agents de Fouché, tous les deux, ils devaient
fort bien connaître l'ex-conventionnel qui, par
le hasard des circonstances et une force de
volonté peu commune, joua un rôle prépondérant durant un quart de siècle presque et con-
tribua puissamment à l'édification et à la ruine
du régime impérial.

1. A Paris, chez Le Rouge, libraire, rue Saint-André-des-
Arts, Cour du Commerce. — 1824. 2 vol. in-8°.
2. Cf. SUPERCHERIES LITTÉRAIRES, art. *Fouché*.

Un contemporain, Vieillard, ancien député, puis sénateur, explique dans l'*Encyclopédie des Gens du monde* que ces Mémoires, juridiquement apocryphes, ont été composés d'après des notes autographes et des documents authentiques de Fouché. C'est ce qui paraît probable, d'autant plus que l'ancien Ministre de la Police semble préoccupé de laisser des Mémoires, si on en juge par ce passage d'une étude qui lui fut consacrée en 1815, et dont la publication fut peut-être faite par ses amis : « Nous donnerons un supplément à cette note biographique, *lorsque nous connaîtrons les Mémoires du Duc ;* on dit qu'ils retracent dans toute leur vérité et avec une noble franchise les événements qui, depuis trente ans, ont amené les révolutions diverses et qu'ils appellent forcément l'attention sur ceux qui peuvent en préparer de nouvelles [1]. »

En tête des *Mémoires de Fouché,* figure un avis du libraire-éditeur dont voici les lignes à retenir : « J'ai voulu être sûr de ne blesser ni

---

[1]. *Précis de la vie publique du duc d'Otrante.* — Londres, Leipzig et Amsterdam, 1816, p. 153. — Cet ouvrage, très favorable à Fouché et sans grand intérêt documentaire, a été réimprimé en 1819, à Paris, chez Plancher, sous ce titre : *Mémoires sur la vie publique de M. Fouché, duc d'Otrante.*

les lois ni les hommes, ni le gouvernement de mon pays. N'osant rien rapporter à moi-même, j'ai consulté un homme exercé, et il m'a rassuré complètement. Si je lui ai demandé quelques notes, c'était plutôt pour constater l'indépendance de mes opinions que pour offrir un contraste entre le texte et les commentaires. Mais quoique les notes soient clair-semées, elles ont failli me ravir la publication de ces *Mémoires* posthumes.

« Enfin, l'intermédiaire chargé de remplir les intentions de l'auteur s'est rendu à mes raisons, et je crois pouvoir annoncer au public que je ne tarderai pas à faire paraître la seconde partie des *Mémoires du duc d'Otrante.* »

Il semblerait résulter de ce passage que M. Jullian, — très probablement l'intermédiaire dont parle l'éditeur,— qui était resté attaché à la mémoire de Fouché, s'opposa autant qu'il le put à la publication de notes qui dégageaient la responsabilité du libraire par leur sévérité même à l'égard de l'ancien Ministre. Ces notes sont vraisemblablement de Beauchamp, qui avait été chargé de la rédaction et comptait parmi les dix ou douze *teinturiers* auxquels on doit les

Mémoires les plus intéressants de cette époque (Constant, Bourrienne, Fouché, Borel, etc., etc.).

*
* *

Quelques notes sur MM. de Beauchamp et Jullian doivent ici être rappelées.

Alphonse de Beauchamp naquit à Monaco, en 1767. Fils d'un chevalier de Saint-Louis, major de place, il entra en 1784 au service du roi de Sardaigne, en qualité de sous-lieutenant dans le régiment de la marine.

Son séjour en Piémont fut marqué par des galanteries sans nombre et par quelques productions satiriques. Au moment de la Révolution, il ne voulut pas servir contre la France. Il donna sa démission, et, devenu suspect, fut emprisonné à la Brunette, puis au château de Ceva.

Il rentra en France, sa fortune perdue, et trouva bientôt un emploi dans les bureaux ministériels [1], au Comité de la Sûreté générale d'abord;

1. Certificat de Chepy, commissaire général de police, daté de Brest, 19 prairial an XII, — constatant que Beauchamp, ex-employé dans les bureaux du Ministère de la Police générale,

et, sous le Directoire, au Ministère de la Police, comme attaché à la surveillance de la presse. Il collaborait, d'ailleurs, régulièrement, à plusieurs journaux.

C'est lui qui rédigea, avec d'autres collaborateurs, la table alphabétique et analytique du *Moniteur*. Il publia plusieurs écrits, parmi lesquels : *Le Faux Dauphin* (1803, 2 vol. in-12) ; *Histoire de la guerre de Vendée et des Chouans* (3 vol. in-8°, 1806), dont la troisième édition parut en 1807 et fut saisie, comme étant trop ouvertement royaliste.

Fouché témoigna alors son mécontentement à Beauchamp, pour la publication de cet ouvrage, dont l'impression avait été cependant autorisée : il prétendit que l'auteur s'était servi des matériaux qu'on lui avait confiés à la police administrative où il était employé[1]. En réalité, les pièces

a rempli pendant neuf mois la fonction de secrétaire en chef du Commissariat.

Le 7 messidor an XII, il demandait sa réintégration, dans la Police, de rédacteur qu'il avait été pendant plusieurs années au Ministère de la Police générale. Il habitait alors rue de Grenelle-Saint-Germain, n° 175, près la rue des Saints-Pères.

1. Le 4 ventôse an XIII. — Réponse à la note du 9 pluviôse dernier, qui annonçait la publication prochaine de l'*Histoire*

communiquées, par ordre de Real, à Beauchamp n'avaient de rapport qu'aux événements postérieurs à la pacification de la Vendée, et il n'en avait pas fait usage[1].

On profita de ce prétexte pour le révoquer.

de la guerre de la Vendée. Il dit que c'est à tort que l'on prétend que, dans cette histoire impartiale, doivent figurer plusieurs lettres de l'évêque d'Orléans (Bernier) et dans lesquelles respire l'esprit animant alors les chefs vendéens. Il demandait qu'on vérifiât l'exactitude de ces renseignements.

« Il résulta des informations prises que l'ouvrage de M. de Beauchamp est annoncé dans la librairie comme devant être imprimé à Paris, mais que, jusqu'à ce jour, il ne l'a encore confié à aucun imprimeur. La surveillance se continue et l'on « fera connaître les résultats ». — ARCHIVES. — F. 7, 6455.

1. 8 avril 1807. — Division de Sûreté générale. — Lettre confidentielle au préfet de Loir-et-Cher pour faire surveiller Beauchamp, qui a pris un passeport pour Blois. Cette lettre est accompagnée d'un signalement du 24 mars 1807 :

« Beauchamp (Alphonse), homme de lettres, natif de Monaco, Alpes-Maritimes, demeurant rue de Grenelle-Saint-Germain, n° 20. Agé de 39 ans. Taille de 1m,65 ; cheveux et sourcils bruns, front ordinaire, yeux noirs, nez petit, bouche moyenne, barbe brune, menton à fossette, visage oval (*sic*), teint ordinaire. » — ARCHIVES, F. 7, 6455, 28 octobre 1807. — Lettre du préfet de Loir-et-Cher annonçant que Beauchamp (arrivé à Paris le 25 ou 26 courant) a recueilli dans le pays beaucoup de notes pour la 3ᵉ édition de son *Histoire de la Vendée :* « Je crois qu'en général ces notes lui ont été fournies par des personnes qui ne souhaitent pas que l'on fasse dans cet ouvrage l'éloge des républicains. » D'après une première lettre du préfet de Loir-et-Cher (3 mai 1807), Beau-

Suspect à cause de ses relations avec les royalistes, longtemps surveillé par la police, il fut
arrêté en 1809, parce qu'on avait saisi une lettre
de lui dans les papiers de M. A. de La Rochejaquelein [1]. Il se trouva exilé pendant quelques
mois, à Reims [2].

champ s'était surtout renseigné pour son *Histoire* auprès de
M. Dubin-Grandmaison, chanoine du diocèse d'Orléans, en
résidence à Blois, autrefois curé en Vendée, et qui avait
assisté aux principaux événements de la guerre, ainsi qu'auprès de M. Saluberry.

1. « 4° arrondissement. — Le 4 août 1809. — Beauchamp
(Alphonse), âgé de quarante-deux ans, natif de Monaco, Alpes-
Maritimes, arrêté comme ayant d'après ses lettres écrites à
La Rochejaquelein vendu sa plume au parti des Vendéens et
des Chouans. Cet individu a déclaré que, depuis longtemps
n'ayant d'autres ressources que ses ouvrages, il avait été
obligé d'accepter la somme de 4.000 francs que lui avait
prêtée La Rochejaquelein pour faire une édition complète de
l'*Histoire de la guerre de Vendée*, mais que, d'après l'avis qui
lui fut donné par M. de Narbonne, il avait fait suspendre sur-
le-champ l'impression de cette édition complète. Il a ajouté
qu'il aurait désiré recevoir d'une autre main pour rester plus
indépendant, mais qu'il n'a pas eu le choix...

« On a remarqué (*sic*) dans ses papiers que sa correspondance avec cette famille et un manuscrit sur le comte de
Rochecotte, traité avec la même partialité que l'avait été La
Rochejaquelein et autres chefs vendéens dans l'*Histoire de
la guerre de la Vendée*. Son Excellence est priée de vouloir
bien faire connaître ses intentions à l'égard du sieur Alphonse
Beauchamp. » — ARCHIVES. — F. 7, 6455.

2. La réponse du Ministre ne se fit pas attendre.
On le mit en liberté, mais en surveillance, dans son départe-

Mais il revint ensuite à Paris, en 1811, après avoir signé l'engagement écrit de ne plus rien publier sur la politique contemporaine. De 1811 à 1813, il collabora à *la Gazette de France*; puis il entra comme employé dans les Droits-Réunis, dont François de Nantes était directeur général. Il quitta cette place, un peu forcé, en 1814.

Et, dès lors, il ne s'occupa plus que de travaux littéraires. Il publia, en 1815, une *Histoire de la campagne de* 1814 (2 vol. in-8°). Une deuxième édition, parue en 1816, fut augmentée de la campagne de 1815 et forma 4 volumes in-8°. Cet ouvrage lui attira un procès de la part de M. Bouvier-Dumolard, ex-préfet de Tarn-et-Garonne, qui le poursuivit comme calomniateur pour l'avoir présenté comme responsable de la bataille de

ment. Relégué à Monaco, son pays natal, il demanda, à cause des frais du voyage, de se rendre à Meaux, Senlis ou Melun. Il fut envoyé à Reims le 11 août. Le 6 novembre, il écrivait à Fouché pour demander de rentrer à Paris, — ce qui lui était accordé au mois de décembre (par une décision du 12 décembre). Le 8 janvier, il arrivait à Paris et signait à la Préfecture de Police « l'engagement de cesser ses écrits et sa correspondance avec les hommes qui ont pris part aux troubles des départements de l'Ouest. » (Note de police du 19 janvier 1810.)

Toulouse (16 avril 1814), en retenant à Montauban le colonel Saint-Simon, porteur de dépêches annonçant la Restauration.

Le 27 décembre 1821, dans une lettre datée de Versailles, rue de la Cathédrale, n° 2, il adressait à M. Corbière, ministre de l'Intérieur, une demande d'emploi, ou plutôt sa réintégration dans l'emploi qu'il avait eu à la Police sous l'Empire :

« Forcé, dit-il dans cette lettre, de me créer des ressources, je fus employé successivement dans diverses administrations de l'Etat. J'occupais en 1806 une place de rédacteur dans les bureaux de la *Police administrative*, quand je publiai, en 1806, l'*Histoire de la guerre de la Vendée...* Montrer à toute la France, comme des héros, les principaux chefs de cette guerre royale qu'on appelait brigands, depuis l'origine des troubles, était une entreprise hardie ; je réussis aux yeux de l'élite de la nation ; mais, dès lors, je fus en butte à une persécution injuste et violente ; elle ne vint pas du chef de l'Etat, mais de la faction régicide dont Fouché était l'âme. Il m'ôta la place que j'occupais dans ses bureaux ; par là il me fit perdre quatorze ans de travaux et de services publics ; je fus même exilé et longtemps persécuté. Ces iniquités de la Police impériale n'ont pas encore été réparées sous le Gouvernement des Bourbons. »

Il rappelle ensuite que le roi a accepté l'hommage de son livre, *la Vie de Louis XVIII*, et que le Ministre de la Maison du roi vient de souscrire pour deux cent cinquante exemplaires in-8°. Et, bientôt après, il adresse une nouvelle demande à M. Franchet, directeur général de la Police.

Cette lettre[1], datée de Versailles, Pavillon Bauregard, est du 11 janvier 1822.

« Employé jadis à la Police générale comme rédacteur, je fus victime, vous le savez, d'un acte arbitraire du régicide Fouché qui, m'ôtant mon emploi, me fit perdre quatorze ans de travaux et de services publics; par là, il voulut me punir d'avoir prouvé, le premier, à la France et à l'Europe, dans mon *Histoire de la guerre de la Vendée*, que les chefs vendéens n'avaient pas été des brigands, mais des héros...

« Je puis le dire, je suis un des hommes de France qui, témoins de toutes les scènes de la Révolution, après avoir vu la cour de Louis XVI, ont acquis sur les événements contemporains, sur les hommes

---

1. Cette lettre se trouve aux ARCHIVES, F. 7, 4380.

et les choses, le plus de lumières théoriques et pratiques. En portant mes méditations sur la politique, je les dirigeai aussi sur la haute Police qui en est une branche essentielle, puisqu'elle peut et doit concourir à l'affermissement de l'ordre public. Malheureusement, ces ressorts étaient restés dans des mains suspectes. A peine les ai-je vus passer enfin dans des mains royalistes que j'ai conçu l'espoir de servir le Gouvernement d'une manière utile... C'est dans cette vue que j'ai l'honneur de vous proposer d'adresser sous vos auspices, à Son Excellence, une correspondance secrète sur tous les objets et sur tous les points qui pourraient intéresser la sûreté de l'Etat, la personne du roi et la famille royale ; mais je désire que vous seul, Monsieur le Directeur général, en soyez l'intermédiaire... »

Cette demande avait été faite d'après les instructions verbales que le directeur de la Police générale avait données à A. de Beauchamp, le 10 janvier 1822. Elle n'eut d'ailleurs aucune suite, pas plus que les précédentes.

A. de Beauchamp avait obtenu en décembre 1815 la décoration de la Légion d'honneur. Il mourut du choléra le 1er janvier 1832. Il était, disent ses biographes, de mœurs très douces et d'un caractère très sûr. Nous allons voir, à présent, ce qu'était son collaborateur des *Mémoires de Fouché*.

*
* *

Pierre-Louis-Pascal Jullian naquit à Montpellier, vers 1769. Son père, directeur des domaines du roi, venait d'acheter une lieutenance dans les gardes françaises, lorsque ce corps fut licencié à l'époque de la prise de la Bastille.

Il résolut alors d'entrer dans la magistrature, et se rendit à Montpellier pour faire ses études de droit. Mais le décret du 6 septembre 1790, qui supprima les parlements, vint encore lui fermer cette carrière.

Il se jeta dans le parti opposé à la Révolution, et son exaltation politique l'obligea à quitter Montpellier. Arrivé à Paris au moment où Louis XVI venait d'être arrêté à Varennes, il réussit à se faire présenter au roi, et l'instruisit des dispositions qu'on avait prises dans les sections pour assaillir le château le 10 août, à la pointe du jour. Il put s'échapper pendant cette journée, après avoir vainement essayé d'entrer dans le château.

Il se cacha d'abord chez un ami, à Clichy-la-Garenne. Mais, arrêté à Versailles, le 8 octobre 1793, il y subit une captivité de treize mois.

Mis en liberté, trois mois après, le 9 thermidor, il embrassa par reconnaissance le parti des thermidoriens, se lia avec Fréron et Barras, et parut à la tête de la *Jeunesse dorée*.

Le 10 germinal an III (30 mars 1795), Jullian présenta à la Convention une adresse dans laquelle il demandait le jugement de Billaut-Varennes et de Collot d'Herbois (mis en état d'accusation et d'arrestation par un décret du 2 mars). Dénoncé dans cette séance comme chevalier du poignard par Bourdon de l'Oise, il faillit être arrêté.

Pendant les insurrections du 12 germinal (1er avril 1795) et 1er prairial (20 mai), Jullian engagea les sections à défendre la Convention et faillit partager le sort du député Féraud. Lorsque, au 13 vendémiaire (5 octobre 1795), la «Jeunesse dorée» abandonna le parti de la Convention pour se jeter dans celui des sectionnaires, il

resta fidèle à cette assemblée et accompagna
Fréron à Marseille pour y arrêter les progrès de
la réaction.

Le 30 avril 1797, il fit insérer dans *le Moniteur* un article dans lequel il demandait que
La Fayette, détenu dans les prisons d'Olmutz, fût
rendu à la liberté et compris dans le traité de
paix qui allait se conclure entre la République
et l'empereur d'Allemagne.

Accusé, après le 18 fructidor, d'avoir participé
à la radiation d'un émigré, il fut arrêté, détenu
au Temple pendant six mois et acquitté à l'unanimité, le 5 mars 1798, par le tribunal criminel
de la Seine. En 1809, il avait été envoyé en
qualité de chef d'escadron à la Garde nationale,
auprès du maréchal Bernadotte, chargé de repousser l'invasion anglaise contre Anvers. Il fut
pendant deux mois son officier d'ordonnance.

Agent de Fouché, Jullian, à l'époque de la
disgrâce de son patron, en 1810, faillit être
enfermé à Vincennes. Il obtint cependant la
permission de se rendre en Franche-Comté, où il
resta quelques mois. Il reçut ensuite du directeur des Droits-Réunis une commission pour se
rendre en Italie ; exil déguisé, car il lui était

interdit de repasser les Alpes sans nouvel ordre.

Il revint à Montpellier en 1815, et, à cause des passions qui soulevaient alors le Midi, il dut se réfugier à Bruxelles où il rédigea un grand nombre d'articles dans *la Galerie historique des Contemporains* (Bruxelles, 1817-1819, 8 vol. in-8°). Il en fut le principal collaborateur avec Lesbroussart et Van Gennes.

D'ailleurs, à cette époque, il avait déjà publié plusieurs ouvrages, parmi lesquels : *Mémoires sur le Midi* (Paris, an IV, in-8°) ; *Fragments historiques et politiques* (Paris, 1804) ; *Souvenirs de ma vie*, par M. de J. (Paris, 1815, in-8°). Il mourut en 1836.

* * *

Le premier volume des *Mémoires de Fouché* parut en septembre 1824. Deux événements d'importance accaparaient l'attention du public : la mort de Louis XVIII (16 septembre 1824), et le crime de Papavoine. Il est certain que ces circonstances contrarièrent le retentissement de ces *Mémoires*.

Néanmoins, les héritiers de Fouché s'empressèrent de protester. Ils annoncèrent qu'ils allaient poursuivre l'éditeur devant les tribunaux. *Le Journal des Débats* et *le Moniteur* insérèrent leur réclamation, ainsi que la réponse de Le Rouge, l'éditeur, offrant de prouver l'authenticité des *Mémoires*.

D'autre part, les *Mémoires*, avant et pendant les débats, soulevaient de vives protestations.

Le Constitutionnel du 26 décembre 1824 publiait cette lettre d'Adolphe Thibaudeau, adressée au rédacteur en chef[1] :

« Monsieur, le premier volume des prétendus *Mémoires de Joseph Fouché, duc d'Otrante*, a donné lieu, devant les tribunaux, à un procès intenté par les héritiers du duc d'Otrante, qui désavouent cette publication. Il résulte de ce qui

1. Après avoir pris un rôle important et très honorable dans la Convention, Antoine-Claire Thibaudeau avait été fait, après le 18 brumaire, conseiller d'Etat, puis préfet de la Gironde, et, en 1808, comte de l'Empire. Privé de ses emplois, lors de la première Restauration, membre de la Chambre des pairs, au retour de Napoléon, il fut obligé de s'expatrier en 1815 et parcourut la Suisse et l'Allemagne avant de se fixer à Prague, où il mourut en 1823.

Les *Mémoires* qu'il avait écrits pendant son exil furent publiés en 1824 par son fils, Adolphe Thibaudeau (2 vol. in-8°). Ils sont un peu déclamatoires, mais très intéressants.

s'est passé à l'audience que cet ouvrage n'est qu'un libelle de pure invention [1].

« Cependant le second volume vient de paraître. Je laisse au public à prononcer sur un écrit où, insultant à la fois à la faiblesse et au malheur, on attaque des femmes qui ne peuvent se défendre et des hommes frappés par la mort ou par la proscription. Mais les faits sont si graves, pour ce qui concerne mon père, que je ne dois pas différer d'un instant une protestation formelle. Je déclare donc fausses et mensongères toutes les allégations que renferme ce volume sur la conduite de mon père en 1814 et en 1815, et je porte à l'éditeur le défi de rapporter une seule preuve des faits qu'il avance.

« Obligé de rompre le silence que mon père s'était imposé sur tant de publications qui outragent également la vérité, je saisis cette occasion pour démentir une imputation recueillie dans plusieurs ouvrages et tirée d'un rapport fait au roi à Gand, où l'on accuse mon père d'avoir, en 1814, parcouru la Suisse, l'Allemagne et l'Italie, et rassemblé *trente millions* pour pré-

1. Il faut remarquer que le jugement contre l'éditeur des *Mémoires de Fouché* ne fut rendu que le 5 janvier 1825.

parer les événements de 1815. Mon père n'a quitté Paris en 1814 que pendant quinze jours, qu'il a passés à Bruxelles en démarches auprès du Gouvernement, relatives au projet qu'il avait formé alors d'y transporter sa famille et d'y fixer sa résidence. Il n'a jamais mis le pied en Italie; il n'a vu la Suisse que dans l'automne de 1815, et comme prisonnier, et l'Allemagne que comme proscrit. J'aime à croire que le Ministre qui a signé ce rapport, publié dans *le Moniteur de Gand*, a regretté d'avoir, par une accusation dont la fausseté est démontrée, approuvé peut-être le sort de mon père. »

Dans le numéro du *Constitutionnel* du 28 décembre, le libraire Delaunay publiait la curieuse lettre qui suit :

« Monsieur, on vient de mettre en vente le second volume des prétendus *Mémoires du duc d'Otrante* ; jugez de mon étonnement d'y trouver de nombreux passages pris textuellement dans le *Manuscrit de 1813* dont je suis l'éditeur. Ainsi on a attribué à M. le duc d'Otrante, mort il y a plusieurs années, ce que M. Fain[1], auteur

---

1. Fain, qui succéda à de Menneval comme premier secrétaire du cabinet et secrétaire intime de l'empereur, publia,

du *Manuscrit de 1813*, n'a fait imprimer que
depuis deux mois.

« N'est-ce pas abuser de la permission? Pour
faire justice d'un tel plagiat, il suffit d'en informer le public...

            « DELAUNAY, libraire, Palais-Royal. »

Les héritiers de Fouché demandaient la suppression des *Mémoires* et la condamnation de
l'éditeur Le Rouge à 50.000 francs d'amende,
qui devaient être distribués aux pauvres. Leur
plainte, soutenue par Mᵉ Gauthier-Ménars, était
fondée sur ce que leur père n'avait pas laissé de
Mémoires, et qu'on abusait de son nom. Les
débats, commencés le 18 octobre 1824, se termi-
nèrent le 29 décembre. L'éditeur Le Rouge avait
pour avocat Berryer [1].

Berryer répondait, au nom de son client, que
la dénégation des enfants de Fouché n'était

---

en 1823, le *Manuscrit de 1814*, *trouvé dans les voitures impériales prises à Waterloo, contenant l'histoire des six derniers
mois du règne de Napoléon;* en 1824, le *Manuscrit de 1813,
contenant le précis des événements de cette année, pour servir
à l'histoire de Napoléon;* et, plus tard, le *Manuscrit de 1812.*

1. Il n'était encore que « Berryer fils », et sa réputation
n'égalait pas celle de son père. Cependant il s'était déjà fait
connaître par la défense du maréchal Ney et des généraux
Debelle et Cambronne.

d'aucun poids dans la question principale, que
le nom de Fouché, étant historique, était tombé
dans le domaine public. Peu importait qu'on
employât la première ou la troisième personne.
Il n'y avait là qu'un procédé littéraire très légitime et depuis longtemps en usage. Si, d'ailleurs,
ajoutait-il, Le Rouge gagnait quelque chose à la
publication de ces *Mémoires*, ce ne serait qu'une
compensation « providentielle » pour réparer les
pertes que lui avait fait subir Fouché par des
persécutions, incarcérations, confiscations d'ouvrages imprimés en l'honneur des Bourbons[1].

L'audience la plus importante fut celle du
28 décembre (1824), dont *le Journal des Débats*
donna, le lendemain, un compte rendu assez
détaillé. Devant la première chambre, présidée
par Moreau, l'avocat des enfants de Fouché,
Mᵉ Gauthier-Ménars, présenta de nouvelles conclusions : « Attendu qu'au mépris de l'action
judiciaire, légalement intentée, on a publié,
samedi dernier, un deuxième volume, imprimé
pendant le procès et daté du 14 décembre... » Il

---

1. Berryer essaya de transformer ce procès en procès
politique et de faire bénéficier son client des tristes souvenirs qu'avait laissés le régicide Fouché.

parla ensuite de la protestation du libraire Delaunay, citée plus haut, et termina en disant que
ces prétendus *Mémoires* étaient « une menson-
gère fabrication produite par quelque fripier
littéraire ».

Berryer évita avec soin de s'expliquer sur
l'authenticité des *Mémoires*, malgré les efforts
de la partie adverse. Pendant tous les débats, il
se garda d'affirmer et de nier, pour laisser un
doute dans l'esprit des juges et ne pas exprimer
une opinion trop formelle qui aurait pu blesser
sa conscience ou léser les intérêts de son client.
Il suffit, pour caractériser cette habile tactique, de
donner un extrait des débats :

M⁰ Berryer. — Le Tribunal a dû saisir l'esprit de ma plaidoirie : je n'ai pas dit du tout que
les *Mémoires* ne sont pas de M. Fouché ; je
ne me suis expliqué à cet égard en aucune manière, et j'ignore jusqu'à quel point je pourrais
être obligé de donner un jour des explications
ultérieures. Quant aux dommages et intérêts
pour lesquels on demande la contrainte par
corps, je ne sais sur quel texte de la loi on se fonde.

M⁰ Bouvin, avoué. — Sur l'article 120 du
Code de Procédure.

M⁰ Berryer. — La publication de la seconde
partie des *Mémoires* était annoncée dans la
préface de la première, et l'on s'occupait de l'imprimer lorsque l'action des héritiers a été
intentée.

M⁰ Gauthier-Ménars. — C'est une irrévérence
inexcusable pour le Tribunal lui-même d'avoir
fait paraître le second volume, pour ainsi dire
à la veille du jugement ; vous auriez dû attendre
cette décision même.

Il est certain que la défense de Le Rouge présentait des difficultés insurmontables. L'avocat
était meilleur que la cause.

L'avocat du roi, M⁰ Tarbé, se plaça sur un
terrain purement juridique. Dans ses conclusions
il traite les questions suivantes :

1° Jusqu'à quel point est-il vrai de dire que la
vie d'un homme d'État appartient à l'histoire et
qu'il est permis de lui attribuer des *Mémoires*
qui ne sont pas de lui ?

2° Les héritiers du duc d'Otrante sont-ils fondés à se plaindre de l'usurpation du nom de
leur père ?

3° Le sieur Le Rouge est-il fondé à se renfer-
mer dans son système de dénégations ?

4° Enfin y a-t-il lieu à la suppression de l'ouvrage et à des dommages et intérêts ?

Après avoir posé en principe que le nom d'un homme appartient à ses enfants et qu'il n'est pas permis de l'usurper pour réveiller des haines, faire l'apologie des anciennes erreurs d'un homme auquel ses honneurs et sa fortune avaient été conservés ; après avoir soutenu que les héritiers de Fouché avaient subi un préjudice et dans la réputation de leur père et par le profit considérable qu'a dû faire le libraire Le Rouge en publiant deux éditions de la première partie et en tirant la seconde sans doute à un nombre proportionné d'exemplaires, Me Tarbé concluait ainsi :

« Attendu que la demande des héritiers du duc d'Otrante est fondée en droit et que nul ne doit abuser d'un nom qui n'est pas le sien ;

« Attendu que Le Rouge, après avoir déclaré, dans une lettre adressée à plusieurs journaux, que les *Mémoires* étaient authentiques et fait plaider à l'audience qu'il ne voulait pas s'expliquer sur ce point ;

« Nous estimons qu'il y a lieu d'ordonner que, dans les trois jours du jugement à intervenir, Le

Rouge et Lefèvre (l'imprimeur) seront tenus de justifier de l'authenticité des *Mémoires de Joseph Fouché, duc d'Otrante*, pour être ensuite statué ce qu'il appartiendra ; et, faute par eux de justifier de cette première partie du jugement, ordonnons que les héritiers du duc d'Otrante seront autorisés à faire saisir par toutes les voies de droit, à supprimer la première et la seconde partie desdits *Mémoires* et d'en faire briser les planches et à fournir l'état des dommages et intérêts qui leur sont dus et auxquels Le Rouge et Lefèvre sont dès à présent condamnés, sauf le recours de Lefèvre contre Le Rouge. »

Le Tribunal remit le prononcé du jugement à huitaine.

A l'audience du 5 janvier 1825, le jugement [1] suivant était rendu :

« En ce qui touche la demande des héritiers du feu duc d'Otrante contre Le Rouge :

« Attendu que Le Rouge ne justifie pas que les *Mémoires* qu'il a publiés sous le nom du duc d'Otrante sont réellement de ce dernier, quoique, sur le désaveu public des héritiers du duc

---

1. Le jugement fut donné dans *le Moniteur* du 6 janvier 1825 et dans *le Journal des Débats*, à la même date.

d'Otrante, il ait annoncé aussi publiquement
qu'il en justifierait l'authenticité en justice ;

« Attendu que, si chacun a le droit d'écrire et
de publier la vie d'un homme qui a joué dans
les affaires publiques un rôle aussi important
que le feu duc d'Otrante, il ne peut être
permis à personne de le faire, comme dans les
Mémoires publiés par Le Rouge, comparaître
lui-même devant le public, pour y faire
des aveux, exprimer des opinions dans lesquelles peut-être il n'a point persévéré et
rapporter des faits plus ou moins offensants
pour sa mémoire et pour des tiers ; qu'ainsi
c'est contre toute espèce de droit que Le Rouge
s'est permis de publier les *Mémoires* dont il
s'agit ;

« Attendu que les héritiers du feu duc d'Otrante
sont fondés à se plaindre de l'abus que Le Rouge
a fait du nom de leur père, abus qui n'a pu être
commis que dans l'espérance, en trompant le
public, de se procurer un bénéfice plus certain
et plus considérable ; que de pareilles spéculations, qui tendent d'ailleurs à porter le trouble
dans la société, en réveillant et perpétuant les
haines, doivent être sévèrement réprimées ; que

les héritiers du feu duc d'Otrante ont droit de
demander pour réparation que les *Mémoires*
publiés par Le Rouge soient supprimés et que,
faute par Le Rouge de représenter tous les
exemplaires qui ont été tirés, il soit condamné à
des dommages et intérêts proportionnés au bénéfice illicite qu'il en aurait fait ;

« Attendu que la valeur des exemplaires vendus
excède de beaucoup la somme de 300 francs,
qu'en pareil cas la *contrainte par corps* est autorisée par la loi et qu'elle est requise ; que c'est
d'autant plus le cas d'admettre cette voie de
contrainte que les dommages et intérêts prononcés ne consistent qu'en une restitution des
sommes touchées par Le Rouge.

« En ce qui touche la demande des héritiers
du feu duc d'Otrante contre Lefèvre, imprimeur :

« Attendu que si, pour la première partie des
Mémoires en question, Lefèvre peut prétendre
qu'il n'avait pas connaissance de la supposition
du nom du feu duc d'Otrante, cette excuse lui
échappe pour la seconde partie ; qu'en effet, il a
imprimé cette seconde partie depuis la demande
formée contre lui par les héritiers du duc
d'Otrante et à une époque, par conséquent, où il

n'ignorait pas que lesdits héritiers désavouaient les *Mémoires* publiés par Le Rouge ;

« Qu'en mettant à la disposition de Le Rouge pour les publier les exemplaires ainsi imprimés de la seconde partie desdits *Mémoires*, et ce, avant l'issue des contestations, Lefèvre s'est rendu envers les héritiers du feu duc d'Otrante garant solidaire avec Le Rouge de la publication que ce dernier a faite de la seconde partie des *Mémoires* dont il s'agit;

« En ce qui touche la demande de garantie de Lefèvre contre Le Rouge, attendu qu'elle n'est pas contestée et que .Lefèvre n'a agi que sur la demande et par les ordres de Le Rouge :

« Le Tribunal donne acte aux héritiers du feu duc d'Otrante de ce qu'ils désavouent formellement les *Mémoires* publiés par Le Rouge, sous le nom de leur père, ordonne que tous exemplaires imprimés de ces *Mémoires*, ensemble les formes qui ont servi à leur impression seront supprimés; autorise en conséquence les héritiers du feu duc d'Otrante à faire décomposer les formes et à saisir tous exemplaires desdits *Mémoires* qui existeraient encore entre les mains soit de Le Rouge, soit de Lefèvre, soit de tous autres qui les détiendraient au nom et pour le compte des susnommés ;

« Condamne Le Rouge à représenter tous les exemplaires qu'il a fait tirer tant de la première que de la seconde partie des *Mémoires* dont il s'agit ;

« Condamne également Lefèvre, solidairement avec Le Rouge, à représenter tous les exemplaires par lui tirés *de la seconde partie seulement* [1] ; et, faute par Le Rouge et Lefèvre de faire ladite représentation, condamne Le Rouge seul et *par corps* à payer aux héritiers du feu duc d'Otrante *cinq francs* de dommages et intérêts pour chaque volume relatif à la première partie des *Mémoires* qui ne sera pas représenté ; Le Rouge et Lefèvre solidairement et tous deux aussi *par corps*, à payer auxdits héritiers pareille somme de *cinq francs* pour chaque volume relatif à la seconde partie qu'ils ne pourront représenter ;

« Ordonne que les volumes représentés par Le Rouge et Lefèvre ou saisis sur eux seront déposés au greffe pour y être lacérés et détruits.

---

1. La plupart des exemplaires de la seconde partie furent saisis. Voilà pourquoi cette seconde partie est aujourd'hui beaucoup plus difficile à trouver que la première.

« Statuant sur la demande en garantie de Lefèvre contre Le Rouge, condamne ledit Le Rouge à garantir et indemniser Lefèvre des condamnations contre lui prononcées par le second jugement en principal, intérêts et frais ; condamne Le Rouge et Lefèvre envers les héritiers du feu duc d'Otrante, savoir : Le Rouge aux trois quarts des dépens, et Lefèvre au dernier quart ; condamne Le Rouge aux dépens envers Lefèvre. Sur le surplus des demandes, fins et conclusions des parties, met hors de cause. »

Après le prononcé du jugement, Berryer fit, au nom de son client, une observation relative aux dommages et intérêts :

« Le Tribunal ne penserait-il pas devoir défalquer les frais de papier et d'impression ? — Le Tribunal, répondit le président, a délibéré sur ce point en fixant les dommages et intérêts à 5 francs par chaque volume. »

Quel effet ce procès produisit-il sur le public ? Nous pouvons en juger par cet extrait d'un journal du temps, l'*Oriflamme* [1] :

1. L'*Oriflamme, journal de littérature, de sciences et arts.* Paris, Dentu, 1824, t. II, p. 481. — Ce journal royaliste,

« Rien n'a manqué pour irriter la curiosité publique : désaveu, procès, attaque, riposte. Le héros de l'ouvrage n'était qu'à demi connu ; il n'y est représenté qu'en habit brodé, l'épée au côté, le chapeau sous le bras, la poitrine ornée de plusieurs décorations [1]. Grâce au zèle indiscret de messieurs ses fils, les gens qui veulent tout savoir ont été mis à même de reprendre l'histoire de Fouché *ab ovo*. Ils l'ont vu en robe d'étamine noire et le bonnet carré sur la tête, aux collèges de Juilly et d'Arras ; puis en carmagnole et en bonnet rouge au Club des Jacobins ; puis avec la ceinture tricolore de représentant du peuple, envoyant Louis XVI à l'échafaud ; puis, escorté de la force armée, *travaillant la marchandise* à Nevers ; puis enfin, après la chute de Robespierre, chassé de la Convention comme voleur et terroriste. »

Fouché avait laissé de tels souvenirs qu'on peut dire que, si l'éditeur de ses prétendus *Mémoires* fut condamné par la police, il fut

---

dont le principal rédacteur était Salgues, parut du 1er janvier 1824 au 16 juillet 1825. Il forme 52 livraisons.

1. Allusion au remarquable portrait de Fouché, placé en tête de *quelques* exemplaires des *Mémoires*. Ce portrait, qui paraît être très authentique, n'est pas signé.

absous par l'opinion publique, heureuse de voir
démasquer l'homme dont la prospérité avait été
un des scandales de cette époque.

*
* *

Ces *Mémoires de Fouché* eurent donc un grand
retentissement. Le procès des héritiers du duc
d'Otrante n'enleva rien de leur actualité. Bien
au contraire, l'opinion publique fut encore davantage entretenue dans sa curiosité de scandale. La
figure de l'ancien Ministre de Police n'y gagna
pas du reste.

Par la mort du roi, Fouché tenait à la République; à la Terreur, par ses missions de Lyon et
de Nevers; au Consulat, par des services réels et
encore exagérés habilement; à Bonaparte, par
une sorte de sortilège, de charme, sous lequel il
l'avait pour ainsi dire attaché; à Joséphine, par
l'inimitié du frère du Premier Consul..

Qui le croirait? dit Bourrienne. Fouché comptait parmi ses plus chauds partisans les ennemis
de la Révolution; ils lui prodiguaient les louanges
aux dépens mêmes du chef de l'État... Ah!
c'est que l'adroit Ministre, avec une indulgence
calculée, savait protéger des individus que, pro-

consul, il avait frappés alors dans « leurs classes ». Directeur de l'opinion, tenant en ses mains le moyen d'inspirer de la crainte ou de conquérir par des avances, des séductions, il usait largement du pouvoir. Il dirigeait cette opinion avec un art consommé. Il savait faire jouer tous les rouages de la Police en sa faveur. C'était surtout la police de Fouché que celle des ministres de Police.

A Paris et dans toute la France, on proclamait donc, de par lui, de par ses ordres combinés, l'extraordinaire habileté de Fouché. Et on avait raison, car jamais aucun autre homme ne s'était montré si merveilleux magicien pour créer, entretenir, développer cette habileté.

Le secret de Fouché, tout son art, n'était guère que celui de la plupart des hommes d'Etat. Mais, mieux que quiconque, il savait en jouer avec son maître. Napoléon en était arrivé à le croire indispensable ; il redoutait même cette extraordinaire « fabrication d'intrigues ».

« Bonaparte voyait dans Fouché, dit Bourrienne [1], la Révolution tout entière sous la forme d'un homme ; l'influence de Fouché n'était donc

1. Cf. *Mémoires de Bourrienne*, t. V, ch. x.

à vrai dire que l'influence de la Révolution elle-même... Sans doute, la présence de Fouché au pouvoir retenait ceux des hommes de la Révolution qui étaient les plus dévoués au Ministère de la Police ; mais Fouché avait un faible pour eux. Il sentait que c'était d'eux qu'il tenait sa position, comme les anciens *condottieri* que l'on voulait avoir pour soi, pour ne pas les avoir contre soi et qui, au fond, n'étaient puissants que par les soldats enrôlés sous leurs bannières et dont ils pouvaient disposer. Tel était Fouché, et Bonaparte comprenait à merveille sa position. Il maintenait la troupe en retenant le chef à son service, jusqu'à ce qu'il lui fût possible de licencier des hommes indisciplinés. »

Et Bourrienne ajoute[1] :

« S'il aimait le pouvoir, Fouché aimait encore plus la fortune, et le Ministère aurait fourni, largement fourni, par les jeux et par d'autres recettes obscures, à ses grandes acquisitions territoriales en Brie. »

Les jugements sur Fouché se ressemblent tous. Il y a l'homme privé, sa vie d'intérieur; et le Ministre de la Police générale.

---

1. Cf. *Mémoires de Bourrienne*, t. V, ch. XIX.

Savary dit, dans ses *Mémoires*, qu'il avait l'espoir que son prédécesseur lui laisserait quelques documents propres à diriger ses pas ; mais Fouché demanda de rester dans son même hôtel, sous prétexte de rassembler en même temps ses effets, et les papiers qu'il aurait à lui communiquer. Savary le laissa trois semaines dans ses anciens appartements ; et, le jour qu'il en sortit, il ne rendit pour tous papiers qu'un mémoire contre la maison de Bourbon, lequel avait au moins deux ans de date ; il avait brûlé le reste, au point qu'il n'en restait pas de trace ni la moindre écriture.

Pour faire connaître les noms des agents de la Police générale, il en fut de même. Et, à ce pauvre Savary, apparut alors l'idée que ce grand Ministère de Fouché, dont il avait, comme tout le monde, la meilleure opinion, *n'était que peu de chose*, suspect même, puisqu'on faisait des difficultés pour lui livrer ce qui intéressait la sécurité de l'Etat.

Il ajoute, naïvement :

« Je n'apercevais rien dans la marche de mon prédécesseur qui pût m'indiquer le chemin à prendre... Je demandais à tout ce qui m'entourait comment faisait Fouché, et l'on me répondait qu'il laissait faire ce qu'il ne pouvait empêcher.

« Fouché s'était joué de moi en me désignant des agents qui étaient des hommes de la dernière classe et que même il ne recevait pas, hormis un ou deux individus qui lui permirent de me les présenter. Il ne m'en fit pas connaître d'autres. »

Savary[1] n'était pas de taille à lutter contre Fouché, ce diable de petit homme qui avait toujours, selon le mot de Barère[2], le talent de monter en croupe derrière les mieux montés. On trouve dans les *Derniers Jours du Consulat* de Fauriel un des jugements qui frappent le plus Fouché, sans violence ni parti-pris.

« Cet homme, dit le brillant critique[3], auquel il était réservé de s'approprier les divers genres de scandales et de se faire distinguer dans les excès les plus opposés de la Révolution, cet homme qui, proconsul dans les départements, s'était souillé de tant d'actes féroces et avait applaudi

1. « J'aime beaucoup Savary, disait Napoléon, parce que, si je le lui ordonnais, il assassinerait père et mère. »

2. Cf. Nos notes, *Napoléon I*er, par P.-J. PROUDHON, pp. 8 et 9. — Montgrédien et Cie; Paris, 1898.

3. Cf. *Les Derniers Jours du Consulat*, manuscrit inédit de CLAUDE FAURIEL, publié par Ludovic Lalanne. — Paris, Calmann-Lévy, 1889, pp. 163, 164, 165.

avec un enthousiasme si voisin du délire à tous
ceux dont il n'avait été que le témoin ; qui, dans
les ruines encore fumantes de Lyon, avait cru
trouver les jeux et spectacles qu'il faut aux républiques, sera peut-être l'exemple le plus frappant pour la postérité de la facilité avec laquelle
les ministres d'une liberté cruelle et extrava-
gante peuvent devenir les agents soumis et com-
plaisants d'un despotisme·avilissant. Avide de
ce genre de pouvoir qui s'exerce immédiatement sur les personnes et simple dans ses
domestiques ; ayant le privilège de paraître sincè-
rement attaché au sentiment le meilleur ; à l'opinion la plus sage, lorsqu'il est abandonné à lui-
même et sacrifiant cependant sans remords toutes
les opinions et tous les sentiments quand il
s'agit de sauver son crédit ou son influence ;
réunissant la fausseté et l'indiscrétion, de l'esprit et de l'ignorance ; ayant, comme tous les
hommes qui, dans leur conduite à travers
la Révolution, n'ont été inspirés que par des
intérêts personnels, contracté l'habitude de
regarder les principes absolus de la justice et de
la vérité comme des niaiseries qui ne peuvent
duper que les sots, Fouché, arrivé au Ministère

de la Police sous le Directoire par l'influence de Barras, s'y était maintenu après le 18 Brumaire par le zèle avec lequel il s'efforça de contribuer à cette journée sans y avoir été appelé par personne, et surtout par le dévouement sans bornes qu'il manifesta pour les intérêts de Bonaparte, le soin qu'il prit de son pouvoir et l'assistance qu'il prêta à tous ses projets... »

Fauriel montre bien ainsi l'un des motifs qui faisaient que Bonaparte redoutait Fouché, en même temps qu'il le considérait comme indispensable à sa politique, homme unique pour servir ses desseins, les deviner, les exécuter. Il insiste, du reste. Il dit que Fouché n'avait point *d'opinion sérieuse ni raisonnée sur aucune partie de la politique générale.* Mais ses instincts et ses déterminations devaient le porter vers les idées démagogiques.

La fortune, l'éclat, les honneurs, les avantages d'une existence sinon considérée, du moins bruyante, paraissaient au chef de la Police des compensations dans les services du despote. Fouché servait Bonaparte sans l'aimer. Il le secondait, il l'aidait, parce qu'il avait peur de se voir éloigner. Il ne pouvait se *passer pour ainsi dire de son commandement ;* il subit, lui aussi, l'ascendant que Napoléon exerçait sur tous ceux qui l'approchaient, et qui étonne Proudhon, parce qu'il ne se l'explique point, pas plus que Taine, du reste. Quel était donc le secret aimant qui semblait river Fouché à son maître ?...

Fauriel conclut qu'il n'y avait pas d'autre motif à cela que celui de *connaître l'âme et le caractère de Bonaparte.* Fouché voulait savoir de quelles déterminations il était capable, « soit pour augmenter son pouvoir, soit pour suivre l'impulsion de sa vengeance ».

Ces jugements justes et sévères n'empêchent pas Fauriel de montrer Fouché « simple dans ses goûts domestiques ». Nous retrouverons cette opinion dans les *Souvenirs de ma vie,* de M. Jullian. Elle est intéressante. C'est un contraste bizarre et fréquent. D'ailleurs, les critiques de Jullian portent un autre enseignement :

Ce Ministre, dit-il [1], dont la renommée s'est répandue partout, a fait de grands changements dans les bases de l'ordre public. Il a donné un

---

1. Cf. *Souvenirs de ma vie,* par M. J... 1815, p. 259 à 263.

aspect nouveau à celles qu'il a commencées.
Sous son administration prévoyante, tous les
partis, toutes les opinions se sont étonnés d'avoir
un protecteur commun ; et ce protecteur était
un Ministre de la Police. Ce qu'il y a de plus vil
parmi les hommes, l'espionnage et la délation,
est devenu entre ses mains les éléments de la
sûreté de tous ; dans un Ministère où l'on emploie
si souvent la fraude et la ruse, il a connu le prix
de la vérité.

Et ce qui ajoutait à cette influence que Fouché
exerçait sur l'opinion par la force de ses moyens
puissants, c'est qu'on savait, de bonne heure,
qu'il n'exerçait pas son autorité en courtisan.
Jullian insiste là-dessus :

« ... Dans le bien et dans le mal qu'ils font,
les hommes supérieurs n'ont rien qui ressemble
aux hommes vulgaires. Ce n'est pas sur les
règles communes qu'il convient de les juger. Il
importe que ceux qui veulent fixer leur opinion
sur le duc d'Otrante apprennent d'abord à le
connaître. Je sais que cela n'appartient pas à tout
le monde ; je sais que les qualités qui constituent
les hommes extraordinaires ne sont pas aperçues
indistinctement par chacun... »

C'est une vérité qu'il ne faut pas juger les hommes dits supérieurs à l'aune courante. On tombe dans des erreurs regrettables ; on diminue des choses très grandes, très méritoires, à les passer au crible de la raison simple, de la morale nue. L'histoire a son voile de légende, de pudeur, qu'on ne doit pas trop soulever, à toute occasion et pour tout le monde. Soit ! Mais les qualités de caractère, de cœur, de tendresse domestique valent qu'on en tienne compte.

Il faut bien, cependant, reconnaître que nul homme, avec plus de pénétration et de finesse, n'a plus de franchise et de bonhomie que le duc d'Otrante. Les vertus que lui reconnaît Fauriel sont confirmées par M. Jullian.

« Nul n'est meilleur père, et ne fut meilleur époux [1]. Dans les temps les plus orageux de sa vie, comme dans ses hautes prospérités, ses

---

1. Fouché qui, au début de la Révolution, avait inutilement demandé la main de Charlotte Robespierre, épousa, le 16 septembre 1792, à Saint-Nicolas de Nantes, Jeanne Coignaud, fille d'un procureur au provincial de Nantes... Devenu veuf en 1813, il épousa, en 1815, une jeune et belle personne, Mlle de Castellane, dont il avait connu la famille à Aix. Elle ne put se résigner à vivre avec lui et s'enfuit avec le fils d'un ancien conventionnel qu'elle avait vu à Prague.

amitiés furent toujours fidèles, sans distinction d'opinions ni de partis[1]. L'extrême activité de sa pensée, sans négliger un seul objet de haute importance, se porte alternativement sur tout ce qui l'entoure. Il juge d'un coup d'œil ce qu'une longue étude pourrait à peine faire soupçonner à un autre. En cela sa longue habitude des affaires ne le sert pas moins que sa perspicacité naturelle... »

Et voilà la raison qui faisait peut-être se comprendre, si bien, s'aider et s'excuser, Napoléon et Fouché !

Le portrait de Jullian continue à montrer des reliefs sur cette physionomie de demi-teinte, de recoins mystérieux. Personne, plus que le duc d'Otrante, ne fut réellement susceptible d'enthousiasme...

---

1. Après sa disgrâce, fortement rétribuée de la moitié des fonds secrets, Fouché remercia le Premier Consul. Il venait d'être élevé au niveau des hommes les plus récompensés, et avait tout récemment obtenu la sénatorerie d'Aix. « Je lui protestai d'être dévoué à jamais aux intérêts de sa gloire... j'étais de bonne foi... Je rentrai dans la vie privée avec une sorte de contentement et de bonheur domestique, dont je m'étais accoutumé à goûter la douceur au milieu même des plus grandes affaires...; je me retrouvai avec un tel surcroît de fortune et de considération que je ne me sentis ni frappé ni déchu. » — T. I, pp. 288, 289.

Rien ne détruit plus en nous ce sentiment que
la connaissance des hommes, et nul ne le posséda
à un plus haut degré que lui. Le duc d'Otrante
n'a dans ses résolutions, auxquelles il ne se fie
qu'après les avoir longuement réfléchies, ni cet
entêtement que les sots appellent *fermeté*, ni
cette versatilité qu'ils décorent du nom de *sage
condescendance*. Il ne les change pas, mais il les
modifie selon les temps et les besoins.

Tour à tour flexible et inébranlable, grave ou
frivole; ce sont plusieurs hommes en un seul;
mais celui-ci est, « dans tous les temps, l'homme
de l'Etat ».

Après ses notes, toutes sincères, qui donnent
du jour à la médaille bise, Jullian ajoute :

« J'en ai assez dit pour expliquer le dévouement inébranlable qui m'attache pour jamais à
la destinée du Ministre dont je viens de peindre
l'administration et de tracer le portrait. Si, à
tous les sentiments publics, il m'est permis de
joindre celui de ma reconnaissance personnelle
(et nul ne lui en doit plus que moi), on se convaincra que l'expression de ces sentiments n'est
pas moins de ma part, comme citoyen, un acte
d'éclatante justice, qu'elle n'est, comme ami,

l'accomplissement d'un devoir sacré et bien doux
à mon cœur. »

Telle est l'opinion de Jullian. Il faut la rapprocher de l'avis de l'éditeur des *Mémoires de
Fouché*, que nous avons déjà rapporté : « ... J'ai
consulté un homme exercé, et il m'a rassuré
complètement. Si je lui ai demandé quelques
notes, c'était plutôt pour constater l'indépendance de mes opinions que pour obtenir un contraste entre le texte et les commentaires. Mais
quoique... etc. », et l'on comprendra pourquoi
nous avons prodigué les citations, surtout celles
de cet auxiliaire de l'ancien Ministre.

Avant de donner quelques notes de bibliographie sur Fouché, nous devons établir le tableau
de sa famille[1].

Joseph Fouché est né à la Martinière, près du
bourg de Pellerin, le 19 septembre 1754. Il fut
membre de la Convention, Ministre de la Police
générale en 1799-1804 et 1815, — duc d'Otrante
en 1810.

Il est mort à Trieste, le 25 décembre 1820,

1. Voir ce tableau, page suivante.

LA FAMILLE DE FOUCHÉ

A. — Marié en premières noces, à Nantes, le 16 septembre 1792, avec Bonne-Jeanne Coignaud, fille du Président de l'administration du district de Nantes, morte en 1813, dont il eut quatre enfants.					B. Marié en secondes noces avec Mlle de Castellane, dont il n'eut pas d'enfants.
1 Joseph Fouché, duc d'Otrante, marié à Mlle de Sussy, mort à Paris en 1862, sans enfants.	**2** Armand Fouché, duc d'Otrante, mort en 1878, célibataire.	**3** Athanase Fouché, duc d'Otrante, aide de camp de Bernadotte et d'Oscar Ier, roi de Suède.		**4** Joséphine Fouché d'Otrante, mariée au comte de Thermes.	
		Marié en premières noces avec Mlle Palenstgerma. / Marié en secondes noces avec Mlle Van Stednjk, dont il eut / Marié en troisièmes noces avec Mlle Ironika Marx.		Mlle Fouché d'Otrante, mariée avec M. de Castelbajou, dont elle eut	
		Gustave Fouché, duc d'Otrante, premier écuyer du roi de Suède Oscar II, marié en premières noces avec la baronne Bouda, morte en 1872. Marié en secondes noces avec la baronne Stednijk, dame d'honneur de la princesse de Galles.	Pauline Fouché, mariée au comte Thur de Bielke, dont elle a eu plusieurs enfants. / Paul Fouché, comte d'Otrante.	Marie de Castelbajou, mariée au vicomte Emeric de Saint-Roman, commandant au 136e d'infanterie. (1894)	Henriette de Castelbajou.

après avoir été titulaire de la sénatorerie d'Aix en Provence [1].

D'après la *Bibliographie bretonne* de Levot (1852), tome I, pp. 713 et 715, article de M. Eugène Talbot : « Joseph Fouché naquit le 19 septembre 1754, au village de la Martinière, près du bourg de Pellerin, dans l'arrondissement de Paimbœuf. Son père se nommait Joseph Fouché, capitaine de navire marchand, et sa mère, Marie-Françoise Croiset. »

1. Cf. Comte de Martel, *Étude sur Fouché.* Paris, 1873-1879. Plon, 2 vol. in-12. Il n'a paru que deux volumes; le deuxième s'arrête au 9 thermidor.

Précis de la vie publique du duc d'Otrante, Londres, Leipzig et Amsterdam, 1816, in-8° ; *Mémoires sur la vie publique de M. Fouché, duc d'Otrante,* Paris, Plancher, 1819.

Ce dernier ouvrage est la réédition de celui de Londres, etc.

Antoine Serieys, *Fouché de Nantes, sa vie privée, politique et morale depuis son entrée à la convention jusqu'à ce jour.* Paris, 1816, in-12.

Souvenirs de ma vie depuis 1774 jusqu'en 1814, par M. de J. (de Jullian). Paris, Bossange et Masson, 1815, in 8°.

Desmarets, *Témoignage historique, ou Quinze Ans de haute police sous Napoléon.* Paris, 1833, in-8°.

Examen des Mémoires de Fouché... et autres articles complémentaires du philosophe ou Notes historiques et critiques de 1789 à 1844 (par le général Sarrazin). Bruxelles, Parent, 1844, in-8° de xiv-415 pages.

(Cet ouvrage ne se trouve pas à la Bibliothèque Nationale.)

Dans *l'Oriflamme,* journal de littérature, des sciences et des Arts (Paris, Dentu, 1824-1825, 4 vol. in-8°), cinq articles sur les *Mémoires de Fouché.*

L'acte de naissance, donné en entier par M. E. Talbot, est extrait du registre de l'état civil de la commune du Pellerin, f° 14, V°, année 1754 [1].

On sait que, le 18 brumaire [2], Fouché avait découvert par ses agents que les membres de l'opposition, enhardis par leurs premières clameurs, avaient expédié des exprès à Paris pour faire croire à leur succès, et stimuler le zèle de leurs partisans. Il en vint informer Bonaparte et le poussa à brusquer l'entreprise, qui réussit fort bien. Du reste et dès lors, Napoléon soupçonna toutes les intrigues de Fouché. Et cependant qu'il était le plus mécontent de lui, il n'osait le destituer, de crainte de ne l'avoir pas assez près de lui, et de ne pouvoir le surveiller, comme il l'entendait.

Fouché a avoué plus tard qu'il prévoyait que Bonaparte ne pourrait pas se soutenir. « C'était un grand homme, disait-il, mais il était devenu fou. J'ai dû faire ce que j'ai fait; j'ai préféré le

----

1. Cf. *Intermédiaire des Chercheurs et des Curieux*, 10 juillet 1896.

2. Cf. *Histoire parlementaire de la Révolution française depuis 1784 jusqu'à 1815*, par BUCHEZ et ROUX LAVERGNE, t. XL.

bien de la France à toute autre considération. »
De son côté, Napoléon disait à ses intimes que
les manœuvres de Fouché ne décideraient pas
seules du sort de la France : « Pour m'occuper
de lui, attendons une victoire[1] ! »

1. D'un entrefilet sur la journée du 18 brumaire.

« ... Dès que le décret du Conseil des Anciens fut notifié au
Directoire, les citoyens Roger-Ducos et Sieyès se rendirent
aux Tuileries. Gohier y est venu, dit-on, vers une heure. On
assure que Barras est parti de Paris; il a donné sa démission
de membre du Directoire, en se félicitant de ce que les destinées de la République étaient confiées à un général qui
l'avait tant illustrée par ses victoires, et qu'il avait le premier produit à la tête des armées républicaines. »

Nº 50. — Décadi 20 brumaire.

Paris le 19 brumaire... « Hier, à neuf heures du matin, le
Directoire ignorait encore ce qui se passait. Gohier, Moulins
et Barras étaient réunis; Sieyès se promenait dans le jardin
du Luxembourg, et Roger-Ducos était chez lui. Sieyès, ayant
été instruit du décret du Conseil des Anciens, se rendit aux
Tuileries. Roger-Ducos demanda à ses trois autres collègues
quelle foi on devait ajouter aux bruits qui se répandaient?
Ceux-ci n'ayant pu lui donner d'éclaircissements, il se rendit
aussi au Conseil des Anciens.

A dix heures, Gohier, Barras et Moulins formant la majorité
du Directoire, ont mandé le général Lefèvre, commandant la
17e division militaire, pour rendre compte et de sa conduite
et de ce qui se passait. Lefèvre répondit que, d'après le décret
que venait de rendre le Conseil des Anciens, il n'avait plus de
compte à rendre qu'à Bonaparte, qui était devenu son général.

A cette nouvelle, les trois Directeurs furent consternés.
Moulins entra en fureur, et voulut envoyer un bataillon pour
cerner la maison de Bonaparte ; mais il n'y avait plus moyen

Le 23 avril 1814, Napoléon couchait à Lyon, et se rendait à l'île d'Elbe, qui lui était attribuée

de faire exécuter aucun ordre; la garde du Directoire l'avait quitté pour se rendre aux Tuileries. Cependant les barrières furent fermées pendant quelques instants, et l'on croit que l'ordre en fut donné par les trois Directeurs.

Dans la matinée, on vit venir au Conseil des Anciens, Bottot, secrétaire de Barras, qui venait parler à Bonaparte. Il entretint le général pendant quelque temps en particulier; puis, Bonaparte, élevant la voix, lui dit, en présence d'une foule d'officiers et de soldats:

« Qu'avez-vous fait de cette France que je vous ai laissée si brillante? etc.

« Cet état de choses ne peut durer. Avant trois ans il nous
« mènerait au despotisme. Mais nous voulons la République,
« la République assise sur les bases de l'égalité, de la morale,
« de la liberté civile et de la tolérance politique. Avec une
« bonne administration, tous les individus oublieront les
« factions dont on les fit membres, pour leur permettre
« d'être Français... »

Barras donna sa démission à une heure et fit demander à Bonaparte de protéger sa sortie de Paris pour aller à sa terre de Grosbois. Le général donna l'ordre à un détachement de dragons d'escorter l'ex-Directeur jusqu'à sa maison de campagne.

Bonaparte rentrait à la Commission des inspecteurs du Conseil des Anciens, après avoir passé la revue des troupes qui se trouvaient dans les Tuileries quand Augereau s'est présenté à lui et, en l'embrassant à trois reprises, lui dit: « Comment! général, vous avez voulu faire quelque chose pour la patrie, et vous n'avez point appelé Augereau!... »

On assure que Gohier et Moulins ont donné leur démission: c'est le plus sage parti qui leur reste à prendre...

Le ministre de la Police (Fouché) et l'administration centrale adressent deux proclamations...»

en toute souveraineté. Ce même jour, Fouché écrivait la lettre suivante au prince de Talleyrand :

« J'ai l'honneur d'adresser à Votre Altesse deux lettres au lieu d'une que je lui avais promise. J'ai pensé qu'il convenait de faire connaître à Monsieur la lettre que j'écris à Bonaparte. J'ai ajouté quelques réflexions qui m'ont paru nécessaires dans cette circonstance. Votre Altesse sait que ceux dont je ne partage pas les inquiétudes me soupçonnent d'avoir fait quelques transactions pusillanimes.

« Je me rendrai chez Votre Altesse à onze heures et demie, et j'aurai l'honneur de dîner avec elle. Elle peut compter que je saisirai toutes les occasions de la voir et de profiter de ses entretiens.

« Le duc d'Otrante. »

« Le 23 avril 1814. »

« P.-S. Je prie Votre Altesse de se charger de faire passer la lettre à Bonaparte, quand elle l'aura communiquée à Monsieur. »

Les deux lettres incluses sous le même pli

étaient deux copies de la même lettre qu'il écrivait à l'empereur, parti depuis trois jours pour l'île d'Elbe.

L'une et l'autre étaient signées de la main du duc d'Otrante, qui avait pris le soin de parafer le *post-scriptum*, sur chaque copie. Voici cette lettre à Napoléon qui, pour la première fois, a été insérée dans les *Mémoires d'un Bourgeois de Paris :*

« SIRE,

« Lorsque la France et une partie de l'Europe étaient à vos pieds, j'ai osé, pour vous servir, au risque de vous déplaire, vous faire entendre constamment la vérité. Aujourd'hui que vous êtes dans le malheur, je crains bien davantage de vous blesser en vous parlant un langage sincère ; mais je vous le dois, puisqu'il vous est utile et même nécessaire.

« Vous avez accepté pour retraite l'île d'Elbe en souveraineté. Je prête une oreille attentive à tout ce qu'on dit de cette souveraineté et de cette île : je crois devoir vous assurer que la situation de cette île dans l'Europe ne convient pas à la vôtre, et que le titre de souverain de quelques arpents de terre convient moins encore à celui qui a possédé un immense empire.

« Je vous prie de peser ces deux considérations, et vous sentirez combien l'une et l'autre sont fondées. L'île d'Elbe est assez voisine de l'Afrique, de la Grèce, de l'Espagne; elle touche presque aux côtes de l'Italie et de la France; de cette île, la mer, les vents et une felouque peuvent transporter rapidement dans tous les pays les plus exposés à des mouvements, à des événements, à des révolutions. Aujourd'hui il n'y a encore nulle part de stabilité. Dans cette mobilité actuelle des nations, un génie tel que le vôtre donnera toujours des inquiétudes et des soupçons aux puissances. Vous serez accusé sans être coupable, mais sans être coupable vous ferez du mal, car les alarmes sont un grand mal pour les gouvernements et pour les peuples.

« Le roi qui va régner sur la France ne voudra régner que par la justice; mais vous savez combien de passions environnent un trône, et combien les haines sont habiles à donner à une calomnie les couleurs de la vérité!

« Les titres que vous conservez, en rappelant à chaque instant ce que vous avez perdu, ne

peuvent servir qu'à rendre vos regrets plus amers ;
ils ne paraîtront pas un reste, mais une représentation bien vaine de tant de grandeurs éva-
nouies ; je dis plus, sans vous honorer, ils vous
exposeront davantage. On dira que vous ne gardez
ces titres que parce que vous gardez toutes vos
prétentions ; on dira que le rocher d'Elbe est le
point d'appui sur lequel vous placerez les leviers
avec lesquels vous chercherez à soulever le
monde.

« Permettez-moi de vous dire ma pensée tout
entière, elle est le résultat de mûres réflexions ;
il serait plus glorieux et plus consolant pour vous
de vivre en simple citoyen, et aujourd'hui l'asile
le plus sûr et le plus convenable pour un homme
tel que vous, ce sont les Etats-Unis d'Amérique.

« Là, vous recommencerez votre existence au
milieu de ces peuples, assez neufs encore ; ils
sauront admirer votre génie sans le craindre.
Vous y serez sous la protection de ces lois égales
et inviolables pour tout ce qui respire dans la
patrie des Franklin, des Washington, des Jeffer-
son. Vous prouverez à ces peuples que, si vous
aviez reçu la naissance au milieu d'eux, vous
auriez senti, pensé et voté comme eux ; que vous

auriez préféré leurs vertus et leur liberté à toutes les dominations de la terre.

« J'ai l'honneur d'être avec respect de Votre Majesté le très humble serviteur.

« Le DUC D'OTRANTE.

« Paris, le 28 avril 1814. »

« *P.-S.* Je dois déclarer à Votre Majesté que je n'ai pris conseil de personne en vous écrivant cette lettre et que je n'ai reçu aucune insinuation. »

M. de Talleyrand communiqua au comte d'Artois une copie et envoya l'autre à l'empereur. Le témoignage des auteurs de l'*Histoire parlementaire de la Révolution* est formel :

« On ne comprend point la patience de Napoléon envers Fouché, surtout lorsqu'on lit la lettre que nous avons omise dans notre dernier volume et que l'ex-ministre adressait à l'île d'Elbe. Nous saisirons cette occasion d'en citer les principaux passages[1]. »

M. de Bourrienne avait été appelé à la pré-

---

1. Cf. t. XL, p. 117.

fecture de police en remplacement de M. d'André,
par une ordonnance du 12 mars 1815.

Louis XVIII lui donne l'ordre d'arrêter Fouché
et d'autres personnages [1] :

« Il était plus de minuit quand je fis mon
installation nocturne à la Préfecture de police ;
j'étais on ne peut plus contrarié de l'obligation
que le roi m'avait imposée de faire arrêter Fouché ;
mais il fallait bien obéir, et il n'y avait pas un
instant à perdre. Je communiquai cet ordre à
M. Fondras qui, sans se déconcerter, me répondit : — Puisqu'on veut le faire arrêter, nous l'au-
rons demain, soyez tranquille ! Nous arrêtâmes
toutes les dispositions nécessaires, et, le lendemain, mes agents se présentèrent à l'hôtel du
duc d'Otrante, rue d'Artois. Sur l'exhibition de
l'ordre qui fut montré à Fouché : — Comment !...
dit-il, mais cet ordre est nul ; il ne signifie rien,
il vient du préfet de police ! A mon sens, Fouché

1. La liste remise à Bourrienne était écrite par M. de Blacas.
Elle comprenait les noms suivants et dont nous ne restituons
pas l'orthographe : « Fouché, Davoust, Leconte, rue du Bac,
au coin de celle de l'Université ; il a les fonds de Fouché,
Gérard, Méjean, Legrand, Etienne, Gaillard, conseiller à la
cour royale, Hinguerlot, Le Maire, Bouvier-Dumoland, Maret,
Duvignet, Patris, Lavalette, Réal, Mounier, Arnauld, Norvins,
Sieyès, Pierre Pierre, Flas, Exelmane, Jos. Thurot. »

avait raison, car enfin ma nomination, datant de
la nuit même, n'avait pu encore être notifiée
légalement. Quoi qu'il en soit, sur le refus de
Fouché de suivre mes agents, quelques-uns
d'entre eux se transportèrent à l'état-major de la
garde nationale pour demander main-forte en
cas de besoin au général Dessolles. Celui-ci se
rendit aux Tuileries, afin de prendre les ordres
du roi, et, pendant ces allées et venues, Fouché,
conservant tout son sang-froid et causant avec
ceux de mes agents, qui étaient restés auprès de
lui, feignit de passer dans la pièce à côté pour y
satisfaire un besoin ; mais la porte qu'il ouvrit
donnait sur un couloir noir où il laissa mes
pauvres agents enfermés au milieu de l'obscurité ; quant à lui, il gagna la rue Taitbout où il
monta en voiture et se sauva. »

*\
* *

Il nous faut arrêter ces notes et revenir aux
Mémoires de Fouché. Ce dernier point, rapporté dans les *Mémoires* de Bourrienne, est tout
à fait caractéristique. On ne surprenait point facilement l'homme, pas plus qu'il n'est facile de
saisir les traits de cette figure mobile, de mar-

quer toutes les nuances de ce caractère fermé, de résumer en quelques pages cette vie très compliquée[1]. En tout cas, nous refusons de nous laisser entraîner davantage.

Nous avons vu les jugements de ses contemporains ; nous avons rapporté les notes bibliographiques, répété les citations tant sur lui que sur ses deux agents, M. de Beauchamp et M. Louis-Pascal Jullian.

Et, quant à nous, nous nous en tenons à l'opinion du bénédictin et termite, l'érudit Quérard : « Les *Mémoires de Fouché* n'ont pas été écrits par l'ex-conventionnel. »

Mais il est aussi de toute évidence que les auteurs se sont inspirés de pièces authentiques, n'ont parlé que de faits dont ils avaient été témoins ou acteurs. La plupart des opinions sur les hommes, des commentaires politiques, des développements et des faits relatés n'ont rien qui puisse être mis en contradiction avec le caractère et la nature du personnage.

1. Jurot conduisant pour la première fois sa femme chez Fouché, préfet de police, lui dit : « Tu vas voir un homme de beaucoup d'esprit. Il est surtout fin comme la soie... mais point faux. C'est l'homme le plus capable pour la place qu'il occupe. » (*Mémoires de Mme d'Abrantès*, t. III, p. 257.)

Le procès, les pièces qui l'accompagnent et que nous avons voulu mettre sous les yeux du lecteur sont à retenir. Et il reste acquis que, seul, le titre des *Mémoires de Fouché*, changé en *Mémoires sur Fouché*, eût été inattaquable. Il ne faudra pas l'oublier pour suivre avec intérêt les pages qui vont suivre.

Proudhon, en étudiant cette œuvre, cette compilation, cette adaptation, — invention, si l'on veut même, — s'est parfaitement rendu compte de son importance, à l'époque où il la lisait. Il ne s'y trompe pas. Il n'hésite pas à convenir, du reste, que, si les *Mémoires* ne sont pas vrais, ils sont du moins *véridiques*.

Les réflexions inspirées à Proudhon, les commentaires qu'il en a tirés, méritaient d'être conservés.

Nous les avons recueillis et classés avec soin.

Ils témoignent une fois de plus de l'ardeur que cet ardent génie mettait à scruter l'histoire, à surprendre les causes des événements, à en tirer des déductions précieuses ; ils montrent son amour extrême pour l'humanité et l'obstinée croyance qu'il avait dans la justice, la vérité.

Clément Rochel.

COMMENTAIRES

SUR LES

MÉMOIRES DE FOUCHÉ

.Ces Mémoires[1] sont infiniment curieux. Ils contiennent force vérités et anecdotes, tombées depuis dans la circulation. Bien des gens, jusqu'à M. Thiers, les ont pillés, ces Mémoires instructifs, sans indiquer la source. Fouché est un de ces hommes qu'il est de bon ton de ne pas citer. Mais point de milieu : ces Mémoires révélateurs doivent être acceptés pour le tout ou rejetés pour le tout; je veux dire que le témoignage de Fouché doit être accueilli comme un autre, et contrôlé seulement par d'autres témoignages ou par lui-même; ou écarté sans égard.

Or, mon opinion très formelle est que les *Mémoires de Fouché* sont *véridiques* au plus haut point, et sauf les inexactitudes inévitables en pareille matière, que l'on rectifie à l'étude d'autres renseignements, et les quelques petites *vanités* et *illusions* qui échappent assez souvent à l'auteur.

1. *Les Mémoires de J. Fouché, duc d'Otrante.* — Bruxelles, 1824, 2 vol. in-18. Tarlier, libraire, rue de l'Empereur; Paris, Le Rouge.

Ceci dit sur la valeur intrinsèque du livre, il faut apprécier le caractère, la moralité et le rôle du personnage.

On a dit de Fouché, comme de tant d'autres, beaucoup plus de mal qu'il n'en mérite; on l'a fait beaucoup plus noir et odieux qu'il n'est; d'un autre côté, on ne saurait admettre sa justification et le blanchir comme il l'entend; il s'agit donc de prononcer sur lui un juste jugement. Or il a fourni lui-même toutes les pièces; il y a peu d'hommes qui se soient exposés plus franchement aux regards de leurs lecteurs.

Fouché est l'archétype de toute une classe d'hommes fort nombreuse, qui, bien que se rattachant au fond du cœur à un principe, à un parti, se résignent cependant facilement à servir une pensée, un système contraire, tantôt sous prétexte de céder à la force, tantôt avec l'espoir de modifier, changer le système, d'entraîner le pouvoir à leurs vues, tantôt sous le prétexte philanthropique de faire dans une position mauvaise le plus de bien qu'il se pourra, et d'en tirer, dans l'intérêt de l'humanité et de l'ordre, tout le parti possible.

Il est hors de doute que Fouché, par exemple, esprit fort avisé, au fond ami de la Révolution, donna d'excellents conseils au premier consul et à l'empereur; qu'il s'opposa fréquemment à son humeur despotique[1], qu'il blâma ses actes les plus

_____

1. « Sous le règne de Napoléon, et dès la fin du Consulat, les formes, d'abord enfreintes avec violence, tombèrent bientôt dans un tel mépris qu'on ne les aurait pas réclamées sans exciter la dérision... La justice, faite pour tous,

usurpatoires, et ne fut étranger à rien de ce qui honore le plus le Gouvernement impérial; il est certain qu'il sauva plus d'une tête et ne servit pas peu à adoucir le sort des émigrés et des proscrits. Il est acquis qu'il blâma l'expédition d'Espagne et que, dès 1809, il prévit la chute prochaine du Gouvernement impérial.

Tout cela est vrai et doit lui être compté en atténuation de sa carrière si pleine d'équivoques.

Mais si vraiment il était ami de la liberté, pourquoi servait-il l'Empire?

Pourquoi laissa-t-il faire le 18 Brumaire, qu'il eût pu empêcher?

Pourquoi ne donna-t-il pas sa démission après Marengo? etc., etc.

Je sais bien que cette morale d'abstention conclut à l'inaction, à l'inertie, à l'abandon des intérêts les plus précieux; du moins, cela en a tout l'air.

Mais la *démission* donnée aurait produit autant d'effet que les conseils du magistrat rallié.

---

fut déniée ou proscrite... J'ai connu un vieillard respectable et incapable de feindre, qui était depuis deux ans en prison sans avoir été interrogé et qui me jurait sur l'honneur qu'il lui était impossible de deviner la cause de son arrestation. J'ai vu un papetier, nommé Métivier, qui ne fut interrogé qu'au bout de huit mois. Ce jour-là, on s'aperçut qu'il y avait eu erreur sur sa personne; il fut mis en liberté... Dix de mes amis, acquittés à l'unanimité par des juges qu'on n'a jamais soupçonnés d'une arrière-pensée séditieuse, ont subi dix ans de captivité depuis leur absolution... Ce jugement après jugement avait même un nom, mais un nom hybride, un nom monstrueux, un nom qui fait frémir: il s'appelait le *jugement administratif.* » — *Souvenirs de la Révolution et de l'Empire,* par Charles NODIER, t. I, p. 10

Mais l'*opposition* se formant serait devenue un frein plus puissant que les timides représentations du Ministre.

Et il est trop vrai qu'en voulant servir la Révolution sous le despotisme, on servait bien davantage encore sa propre fortune : Fouché laissa 14 *millions* à sa mort !

Était-ce par esprit d'*égalité* qu'il acceptait le titre de *duc d'Otrante?* qu'un Carnot se laissait faire comte? un Maret, duc? etc.

Ce n'est pas tout : voyez où ce système engagea Fouché et tant d'autres :

A nouer des relations avec tous les partis, afin de pouvoir se décider à temps en faveur du plus fort ; à conspirer quelquefois contre son propre chef !

En 1809, Fouché conspire avec Talleyrand, Bernadotte, Sémonville, etc., contre l'Empire, qu'il voyait marcher à sa ruine.

En 1814, il donne indifféremment ses conseils, conseils toujours très sages, il est vrai, à Murat, à Eugène, à Elisa, à Napoléon ; il s'entend avec Metternich ; il s'oppose d'abord à l'idée du rétablissement des Bourbons ; puis il l'accepte et devient un de leurs partisans, toujours, bien entendu, dans l'espoir de faire tourner les événements au profit de la Révolution.

Tout cela n'est pas précisément de la trahison, mais en est fort voisin. Il n'y a pas de doute que si, en 1815, pendant les Cent Jours, Napoléon avait eu la preuve des intrigues de Fouché avec Metternich, il l'eût fait fusiller, et qu'il n'y aurait eu rien à dire.

Fouché est le type de tous ces jacobins sans principes qui trouvent toujours une excuse patriotique à leurs évolutions, et qui, au fond, ne suivent d'autre boussole que celle de leur ambition et de leur égoïsme. Régicide en 1793 ; massacreur à Lyon, en 1793 ; thermidorien en 1794 ; bonapartiste en 1799 ; duc en 1804 ; partisan des Bourbons, puis de l'empereur, puis de nouveau des Bourbons, en 1815 ; en dernière analyse, ami de personne, et laissant une fortune évaluée à 14 millions qui, certes, ne sont pas le fruit d'économies opérées par le fonctionnaire sur ses appointements.

Fouché est le prototype de nos modernes jacobins, soi-disant démocrates, qui, en 1852, croyant l'Empire pas durable, refusèrent avec dignité le serment ; qui, en 1857, hésitèrent entre le serment et leur ambition ; et qui, enfin, en 1862, veulent absolument revenir aux affaires, toucher au pouvoir, aux places, à l'argent. C'est ce que nous verrons bientôt.

Fouché ne croit généralement pas à la probité ou à l'intégrité des gens ; cependant il a l'air d'en citer quelques-uns, mais qui rentrent dans le cadre des *ralliés*. Certes, on peut être probe et honnête dans tous les Gouvernements ; l'erreur alors n'est qu'un fait de jugement. Napoléon eut des amis intègres et dévoués. Mais, pour ceux qui repoussèrent énergiquement la tyrannie et ne transigèrent pas, Lafayette, Royer-Collard, B. Constant, Chateaubriand, Staël et quelques autres, Fouché les traite de gens de porte ou conspirateurs.

Les *Mémoires de Fouché*, écrits sans passion, sans fausse honte, laissent tout apercevoir et tout croire, et donnent tout à entendre.

Quelquefois des soupçons horribles surgissent, mais ce ne sont que des soupçons.

Par exemple, il fait remarquer que tout arrive à propos à Bonaparte :

Hoche, subitement arrêté dans ses conquêtes par les préliminaires de Léoben ;

Le même, mort de poison, 15 septembre 1797, à Wetzlor;

Joubert, tué, on ne sait comment, en 1799, à Novi, au début de la bataille;

Desaix, à Marengo;

Kléber, au Caire, etc.

Fouché[1] : — Figure longue, regard scrutateur et louche, habitude du corps, sèche.

1. Voici son portrait, en 1813, tracé par Charles Nodier :
« Le duc d'Otrante avait alors cinquante ans, mais il annonçait davantage. Sa taille, peu élevée au-dessus de la moyenne, était d'ailleurs extrêmement grêle, et même un peu cassée, quand il se laissait surprendre par la fatigue ou par l'ennui. Sa constitution osseuse et musculaire, qui se manifestait par de vives saillies dans tous les endroits apparents, ne manquait pas de vigueur ; mais elle ne portait plus rien de ce luxe de santé auquel on reconnaît les heureux de la terre, les égoïstes, les paresseux et les riches. Il n'y avait pas un trait dans sa physionomie, pas un linéament dans toute sa structure, sur lequel le travail avec le souci n'eussent laissé une empreinte. Son visage était d'une pâleur particulière qui n'appartenait qu'à lui et que je serais embarrassé de définir. Ce n'était pas la lividité qui trahit l'action permanente d'une bile réprimée avec effort ; ce n'était pas cette couleur malade et *blémissante* qui révèle un sang pauvre et une organisation étiolée. C'était un ton froid, mais vivant,

Vie sobre et frugale ; supérieur aux voluptés ; esprit mitoyen, mais régulièrement clairvoyant, inaccessible aux élans, aux effusions ; capable d'humanité ; pas de génie, mais force bon sens ; appréciant toujours les choses en elles-mêmes, les voyant telles qu'elles sont, et dans leur vraie tendance ; style commun, mêlé de traits originaux et énergiques, faits pour être retenus.

Servant bien, avec intelligence ; dépassant très souvent par excès de curiosité, besoin d'initiative, les vues et les desseins de ses chefs, ne se *livrant*

comme celui que le temps donne aux monuments. La puissance de ses yeux bien enchâssés prévalait, au reste, en peu de temps, sur toutes les impressions que son premier aspect aurait pu produire. Ils étaient d'un bleu très clair, mais tout à fait dépourvus de cette lumière du regard que leur donnent le mouvement des passions et jusqu'au jeu de la pensée. Leur fixité curieuse, exigeante et profonde, mais immuablement terne, et que rien n'aurait détournée d'une question ou d'un homme, tant qu'il lui plaisait de s'en occuper, avait quelque chose de redoutable qui me faisait tressaillir encore quelquefois... La tenue du duc d'Otrante était d'une extrême simplicité, à laquelle ses mœurs le portaient naturellement, mais qui pouvait avoir alors un motif politique, tout à fait d'accord avec ses penchants... Le duc d'Otrante, en redingote grise, en chapeau rond, en gros souliers ou en bottes, se promenant à pied au milieu de ses enfants, la main ordinairement liée à la main de sa jolie petite fille, saluant qui le saluait, sans prévenance affectée comme sans marque et sans étiquette, et s'asseyant bonnement où il était fatigué, sur le banc d'une promenade ou sur le seuil d'un édifice ; cet extérieur de vie bourgeoise, de bonhomie patriarche et d'inclinations populaires, qu'on avait regardé jusqu'alors comme incompatible avec le caractère français, et qui s'était manifesté rarement, à la vérité, chez les hommes de la conquête... éveillèrent plus de sympathie que nous n'en avions obtenu en plusieurs années d'occupation... »

jamais, et prompt à se détacher, dès que la politique
et les idées du pouvoir lui semblent perverties, ne
reculant pas devant une intrigue et des complots
ayant pour but de rétablir ce qui lui paraît meilleur.

En résumé, un homme sûr, tant qu'on peut
avoir la certitude d'obtenir son *adhésion*.

Un homme très peu sûr, au contraire, et dont il
fallait se défier au plus haut degré, dès que l'on
s'était aperçu de son blâme, que, du reste, il ne
cachait pas.

Avec tout cela, égoïste, amoureux du pouvoir,
des hommes, des richesses, très disposé à faire de
son intérêt l'intérêt général, à prendre le premier
pour critère du deuxième ; et, pour se maintenir,
allant jusqu'à suivre une politique et faire des
choses qu'il désapprouvait intérieurement.

C'est par *entraînement* que Fouché devint régicide, non entraînement des idées ou des passions ;
sa pensée ne me paraît pas, quoi qu'il dise, avoir
été convaincue, ni son âme surexcitée ; mais il
jugea que, tel étant le *courant* de l'opinion, il
fallait le suivre. — Les mêmes considérations
firent la base de sa conduite à Lyon ; et ainsi de
suite.

En deux mots, Fouché voyait juste, préférait les
principes et le droit ; mais, ne pouvant faire prévaloir ses idées, ni détourner le torrent des événements, il y entrait lui-même, et *hurlait* avec les
loups, sans trop de répugnance, en tous cas sans
remords. C'est tout à fait, je le répète, l'échantil-
lon le plus complet de la grande majorité des

humains, qui, au fond, n'obéit qu'à son intérêt, et ne se livre pas ; mais qu'il serait très facile de retenir dans la voie du droit et des principes.

Il commence par se *laver les mains* de la Révolution.

Suivant lui, c'est la corruption des hautes classes et la démoralisation de l'État, qui l'ont provoquée.

Une fois lancé, on n'a pu se retenir.

Les nobles et l'Église conspirant, émigrant, on en vint contre eux à la *spoliation*.

A qui la faute ? dit Fouché. « Ce n'est pas moi qui ai dit : Il faut que les propriétés changent. Ce mot était plus agraire que tout ce qu'avaient pu dire les Gracques, et il ne se trouva point un Scipion Nasica.

« La mutation des propriétés est synonyme de la subversion de l'ordre établi...

« Dès lors (à partir de la *spoliation*), la Révolution française ne fut plus qu'un bouleversement. »

Suivant lui, le but de la première coalition était de *démembrer* la France. « Alors, dit Fouché, le progrès des lumières n'avait point amené la *découverte de la combinaison européenne*. En préservant la France, les patriotes de 1792 ont travaillé, quoique sans intention, pour l'avenir de la monarchie...

« La Révolution fut violente, cruelle : c'était forcé. »

Joseph Fouché, fils d'un armateur de Nantes, 1763, élevé chez les Oratoriens, oratorien lui-même, préfet de collège à l'époque de la Révolution, n'a jamais été *engagé dans les ordres ;* s'est marié à

Nantes, après 1789, dans le but de se faire *avocat*.
Sa pensée alors était celle de son siècle ; rien de
plus, rien de moins[1].

Nommé par ses concitoyens représentant à la
Convention.

Avait connu Robespierre à Arras, où il professait la *philosophie*. Lui avait même rendu quelques
services : la diversité d'*opinion* et de *caractère* les
séparèrent.

Une anecdote qu'il raconte sur Robespierre
prouve que lui, Fouché, était ennemi de la *démagogie*.

Toutefois se déclara contre la Gironde pour
l'*unité* et l'*indivisibilité* de la République.

De là son opposition à la Gironde, et l'ardeur
qu'il montre dans la répression de l'insurrection
des départements. Il voyait le démembrement de
l'Etat ; la peur de ce démembrement, en présence
de l'ennemi, fut le levier qui soumit les départements.

La Convention, malgré tout ce qu'on peut lui
reprocher, a sauvé la patrie.

Il a voté la mort du roi ; il s'en est amèrement
repenti. Son motif fut la *raison d'Etat* ; et l'on voit

---

1. « Il est d'ailleurs de toute fausseté que j'aie jamais été
prêtre ni engagé dans les ordres : j'en fais ici la remarque
pour qu'on voie qu'il m'était bien permis d'être un esprit
fort, un philosophe, sans renier ma profession première. Ce
qu'il y a de certain, c'est que je quittai l'Oratoire avant
d'exercer aucune fonction publique, et que, sous l'égide des
lois, je me mariai à Nantes dans l'intention d'exercer la profession d'avocat, plus analogue à mes inclinations et à
l'état de la société... » (T. I, p. 12.)

que le repentant Fouché, placé dans les mêmes
conditions, voterait encore de même.

« *En politique*, se demande-t-il, *l'atrocité n'au-
rait-elle pas parfois son point de vue salutaire?* »

Ce n'était pas un énergumène, comme l'on voit.
Ce qu'il faisait, il le faisait avec réflexion et de
sang-froid. Et il ajoute : *Qui nous en demanderait
compte aujourd'hui si l'arbre de la Liberté, poussant
des racines profondes, eût résisté à la hache de ceux
mêmes qui l'avaient élevé de leurs mains ?*

Crimen facit eventus. Ce repentant-là n'est pas
très bourrelé.

Fouché vota la *loi des suspects*, mais en réclamant des *garanties*.

« Les députés en mission, suivant lui, n'étaient
que des machines, des instruments du *Comité*. » Du
reste, *la Terreur réagit sur lui*... On l'a dit depuis :
les terroristes furent les premiers terrifiés; la peur
fit la Terreur.

Il passe lestement sur sa mission[1]; arrive au

---

1. « Envoyé en mission dans les départements, forcé de me
rapprocher du langage de l'époque et de payer un tribut
aux circonstances, je me vis contraint de mettre à exécution
la loi contre les suspects. Elle ordonnait l'emprisonnement
en masse des prêtres et des nobles. Voici ce que j'écrivis,
voici ce que j'osai publier dans une proclamation émanée de
moi le 25 août 1793 :

« La loi veut que les hommes suspects soient éloignés du
commerce social ; cette loi est commandée par l'intérêt de
l'État; mais prendre pour base de vos opinions des dénonciations vagues, provoquées par des passions viles, ce serait
favoriser un arbitraire qui répugne autant à mon cœur qu'à
l'équité. Il ne faut pas que le glaive se promène au hasard.
La loi commande de sévères punitions, et non des proscriptions aussi immorales que barbares. » (T. I, p. 17-18.)

9 Thermidor; — accuse Robespierre, — dont il reconnaît l'*aptitude*, la *tenue*, la *suite d'idées* et l'*opiniâtreté*, — d'envie, de haine, d'esprit de vengeance, et d'aspirer à la dictature de Sylla. A la louange de Fouché, il faut dire qu'il détesta toujours le despotisme. Ce qu'il fit contre Robespierre, il le fera contre Napoléon.

Tallien voulant assassiner Robespierre, Fouché s'y oppose; la popularité de Robespierre lui *eût survécu*, dit-il, et on nous aurait immolés sur sa tombe. Il fallait *faire jouer d'autres ressorts.*

C'est Fouché qui décida contre Robespierre *Collot d'Herbois, Carnot* et *Billaud.*

C'est lui qui, à la fête du 20 prairial (8 juin), prédit tout haut à Robespierre sa *chute prochaine.*

Cinq jours après, Robespierre demanda sa tête; mais déjà l'*opposition était organisée* contre lui, au sein des Comités. — Voilà Fouché!

Alors on se prépare de part et d'autre à la guerre. Robespierre rappelle Saint-Just, rallie Couthon, prépare ses forces; mais, *lâche, défiant, timide,* laisse écouler cinq semaines à ne rien faire.

On a comparé Robespierre aux Gracques; il n'en eut ni l'*éloquence* ni l'*élévation.* Toutefois Fouché rétracte le jugement qu'il porta sur Robespierre, le lendemain du 9 Thermidor : Qu'on faisait trop d'honneur à Robespierre en l'accusant d'aspirer à la dictature; qu'il n'avait ni plan, *ni vues;* que, loin de disposer de l'avenir, il était *entraîné,* etc.

Fouché déplore et blâme la réaction de Thermidor, qui *l'expulsa* de la Convention.

Alors il apprit à *méditer sur les hommes* et les *factions*.

La journée de Vendémiaire mit fin à la persécution des patriotes. De là, la première sympathie de Fouché pour le général Bonaparte.

Critique judicieuse du Directoire, qui fit de bonnes choses, mais se détourna des patriotes pour se livrer aux *caméléons* politiques. Trois ans d'*obscurité* et de *défaveur* pour Fouché.

Fouché *dénonça* à Barras la faction de Babeuf : il fut un des auteurs de la défaite de cette secte redoutable. On lui offre une *place secondaire*, qu'il refuse.

Alors il se jette dans les *fournitures*, et commence sa fortune, dit-il, *à l'exemple de Voltaire*.

Là, il rendit plus d'un service aux patriotes.

Le coup d'État de Fructidor[1], rendu nécessaire par la fausse politique du Directoire, qui l'éloignait de plus en plus des patriotes et des républicains (*la Terreur*).

« Par notre énergie et la force des choses, nous
« (les patriotes vainqueurs du 18 Fructidor) étions
« les maîtres de l'État et de toutes les branches du

---

1. « Un grand déchirement devint inévitable dès que la majorité des deux Conseils se fut déclarée contre la majorité du Directoire... Ce fut alors qu'on vit Bonaparte, conquérant de la Lombardie et vainqueur de l'Autriche, former dans chacune des divisions de son armée un club, faire délibérer ses soldats, leur signaler les deux Conseils comme des traîtres vendus aux ennemis de la France, et après avoir fait jurer à son armée, sur l'autel de la Patrie, d'exterminer les *brigands modérés*, envoyer des adresses menaçantes en profusion dans tous les départements et dans la capitale. » (T. I, p. 34-35.)

« pouvoir. Il ne s'agissait plus que d'une prise de
« possession entière dans l'échelle des capacités.
« Quand on a le pouvoir, toute l'habileté consiste
« à maintenir le régime conservateur. Toute autre
« théorie, à l'issue d'une révolution, n'est que niai-
« serie ou hypocrisie impudente ; cette doctrine,
« on la trouve au fond du cœur même de ceux qui
« n'osent l'avouer. J'énonçai, en homme capable,
« ces vérités triviales, regardées jusqu'alors comme
« un secret d'État. On sentit mes raisons... Bientôt
« une douce rosée de secrétariats généraux, de porte-
« feuilles, de commissariats, de légations, d'ambas-
« sades, d'agences secrètes, de commandements
« divisionnaires vint, comme la manne céleste,
« désaltérer l'élite de mes anciens collègues, soit
« dans le civil, soit dans le militaire. Les patriotes,
« si longtemps délaissés, furent pourvus. J'étais l'un
« des premiers en date, et l'on savait ce que je
« valais. Pourtant, je m'obstinais à refuser les
« faveurs subalternes qui me furent offertes ; j'étais
« décidé à n'accepter qu'une mission brillante qui
« me lançât tout à coup dans la carrière des grandes
« affaires politiques. »

Enfin, septembre 1798, nommé ambassadeur près
la République cisalpine.

Bonaparte avait fait un *pont d'or* à l'Autriche, en
lui sacrifiant Venise.

Or, admirez les effets des principes égoïstes et
cupides recommandés par Fouché.

On ne s'arrête pas, comme l'on sait, dans cette
voie de corruption et d'assouvissement.

La *République cisalpine* réclamait l'indépen-

dance : elle avait raison, dit Fouché ; c'était l'intérêt
de la République française elle-même, à qui il fallait des alliés forts et sincères. C'était également
l'opinion de Barras, de Brune, etc. Mais les patriotes
voulaient en faire une *vache à lait*...

« En moins d'un an, la paix de Campo-Formio,
« qui avait abusé tant de crédules, était sapée —
« par la base. Sans nous arrêter, nous avions horri-
« blement usé du droit de la force en Helvétie, à
« Rome, en Orient. A défaut de rois, nous avions
« fait la guerre aux pâtres de la Suisse ; nous
« avions été relancer les Mameluks. Ce fut particu-
« lièrement l'expédition d'Egypte qui *rouvrit toutes*
« *les plaies.* »

Fouché blâme cette expédition, *vieille* idée
trouvée dans la poussière des bureaux, dont on fit
une affaire d'Etat et où Bonaparte donna *à plein
collier*[1].

Puis, se refroidissant, apercevant le piège, il ter-
giversa tant qu'il fallut presque le contraindre à
partir. L'âme de cette intrigue, dont le but était
d'éloigner Bonaparte, fut Talleyrand. A la fin,
Bonaparte en prit son parti, songeant que l'heure
n'était pas venue, et que cette expédition ne pouvait qu'ajouter à sa gloire.

Le Turc, dit Fouché, *était seul ici dans le bon droit.*

---

1. « Bonaparte avait horreur du Gouvernement multiple,
et il méprisait le Directoire, qu'il appelait les cinq rois à
terme. Enivré de gloire à son retour d'Italie, accueilli par
l'ivresse française, il médita de s'emparer du Gouvernement
suprême ; mais sa faction n'avait pas encore jeté d'assez profondes racines. Il s'aperçut, et je me sers de ses propres
expressions, que la *poire n'était pas mûre.* » (T. 1, p. 42.)

Voilà où en étaient la politique et la morale des patriotes.

Une fois ambassadeur, Fouché, voyant l'incapacité des directeurs, et le faux de leur politique, se met à conspirer avec Brune, Augereau, Joubert ; il fait un plan qui consistait *à tout révolutionner au dehors* [1], à faire passer le pouvoir à des mains *plus énergiques* et à donner l'impulsion à toute l'Italie, en commençant par *émanciper la sœur cadette* de la République française, la *République cisalpine*.

« Nous préméditâmes, dit-il, ce coup de main avec l'espoir de forcer à l'adhésion la majorité du Directoire. »

Mouvement du 20 octobre 1798, à Melun, d'accord avec Brune ; sorte de répétition du 18 Fructidor, *à l'eau rose.*

Le plan de Fouché est renversé par Talleyrand, alors Ministre des Affaires étrangères.

Brune déplacé, remplacé par Joubert [2], qui s'en-

---

1. L'éditeur des *Mémoires de Fouché*, dans une note rédigée très vraisemblablement par M. de Jullian, dit : « Il paraît que ce plan, renouvelé de la propagande de 1792, n'avait pour adhérent au Directoire que Barras : c'était un faible appui. Rewbel et Merlin ne voulaient pas aller si vite en besogne ; effrayés déjà de leurs violences en Egypte et en Suisse, ils persistaient à se bercer dans une situation qui n'était ni la paix ni la guerre. Il faut avouer que la tentative hardie de tout révolutionner, qu'ils n'osèrent essayer qu'à demi, eût donné aux révolutionnaires de France une immense initiative sur les opérations de la campagne de 1799, qui tournèrent contre eux au dehors et au dedans. La Révolution s'arrêta ; *elle se fit homme.* » (T. I, p. 46.)

2. « C'était, sans contredit, le plus intrépide, le plus habile et le plus estimable des lieutenants de Bonaparte... » (T. I, p. 56.)

tend aussitôt avec Fouché. Fouché, remplacé par Rivaud, est forcé de fuir.

C'est ce que Fouché appelle son *premier naufrage* dans sa navigation des hauts emplois.

Désorganisation générale : le Directoire provoque la deuxième coalition.

Bonaparte absent, Hoche emprisonné, Pichegru déporté, Moreau en disgrâce, Bernadotte retiré, Championnet destitué, Joubert démissionné.

Défaite de Jourdan ; rupture du Congrès de Rastadt ; triple défaite de Schérer sur l'Adige, général de prédilection de Rewbell.

Joli Gouvernement !

Coteries, intrigues, machinations, coalitions de mécontents. — Parti bonapartiste.

Sieyès directeur. — « Je lui savais quelques « idées fortes et justes en révolution, dit Fouché ; « je connaissais aussi son caractère défiant et arti- « ficieux ; je lui croyais, d'ailleurs, des arrière- « pensées peu compatibles avec les bases de nos « libertés et de nos institutions. »

Mystification du directeur Merlin et de Duval, qui, se croyant une majorité *assurée*, perdirent complètement la partie. — « Nous, dit Fouché, « savions comment on opère ; nous en fîmes des « gorges chaudes dans d'excellents dîners où se « tamisait la politique. »

Coalition législative : les Bonaparte d'un côté, les *patriotes* de l'autre [1].

---

1. D'un côté, Merlin et Réveillère s'obstinaient à rester dans le fauteuil directorial. Bertrand du Calvados, au nom de la Commission dont faisait partie Lucien, leur dit à la tri-

Révolution dans le Directoire, 30 prairial (18 juin 1799). *Barras* et *Sieyès* maîtres.

Nomination de Fouché à l'ambassade de Hollande.

Sieyès prépare la ruine de la Constitution et une restauration monarchique; il songeait soit au duc de Brunswick, soit au roi de Saxe; ne voulant ni des Bourbons, ni du jeune Egalité; et n'estimant digne aucun des généraux.

A ce moment, il est question de mettre en jugement les ex-directeurs : Merlin, La Réveillère et Treilhard, ou Rewbel. Les griefs sont : l'*expédition d'Égypte;* la *déclaration de guerre aux Suisses*, les pillages de l'Italie, etc.

Mais un pareil procès *eût entraîné trop de révélations*, ce que Barras voulait éviter. On rappelle que les Conseils avaient plus d'une fois *sanctionné par leurs applaudissements* l'expédition d'Egypte et la déclaration de guerre contre les Suisses. (Ils étaient pris.)

Que veut-on de plus? L'expédition d'Egypte est-elle jugée, oui ou non?

Sieyès s'appuie sur Joubert et Fouché qui devient ministre de la Police (1er août 1799).

---

bune : « Je ne vous parlerai pas de vos Rapinat, de vos Rivaud, de vos Trouvé, de vos Faypoult, qui, non contents d'exaspérer nos alliés par des concussions de toute nature, ont violé par vos ordres les droits des peuples, ont proscrit les républicains, etc...

« — Je n'étais pas étranger, dit Fouché, à cette sortie, où se trouvait une approbation indirecte de ma conduite, et un blâme tacite de celle qu'avait tenue le Directoire à mon égard. » (T. I, p. 67-68.)

Naturellement, Fouché exalte l'importance de la police. C'est par son insuffiance en 89, dit-il, que tomba la couronne !...

Intrigues et machiavélisme pendant toute cette année.

Fouché fait la guerre aux clubs et à la presse. Tout le monde d'accord, au Directoire et dans les ministères, de renverser la Constitution. Sieyès déclame contre les *Jacobins*[1].

Fouché professait alors la maxime suivante : *Il est temps que cette démocratie sans but et sans règle fasse place à l'aristocratie républicaine du Gouvernement des sages.*

Fermeture de la salle des Jacobins, rue du Bac, par Fouché. En même temps, poursuites contre les royalistes ; visites domiciliaires, pour découvrir les émigrés, embaucheurs, égorgeurs et brigands.

Fouché emploie les royalistes contre le royalisme ; il prélude au régime impérial.

Bataille de Novi ; mort de Joubert.

---

1. C'était à la fête de la Commémoration du 10 août, qui eut lieu au Champ de Mars. Sieyès fit son discours d'apparat, comme président, lançant les plus violentes sorties contre les jacobins. Le Directoire connaissait « tous les ennemis qui conspiraient contre la République. Il les combattrait sans relâche... les comprimant sans relâche. » Cette diatribe de Sieyès eut un écho immédiat au Conseil des Cinq-Cents. Ils protestèrent en partie contre cet appel « à la contre-révolution ».

Et Fouché dit : « Et comme si, à l'instant, on eût voulu le punir d'avoir lancé ses foudres oratoires, en entendit, ou l'on crut entendre, au moment où les salves terminaient la cérémonie, deux ou trois balles siffler autour de Sieyès et de Barras, et puis quelques vociférations... » (T. I, p. 87.)

« J'ai questionné des témoins oculaires de l'évé-
« nement, qui semblaient persuadés que la balle
« meurtrière était partie d'une mince *cassine*, par
« quelqu'un d'aposté, la mousqueterie de l'ennemi
« n'étant point à portée de l'état-major, au milieu
« duquel était le général. On a été jusqu'à dire
« que le coup était parti d'un chasseur corse de
« nos troupes légères. Enfin cette mort n'a jamais
« été expliquée, et c'est avec raison qu'elle a été
« appelée suspecte... Mais n'essayons pas de percer
« un mystère affreux, par des conjectures ou par
« des faits trop peu éclaircis. *Je vous laisse Joubert*,
« avait dit, en partant pour l'Egypte, Bonaparte.
« Ajoutons que sa valeur était relevée par la sim-
« plicité de ses mœurs, par son désintéressement,
« et qu'on trouvait chez lui la justesse du coup
« d'œil unie à la rapidité de l'exécution, une tête
« froide avec une âme ardente. Et ce guerrier
« venait de nous être enlevé peut-être par la com-
« binaison d'un crime profond, au moment où il
« aurait pu relever et sauver la patrie! »

Le plus grand avenir était promis à Joubert. Tout
le monde le savait; le Directoire avait pris soin de
sa fortune; on venait de lui faire contracter un
beau mariage; s'il revenait vainqueur, la place
était perdue pour Bonaparte; Sieyès et Joubert
devenaient les chefs de la République. *Is fecit cui
prodest*. Les Bonaparte ont prouvé maintes fois
qu'ils étaient capables de tout. On peut se tromper
en leur attribuant l'empoisonnement de Hoche et
la mort de Joubert, tout comme l'assassinat du
colonel Oudet, le lendemain de Wagram.

Suppression de onze journaux par Fouché, 11 août[1].

Efforts du parti patriote, dirigé par Jourdan, Augereau, Bernadotte.

Redoublement d'intrigues, hypocrisie et scélératesse de Lucien Bonaparte. Aux Cinq Cents, il proteste contre la dictature. « Est-il aucun de nous, « s'écria-t-il, qui ne s'armât du poignard et qui ne « punît le lâche (Sieyès), et l'ambitieux (Joubert), « ennemis de leur patrie? » Tout cela pour faire échouer la proposition de Jourdan, de déclarer la patrie en danger[2]. On voulait connaître la force du *pouvoir exécutif*[3].

1. Cette suppression ne se fit pas sans soulever des protestations. A la Chambre, un député déclara qu'il se préparait un coup d'Etat. Il attaqua directement Fouché, demandant la suppression du Ministre de la Police.

« Le lendemain, le Directoire fit insérer dans *le Rédacteur* et dans *le Moniteur* l'éloge de mon administration. » (T. I, p. 94.)

C'est une marche logique. C'est toujours celle qu'on prend, quand on aspire à gouverner sans contradicteur. D'ailleurs, Fouché ne suivait ici que les errements de la Convention, du Comité de Salut public et du Directoire au 18 fructidor ; et il fera de même avec Bonaparte, et il *prouvera* qu'il avait raison, en frappant la presse, en supprimant les contradictions.

2. « La proposition de déclarer la patrie en danger, émanée de Jourdan, fut le signal d'un grand effort de la part de nos adversaires. J'en avais été averti la veille. Aussi toute notre majorité, recrutée non sans peine, à la suite d'une réunion chez le député Frégeville, vint à son poste, décidée à tenir ferme. On déroula d'abord le tableau des dangers... » (T. I, p. 96.)

3. Toute la préparation, tout ce travail du coup d'Etat de novembre est très bien dépeint. « J'étais informé que les patriotes les plus chauds sollicitaient vivement Bernadotte de monter à cheval et de se déclarer pour eux à la faveur d'un tumulte à la fois civil et militaire. » (Cf. t. I, p. 97 et suiv.)

« Le vaisseau de l'Etat, dit *Fouché*, flottera sans
« direction jusqu'à ce qu'il se présente un pilote qui
« le fasse surgir au port. » Il se prépare au coup
d'Etat.

Bataille de Zurich, 25 *septembre*. — Débarquement de Bonaparte, 16 octobre.

Coup d'Etat, 9 novembre.

Il ressort de toutes les déclarations de Fouché
que le coup d'Etat de Brumaire[1] fut préparé par
les enrichis, les intrigants, les corrompus, les
ambitieux, les royalistes, les sceptiques, et tout ce

---

1. Cf. *La Gazette nationale* ou *le Moniteur universel*.

Nº 47, Septidi 17 brumaire an VIII :

« Le 20 brumaire, à midi très précis, il sera célébré dans le
temple de la Victoire (Sulpice) une fête à la *Morale universelle.* »

Nº 48, Octidi 18 brumaire :

« Une feuille allemande dit que la ville de Paris rentre dans
ses droits de dicter des modes à toute l'Europe. A la dernière
foire de Leipsick, les marchands de trame eurent la préfé-
rence sur ceux d'Angleterre.

« ... L'écrit suivant a été distribué, ce matin à neuf heures,
autour des Conseils :

« *Dialogue entre un membre du Conseil des Anciens et un
membre du Conseil des Cinq-Cents :*

« Ce dialogue a pour but de légitimer le décret de translation...

. . . .

« Le membre du Conseil des Cinq-Cents. — Entre nous,
mon ami, je crains l'intervention de Bonaparte dans cette
affaire. S'il était un César, un Cromwel... ?

« L'Ancien. — Un César ! un Cromwell ! *Mauvais rôles, rôles
usés, indignes d'un homme de sens, quand ils ne le seraient pas d'un
homme de bien.* C'est ainsi que Bonaparte lui-même s'en est
expliqué dans plusieurs occasions. *Ce serait une pensée sacrilège,* disait-il une autre fois, *que celle d'attenter au Gouvernement représentatif dans le siècle des lumières et de la liberté.*

qui voulait pêcher en eau trouble ou s'abreuver
à la source du pouvoir ; que tous les républicains
s'y opposaient ; que le peuple ne resta pas indiffé-
rent, mais blâma la chose ; et que, moins de six
semaines après, tous les bourgeois qui y avaient
donné les mains en étaient aux regrets.

Sur cette question du 18 Brumaire, Fouché est
entièrement d'accord avec Buonarrotti. Il ne songe
pas qu'il se fait le procès à lui-même et aux siens,
à tous les indignes qui exploitaient la malheu-

Dans le fait, quelle est ici la conduite de Bonaparte ? On
l'appelle, et il se présente ; le Conseil commande, et il obéit ;
voilà tout. »

N° 49, Nonidi 19 brumaire an VIII de la République française, une et indivisible :

« Bonaparte, général en chef, aux citoyens composant la
garde nationale sédentaire de Paris. Du 18 brumaire an VIII
de la République française, une et indivisible.

« Citoyens,

« Le Conseil des Anciens, dépositaire de la sagesse nationale, vient de rendre le décret ci-joint. Il y est autorisé par
les articles 102 et 103 de l'acte constitutionnel.

« Il me charge de prendre les mesures pour la sûreté de
la représentation nationale. Sa translation est nécessaire et
momentanée. Le Corps législatif se trouvera à même de tirer
la représentation du danger imminent, où la désorganisation de toutes les parties de l'administration conduit.

« Il a besoin, dans cette circonstance essentielle, de l'union
et de la confiance des patriotes. Ralliez-vous autour de lui :
c'est le seul moyen d'asseoir la République sur les bases de
la liberté civile, du bonheur intérieur, de la victoire et de la
paix.

« Vive la République !

« BONAPARTE. »

Pour copie conforme :

« Alexandre BERTHIER. »

reuse République. C'est cette même race infâme
de soi-disant politiques, modérés, sauveurs, qui a
détruit la République de Février et préparé le.coup
d'État du 2 décembre 1851.

Que faire, quand tout le personnel gouvernemental, quand la majorité des représentants du
pays, des hommes influents, n'en sont plus qu'à se
disputer les bénéfices de la souveraineté? Le 18 Brumaire fut le dénouement d'une longue intrigue, où
les patriotes, ne sachant rien, ne voyant rien, furent
dupes et victimes.

Mais le fait qui ressort entre tous est le machiavélisme, la scélératesse de toute cette race de Bonaparte.

Les frères de Bonaparte lui expédient *aviso sur
aviso* pour le presser de revenir.

Fouché pénètre les desseins de cette famille qu'il
trouve *divisée* (de vrais bandits). Les Corses étaient
hostiles aux Beauharnais.

Joséphine ne pouvait vivre avec 40.000 francs
de revenu, faisait des dettes. Le général lui avait
envoyé d'Egypte de fortes sommes : tout était dis-
sipé. « Barras, dit Fouché, me l'ayant recomman-
« dée, je l'avais comprise dans les distributions
« clandestines provenant du produit des jeux.

« Je lui remis, de la main à la main, *mille louis,*
« galanterie ministérielle, qui acheva de me la
« rendre favorable. »

Elle vivait mal avec ses beaux-frères Joseph et
Lucien.

« Ce que j'appris de différents côtés me persuada
« que Bonaparte nous tomberait des nues.

« Pour décrire le court intervalle de temps qui
« sépara l'arrivée de Bonaparte du 18 Brumaire,
« cela exigerait la plume d'un Tacite. »

Tout était préparé avant qu'il arrivât ; le coup
tout monté[1]. On l'attendait ; on le faisait *désirer ;* on
parlait de lui comme d'un sauveur.

Baudin, membre influent du Conseil, meurt de
joie à l'annonce de l'arrivée de Bonaparte.

Celui-là est digne de figurer à côté de *Delavo.*

Du reste, l'opinion lui fut *favorable,* ajoute
Fouché, qui éprouve ici le besoin de se justifier.
Fouché aime trop à dire ce qu'il y a vu, ce qui a
été, pour dissimuler ce qu'il y eut de *factice* dans
l'accueil fait au général déserteur ; mais la part que

1. L'hôtel de la rue Chantereine qu'on appela, à cause de
lui, rue de la Victoire, était truqué comme une scène de
théâtre : « C'est, dit Mme d'Abrantès, un petit État dans l'État,
le foyer de multiples intrigues. Les généraux sont amorcés
par les petits côtés de leur vanité, de leur sottise, de leur
ambition. Dans les soirées où Volney s'aplatira jusqu'à souf-
fler, pour la faire refroidir, la tasse de thé du général, on
suspend aux murs les lances, les sabres, les turbans des
mameluks. On fait disparaître les meubles et on les remplace par des tambours qui n'ont jamais vu l'Italie. On dit
aux visiteurs : Prenez place, citoyens, ce sont les tambours
d'Arcole !...

« D'ailleurs, Bonaparte a toujours soigné la mise en scène.
Il passe le Saint-Bernard à dos de mulet, et en peinture
se fait représenter calme sur un cheval fougueux. Il a des
cheveux noirs et, pour leur donner plus de reflet, il se teint
et se graisse. Ses yeux n'ont point de cils. Un jour, le sculpteur Houdon expose aux Tuileries (il était consul) un buste du
héros. De même qu'il avait laissé à Voltaire ses rides, Houdon
avait représenté sans cils les paupières du général. Bonaparte, suivi de son état-major, vient visiter le buste. « Ai-je
« l'œil ainsi fait ? » dit le consul au sculpteur anxieux. Et,
prenant le buste par le nez, il le jette à terre et le brise. »

ce ministre de Police, infidèle à son mandat, prenait à l'usurpation, rend moins croyable ce qu'il affirme, que son arrivée produisit une *ivresse générale*. La suite prouva qu'il y avait fort à rabattre de cette généralité, et que ce qui fait le plus de bruit, à un moment, n'est pas toujours la vraie expression du pays.

« Transfuge de l'armée d'Orient, et violateur des « lois sanitaires, Bonaparte eût été brisé devant un « Gouvernement fort [1]. » La moitié du Gouvernement trahissait l'autre.

Bonaparte ne se rallie à aucun parti : ni au parti *populaire,* ni au parti *pourri*, ni au parti de Sieyès ; il les abuse tous.

Conspirateurs : ses frères et lui ; Berthier, Régnault de Saint-Jean-d'Angely, Rœderer, Réal, Bruix, Talleyrand, Fouché, Lemercier, Frégeville ; Sémonville, Beurnonville, Macdonald, Collot, banquier.

Par Talleyrand il se rapproche de Sieyès, Chénier, Daunou, entremetteurs, leur donne « l'assurance « de leur laisser la direction du Gouvernement, « promettant de se contenter d'être le premier offi- « cier de l'autorité exécutive ». Fouché tient ceci de même. Mensonge et rouerie.

Autres recrues : Lannes, Murat, Leclerc, Berthier, Marmont, Sérurier, Lefèvre.

---

1. « Au 18 Brumaire, Dubois-Crancé, ministre de la Guerre, demande avec instance à Barras l'ordre d'arrêter Bonaparte : « Signez, s'écrie-t-il, et je me fais fort de saisir le despote qui veut monter au trône... Signez, et je le tue. » Barras répond : « Je me f... de tout ce qui arrivera ; je vais me mettre au bain, ne me tracassez pas davantage ! »

Et encore : Boulay de la Meurthe, Régnier, Chazal, Cabanis, Lebrun, Courtois, Cornet, Farque, Baraillon, Villetard, Goupil, Tréfela, Viner, Bouteville, Cornudet, Herwyn, Deleloy, Rousseau, Le Jarry, E. Gaudin, Mme Récamier ; membres des Anciens, membres des Cinq-Cents, banquiers, etc., etc.

Bonaparte eut d'abord contre lui son propre frère, Lucien. — « Vous ne le connaissez pas, disait Lucien à ceux qui voulaient confier au général toute la direction du mouvement qui se préparait, vous ne le connaissez pas. Une fois là, il se croira dans son camp ; il commandera tout, voudra être tout. »

Quelle famille !...

Fouché se vante ensuite de sa participation.

« La Révolution de Saint-Cloud aurait échoué, si
« je lui avais été contraire. Je pouvais égarer Sieyès,
« donner l'éveil à Barras[1], éclairer Gohier et Moulins,
« je n'avais qu'à seconder Dubois-Crancé, le seul
« ministre opposant, et tout croulait. Mais il y
« aurait eu stupidité de ma part à ne pas *préférer*
« *un avenir à rien du tout :* mes idées étaient
« *fixées.* »

Ce que dit là Fouché ne paraît avoir rien d'exagéré. Peu de chose eût suffi pour abattre la conspiration : il suffisait de deux ou trois hommes probes et énergiques au pouvoir. Mais l'égoïsme parlait

1. Dans la matinée, vers neuf heures, Mme Tallien, forçant la consigne du palais, entra chez Barras. Il était encore au bain, quand elle lui apprit que Bonaparte venait d'agir contre lui : « Que voulez-vous, s'écria l'indolent épicurien ? Cet homme-là (désignant Bonaparte par une épithète grossière) nous a tous mis dedans ! » (T. I, p. 127.)

plus haut que la conscience. Le 18 Brumaire fut
une curée[1]. Fouché ne s'en cache guère, et, après
ce que je viens de citer de lui, on peut se dispenser
d'entendre ce qu'il ajoute : « J'avais jugé Bonaparte
« seul capable d'effectuer les réformes politiques
« impérieusement commandées par nos mœurs,
« nos vices, nos écarts, nos excès, nos revers et nos
« funestes divisions. »

Quelle opinion avait Fouché de Bonaparte? Il est
bon de l'entendre. Or, pas plus que les contemporains qui eurent l'avantage d'approcher le *grand
homme*, Fouché ne se fit illusion sur sa valeur. Il
l'apprécie à son juste prix. C'était un homme *unique*,
mais tyran, avide, menteur, immoral, méfiant, etc.

---

1. Bonaparte, général en chef, aux soldats. — Au quartier
général de Paris, le 18 brumaire an VIII de la République
française, une et indivisible :

« Soldats,

« Le décret extraordinaire du Conseil des Anciens est conforme aux articles 102 et 103 de l'acte constitutionnel. Il m'a
remis le commandement de la ville et de l'armée.

« Je l'ai accepté pour seconder les mesures qu'il va prendre,
et qui sont toutes en faveur du peuple.

« La République est mal gouvernée depuis deux ans. Vous
avez espéré que mon retour mettrait un terme à tant de
maux ; vous l'avez célébré avec une union qui m'impose des
obligations que je remplis ; vous remplirez les vôtres, et vous
seconderez votre général avec l'énergie, la fermeté et la
confiance que j'ai toujours vues en vous.

« La liberté, la victoire et la paix replaceront la République
française au rang qu'elle occupait en Europe, et que l'ineptie ou la trahison ont pu seules lui faire perdre.

« Vive la République !

« BONAPARTE. »

« Pour copie conforme :
« Alex. BERTHIER. »

« Ce qui le préoccupait, c'était d'avoir à com-
« battre l'exaltation républicaine, à laquelle il ne
« pouvait opposer que des modérés ou des baïon-
« nettes. Lui-même me parut alors, politiquement
« parlant, au-dessous de Cromwell; il avait d'ail-
« leurs à craindre le sort de César, sans en avoir ni
« le brillant ni le génie. » — Voilà un rude démenti
à M. Thiers !

Mais, d'un autre côté, quelle différence entre lui,
La Fayette et *Dumouriez!...*

Stupidité prodigieuse des directeurs Moulins et
Gohier.

Lucien, amoureux de Mme Récamier, qui l'accable
de rigueurs involontaires. Elle n'était pas perforée
et ne pouvait souffrir l'approche d'aucun homme.

Animosité de Bonaparte contre Barras[1]. Joséphine
avait été la maîtresse de celui-ci; elle l'avait été,
depuis, d'*Ouvrard* et autres. C'était une fieffée catin.
— Lâcheté de Barras, qui se retire avec de l'argent.

« Comment voulez-vous, disait le directeur Gohier,
qu'il y ait une révolution à Saint-Cloud ? *Je tiens
ici les sceaux de la République.* »

Coopération de Moreau. — Une faute.

Dès le soir du 18 Brumaire, la tyrannie du sabre
se fait sentir. « Tout ce que proposait Bonaparte

1. Bonaparte, après la visite de Cambacérès (18 mai 1804),
lui annonçant que le Sénat l'a proclamé empereur, passe
chez Mme Bonaparte et lui dit : « Je m'estime heureux,
Madame, d'être le premier de vos sujets qui vienne déposer
à vos pieds mon respect et ma fidélité.» Le lendemain, Barras
disait à un de ses amis : « Voyez-vous cette place encore marquée sur mon canapé ?... c'est celle qu'occupait, il n'y a pas très
longtemps, l'impératrice des Français. »

« sentait la dictature du sabre. Les hommes qui
« s'étaient jetés dans son parti venaient lui en faire
« la remarque. C'est fait, leur dis-je ; le pouvoir
« militaire est entre les mains de Bonaparte, et c'est
« vous-mêmes qui le lui avez déféré. Je vis bientôt
« *que la plupart auraient voulu rétrograder.* »

Triste figure de Bonaparte à Saint-Cloud, aussi
bien devant les Anciens que devant les Cinq-Cents[1].

Quel dommage qu'on n'ait pas sténographié ces
scènes :

Je souis le diou de la guerra et de la fortouna[2] !...

---

1. « Le Ministre de la Police générale prévient ses concitoyens que les Conseils étaient réunis à Saint-Cloud, pour
délibérer sur les ennemis de la République et de la liberté,
lorsque le général Bonaparte, étant entré au Conseil des Cinq-
Cents pour dénoncer des manœuvres contre-révolutionnaires,
a failli périr victime d'un assassinat.

« Le génie de la République a sauvé ce général ; il revient à
Paris avec son escorte ; le Corps législatif a pris toutes les
mesures qui peuvent assurer le triomphe et la gloire de la
République... »

Cf. *le Moniteur* du 19 brumaire, n° 39. — Art. *Ministère de
la Police générale.*

2. Taine fait l'analyse de son parler de parade : « Avec ses
généraux, ministres et chefs d'emploi, il se réduit au style
serré, positif et technique des affaires ; tout autre langage
nuirait aux affaires ; l'âme passionnée ne se révèle que
par la brièveté, la force et la rudesse impérieuses de l'ac-
cent. Pour ses armées et le commun des hommes, il a ses
proclamations et ses bulletins, c'est-à-dire des phrases à effet
et de l'emphase voulue, avec un exposé des faits simplifiés,
arrangés et falsifiés à dessein, bref un vin fumeux, excellent
pour échauffer l'enthousiasme, et un narcotique excellent
pour entretenir la crédulité, sorte de mixture populaire qu'il
débite au moment opportun et dont il proportionne si bien
les ingrédients que le gros public, auquel il la sert, a du
plaisir à boire et ne peut manquer d'être ivre après avoir bu.

« La harangue fut débitée sans ordre et sans
« suite; elle attestait le trouble qui agitait le géné-
« ral, qui tantôt s'adressait aux députés, tantôt se
« tournait vers les militaires restés à l'entrée de
« la salle. »

Aux Cinq-Cents, il se trouve mal; on l'emporte,
la tête perdue. Remonté à cheval, puis galopant
sur le pont de Saint-Cloud, il crie aux soldats :
« *Ils m'ont voulu tuer!*... Ils m'ont voulu mettre
« hors la loi! Ils ne savent donc pas que je suis
« INVULNÉRABLE ! que je suis le DIEU DE LA FOUDRE ! »
C'est de la folie.

Murat le rejoint : *Allons, général, du courage,
et la victoire est à nous!* Alors, il parle d'en finir
par un *massacre des députés*... Mais personne
n'était de cet avis, et l'on s'en tint à un moyen
terme, qui fut de faire *envahir la salle* par les soldats.

Bonaparte se montre ici dans sa laideur, lâche et
féroce comme une hyène, comme un tyran. Dépourvu
de vrai courage [1], succombant devant qui lui résiste
et n'ayant de puissance qu'avec les faibles.

Quiconque a lu seulement les *Mémoires de Fouché* comprend de suite que M. Thiers, homme sans

---

—En toute circonstance, son style, fabriqué ou spontané,
manifeste sa merveilleuse connaissance des masses et des
individus; sauf dans deux ou trois cas ; sauf en un domaine
élevé, écarté, et qui lui est demeuré inconnu... » (*Le Régime
moderne*, t. I, p. 39.)

1. Une particularité assez remarquable c'est que, ce même
jour (18 Brumaire), Bonaparte, en parlant aux troupes, ne
s'arrêtait jamais et qu'il ne marchait qu'en zigzags. « Pourquoi? dit Mᵐᵉ d'Abrantès. Avait-il peur d'un coup de pistolet
tiré des fenêtres? Cette conjecture pourrait bien être juste. »

principes et pourri comme Fouché, mais soigneux
de sa réputation et parlant à une génération libé-
rale, quoique molle, a voulu habiller proprement
la vie de Napoléon. Allez au fond : toute cette histoire du Consulat et de l'Empire est une longue
orgie, où il n'y a d'estimable que les ennemis du
tyran et ses victimes.

Sieyès, honteusement joué et mystifié. Il se
retire avec un émolument de 600.000 francs, reste
de la caisse des directeurs.

Cambacérès, Gaudet, Forfait, La Place, ministres.

Déchaînement de Sieyès contre les anarchistes.
— Proscriptions des patriotes, dès le 26, huit jours
après le coup de main. Fouché s'y oppose. Il est
pour la *clémence*. — Rusé matois !

« Les républicains rigides, les amants ombra-
« geux de la liberté, virent seuls avec chagrin l'avè-
« nement de Bonaparte : ils en tirèrent les consé-
« quences et les présages les plus sinistres. *Ils ont*
« *fini par avoir raison...* »

Les royalistes voient dans Bonaparte un Monck.
« *La raison d'État*, dit Fouché, *voulait qu'on*
« *annonçât le royalisme.* » Sous une fausse apparence de liberté, le premier consul laisse paraître
tout ce qui tend à décrier la Révolution.

Fouché désirait savoir les projets et idées de
Sieyès. — « J'employai Réal qui, usant de beau-
« coup d'adresse et de bonhomie, découvrit les
« bases du projet de Sieyès, en faisant jaser Ché-
« nier, l'un de ses confidents, au sortir d'un dîner
« où les vins et d'autres *enivrants* n'avaient pas
« été épargnés. » Les femmes !...

Discussion de la Constitution : « Chénier parlant de la nécessité de mettre un frein au pouvoir et insistant sur la nature de *l'absorption* par le Sénat : « Cela ne sera pas, s'écria Bonaparte en colère et « frappant du pied, *il y aura plutôt du sang jusqu'aux genoux !* »

Sieyès, déconsidéré dès lors, et *anéanti dans de mystérieuses sensualités.*

Trois millions de suffrages donnés : allait signer qui voulait, dans les administrations, et chez les officiers publics. — « ... Trois millions sur huit ou dix millions de citoyens ayant droit de vote, ce qui suppose de cinq à sept millions d'abstenants. » Je puis affirmer, dit Fouché, qu'il n'y eut dans le *recensement*, « aucune fraude ». Non, pas dans le *recensement*, mais dans la déposition des votes ?...

Jusqu'à la bataille de Marengo, les formes de la République subsistèrent; « à partir de ce jour, dit « Fouché, on vit le républicanisme perdre de sa « sombre autorité et les conversions se multiplier. »

Bonaparte rompt les liaisons de Joséphine[1] et bannit de son palais les femmes de mœurs décriées... Il fait de la rigidité, de la décence. Quel homme moral ! On verra bientôt.

---

1. Joséphine écrivait, en nivôse an II, au vieux et austère Vadier :

« Je t'écris avec franchise, en sans-culotte montagnarde... » Et, à ce propos, voici une origine du mot « sans-culotte » :

Deux dames, patriotes exaltées, dont l'une était Mme de Coigny, assistaient à une séance de l'Assemblée Constituante et témoignaient, par de bruyantes remarques, leur improbation pendant un discours de l'abbé Maury : « Monsieur le Président, faites taire ces *sans-culottes !* » dit l'orateur, qui devint plus tard cardinal. Le mot est resté.

Il entremêle les mesures de clémence et les actes de cruauté. Exécution du jeune Toustain, du comte Frotté et de ses compagnons d'armes.

Je ne veux pas gouverner en chef débonnaire, disait Bonaparte.

Ses emportements contre les banquiers et fournisseurs : Armand Séguin, Vanderberg, Launoy, Collot, Haiguerlot, Ouvrard, les frères Michel, Bastide, Marion et Récamier.

« Je trouvai dans cet homme *unique* ce qu'il
« fallait pour régler et maintenir l'unité de pou-
« voir dans la puissance exécutive, sans laquelle
« tout serait retombé dans le chaos. Mais je le
« trouvai avec des passions violentes et une dis-
« position naturelle au despotisme... »

Ce qu'il savait par-dessus tout, c'était la *science pratique de la guerre.*

Mystification du parti royaliste, par l'entremise de l'abbé Bernier et de deux vicomtesses.

Louis XVIII écrit à Bonaparte. La duchesse de Guiche envoyée de Londres à Joséphine [1].

Joséphine informait de tout Fouché moyennant

---

1. « Je ne puis rien sur la France sans vous, disait ce prince, et vous-même vous ne pouvez faire le bonheur de la France sans moi ; hâtez-vous donc... »

« En même temps, ajoute Fouché, M#r le comte d'Artois envoyait de Londres la duchesse de Guiche, femme pétrie d'esprit, pour ouvrir de son côté une négociation parallèle par la voie de Joséphine, réputée l'ange tutélaire des royalistes et des émigrés. Elle obtint des entrevues, et j'en fus instruit par Joséphine elle-même, qui, d'après nos conventions, cimentées par mille francs par jour, me tenait au courant de tout ce qui se passait dans l'intérieur du château. » (Cf. t. I, pp. 177, 178.)

mille francs par jour que celui-ci lui payait !

La vénalité, l'espionnage sont des pratiques de la famille même de Bonaparte.

Emotion produite à la première nouvelle de la bataille de Marengo, perdue par Bonaparte. On s'agite, on se prépare à tirer la République *des griffes du Corse;* après tant d'admiration, on est heureux, pour une bataille perdue, de se voir débarrassé de cet homme. Fouché lui-même est troublé de ce qu'il voit. Aussi, grande colère de Bonaparte à son retour quand il apprend ce revirement. — « Eh bien ! criait-il, on m'a cru perdu, « et on voulait encore essayer du Comité de Salut « public !... Je sais tout... Et c'étaient des hommes « que j'ai sauvés, que j'ai épargnés ! Me croit-on « un Louis XVI ? (C'est un coyon ! disait-il de lui au « 10 août.) Qu'ils osent, et ils verront ! Qu'on ne « s'y trompe plus. Une bataille perdue est pour « moi une bataille gagnée..... Je ne crains rien ; « je ferai rentrer tous ces ingrats, tous ces traîtres « dans la poussière... Je saurai bien *sauver la* « *France* en dépit des factions et des brouillons ! »

C'est un capitan matamore ivre. Ce n'est pas là un chef d'Etat, pas même un chef d'armée [1].

---

1. « J'ajoute aux patriotes que je t'ai déjà nommés le citoyen Buonaparte, général, chef de l'artillerie, *d'un mérite transcendant.* Ce dernier est Corse; il ne m'offre que la garantie d'un homme de cette nation, qui a résisté aux caresses de Paoli et dont les propriétés ont été ravagées par ce traître... » (*Lettre de Joseph Robespierre,* au début de la campagne d'Italie, datée de Nice, le 16 germinal an II.) — « Ce jugement, dit Charles Asselineau, si clairvoyant, porté par un homme jeune encore, sur un officier de vingt-quatre ans, qui

Plus ombrageux à mesure qu'il devient plus fort, il s'arme de précautions, s'entoure d'un appareil militaire, déblatère sans cesse contre les *obstinés*, ne veut admettre les républicains qu'en minorité dans les hauts emplois.

Et la famille !... Lucien, ministre de l'Intérieur, abuse de son crédit et de sa position, tranche du *roué*, enlève des femmes à leurs maris, *trafique des licences d'exportation de grains !...*

Non seulement Fouché payait Joséphine, il payait, à raison de 25.000 francs par mois, le secrétaire intime de Napoléon, Bourrienne.

Le *château seul* lui absorbait plus de la moitié des 100.000 francs qu'il avait de disponibles chaque mois [1].

Le premier consul se défiant de Fouché, on organise *quatre polices* :

Police militaire du château, faite par Duroc et les aides de camp ;

Police des inspecteurs de gendarmerie ;

n'avait pu jusque-là se signaler que par des avantages médiocres... »

« ... Cet *homme extraordinaire*, qui fatigue maintenant la renommée, après avoir pesé si fortement sur l'univers... Si je me décide à publier cet écrit, il sera joint à un *portrait du grand Frédéric*, que j'ai aussi connu ; j'établirai ensuite un *parallèle entre ces deux personnages*, certes les plus fameux depuis Louis XIV... » — (*Lettre in-4°, du 16 janvier 18...*, du duc de Levis à l'Académie française, qui accompagnait un envoi assez étendu sur Napoléon.

1. A la vérité, par là Fouché fut très exactement informé ; et il put contrôler mutuellement les informations du secrétaire par celles de Joséphine, et celles-ci par les rapports du secrétaire. « Je fus, dit-il, plus fort que tous mes ennemis réunis ensemble. » (Cf. t. I, p. 189.)

Police de la préfecture par Dubois;

Haute police de Fouché.

« Tous les jours le premier consul recevait quatre bulletins de police séparés, sans compter les rapports de ses correspondants affidés. » — C'est ce qu'il appelait *tâter le pouls à la République.*

Conspirations de tous côtés contre le consul, dans le peuple et dans l'armée. On mettait à la tête du parti républicain les généraux Bernadotte, Augereau, Jourdan, Brune, Moreau; bien d'autres, moins élevés, les suivaient. C'est encore dans l'armée que l'opinion s'est le mieux tenue.

Fouché ne dénombre pas tous les complots déjoués; il cite seulement :

1° Complot : un conjuré, sous un habit de gendarme, jure d'assassiner le premier consul à la comédie;

2° Junevot, ancien aide de camp d'Henriot. — Arrêté. — Complices supposés : Fion, Dufour, Rossignol; Talot et Laignelot, directeurs invisibles; Metge, pamphlétaire;

3° Les mêmes, d'abord relâchés. — Cerrachi, Diana, Arena, Topino-Lebrun, Demerville. Barrère fait ici métier d'indicateur;

4° Provocation de la police particulière de Bonaparte. — Démission de Carnot. — Simulacre d'attentat arrangé par les aides de camp, Lannes, etc.

Distribution d'une brochure composée par les soins de LUCIEN : *Parallèle de Cromwell, Monck et Bonaparte* [1].

1. La conclusion de ce libelle était que rien ne convenait mieux à la nature française, pour son bonheur et sa gloire,

L'idée toute monarchique. — Brouille de Lucien avec *Napoléon*[1]. Le premier aurait voulu dominer le second. — Il s'en va en Espagne ;

5° Complot des nommés *Chevalier* et Veycer ; il avorte ;

6° Complot de *Saint-Régent*, imité du précédent, dit de la « machine infernale », 24 décembre 1801. — 20 personnes tuées, 56 blessées[2].

Exécutés : Chevalier, Veycer, Metge, Humbert et Chapelle ; Arena, Cerracchi, Demerville et Topino-Lebrun[3].

que de rendre le consul héréditaire dans la famille de Bonaparte.

« Il n'y avait, en France, qu'une autorité assez puissante pour hasarder impunément une pareille démarche ; et c'était l'autorité même qui gouvernait la République. La brochure dont il s'agit avait été écrite à l'instigation de Bonaparte, par l'intervention de son frère Lucien, alors ministre de l'Intérieur, et elle était l'œuvre de Fontanes, qui n'était, à cette époque, que le rhéteur clandestin de Lucien Bonaparte. » (*Les Derniers Jours du Consulat*, manuscrit inédit de Claude Fauriel. — Calmann-Lévy, éditeur.)

1. Un jour, Lucien, à la suite d'une altercation très vive, jeta sur le bureau de son frère, avec humeur, son portefeuille de Ministre, en s'écriant qu'il « se dépouillait d'autant plus volontiers de tout caractère public qu'il n'y avait trouvé que supplice avec un pareil despote ». De son côté, le frère outragé appela ses aides de camp de service pour faire sortir de son cabinet « ce *citoyen* qui manquait au premier consul ». (Cf. t. I, pp. 203, 204.)

2. Cf. Thiers, qui est inexact.

3. Après l'explosion de la *machine infernale*, le Sénat, excité par le déchaînement public et faisant toutes les concessions qui lui étaient demandées, donna son adhésion aux proscriptions réclamées par Bonaparte. « Je parvins, non sans peine, dit Fouché, à sauver une quarantaine de proscrits que je fis rayer avant la rédaction du sénatus-consulte de déportation en Afrique. Je fis réduire ainsi à une simple

Moreau est arrêté dans le cours de ses victoires, dit Fouché, *par la politique ou par l'envie* [1], et conclut à Steyer un nouvel armistice. On dit, à cette occasion, que Bonaparte avait triomphé pour lui *seul*, Moreau pour la *paix*.

Établissement d'un *tribunal criminel spécial*, partout où sa présence est jugée nécessaire. Mi-parti de civils et de militaires. Ceci constitua la *dictature de la police*. A cette occasion, on dit de Fouché qu'il allait devenir *le Séjan d'un nouveau Tibère*.

Voilà le Gouvernement, voilà la politique sur laquelle M. Thiers a versé l'eau tiède de son style !... Oh !

Masséna rappelé d'Italie, pour suspicion de républicanisme, et remplacé par Brune, suspect lui-même, puis rentré en grâce.

---

mesure d'exil et de surveillance hors de Paris cette cruelle déportation d'abord prononcée contre Charles de Hesse, Félix Lepelletier, Choudieu, Talot, Destrem, et d'autres soupçonnés d'être les chefs des complots qui donnaient tant d'inquiétude à Bonaparte. » (T. I, p. 222.)

1. Depuis la campagne d'Autriche, Moreau passait pour le second général de la République. Bonaparte lui en gardait quelque rancune. Et, comme il avait oublié de l'inviter à un dîner aux Tuileries où tous les hauts fonctionnaires étaient assis à la table du premier consul, Moreau se vengea d'avoir été négligé en allant publiquement, et en habit civil, dîner dans un des restaurants les plus fréquentés de la capitale avec une troupe d'officiers mécontents. Ce fait fut très remarqué et produisit un effet des plus fâcheux.

Les premiers germes de rivalité entre ces deux grands capitaines datent de là. « La différence de caractère et les restes de l'esprit républicain devaient les amener, tôt ou tard, à une opposition ouverte. » (T. I, p. 226.)

Napoléon Bonaparte se fatigue de la présence de Talleyrand et Fouché, et de leurs conseils. On disait qu'il était *sous leur tutelle.* — « Le cœur de « Bonaparte n'était pas étranger à la vengeance et « à la haine, ni son esprit à la prévention ; et l'on « apercevait aisément, à travers les voiles dont il « se couvrait, un *penchant décidé à la tyrannie.* »

Histoire d'une cantatrice italienne, Mlle G..., que Bonaparte fait acheter par Berthier, à 15.000 francs par mois, et venir à Paris. Elle se dégoûte de lui et le trompe pour un joueur de violon, nommé Rode[1]. — On voit ici Bonaparte employer ses généraux et ses amis comme ministres de ses plaisirs

---

1. Plus tard, une fantaisie subite lui fit naître, un soir, l'envie d'envoyer chercher Mlle Duchesnois, actrice du Théâtre-Français, fort laide de figure, mais dont on assurait que le corps au-dessous du buste était un modèle de proportions. On l'avertit quand elle fut arrivée. Il était encore à travailler. I¹ ordonna qu'on la fit entrer dans un cabinet voisin de sa chambre à coucher et lui fit dire de se déshabiller. La pauvre actrice obéit et ne garda que la portion de vêtements la plus indispensable. On était alors à la fin de septembre, les nuits commençaient à être froides ; il n'y avait pas de feu dans la chambre, de sorte qu'après avoir attendu plus d'une heure elle était transie de froid. Elle sonna et pria d'avertir l'empereur de la situation où elle se trouvait. Son travail n'était pas encore terminé. « Qu'elle s'en aille ! » répondit-il, et jamais il ne la redemanda.

Il en usa souvent ainsi avec les comédiens, qu'il aimait, à sa manière.

Un jour qu'il était à Saint-Cloud, il crut remarquer que l'embonpoint de l'acteur Dugazon augmentait considérablement : « Comme vous vous arrondissez, Dugazon », lui dit-il en lui frappant sur le ventre. — « Pas autant que vous, petit papa », répondit l'acteur en se permettant le même geste. Le petit papa ne répondit rien ; mais Dugazon ne fut plus admis en sa présence.

secrets, et en faire de vrais maquereaux : Duroc, Berthier, Junot ; Lannes fait la police du château. Il avilit tous ceux qui l'approchent. *Quel despote oriental !*

Fureur de Bonaparte, à la nouvelle de l'assassinat du tsar Paul. « Quoi ! Un empereur n'est pas « en sûreté au milieu de ses gardes !... » Il s'exhalait en cris, en trépignements ; en courts accès de fureur. Jamais je ne vis scène plus frappante. » — De ce moment il ne rêva plus que complots dans l'armée, destitua et fit arrêter plusieurs officiers généraux, entre autres Humbert, qui aurait été fusillé sans Fouché. Bernadotte dénoncé, le colonel Simon *idem.* — Quel régime !

« Mais le tourbillon des affaires et la marche de « la politique faisaient diversion à toutes ces tra- « casseries de l'Intérieur. »

Tripotage à Madrid, entre Lucien et le prince de la Paix[1] : ils se partagent un subside secret de 30 millions, payés par le Portugal. Le premier consul fut d'abord outré. Talleyrand et Fouché le calment et préviennent un éclat scandaleux. Puis il s'adoucit tout à fait. « *Le sacrifice des diamants* « *de la princesse du Brésil, et l'envoi fait au pre-* « *mier consul de 10 millions pour sa caisse particu-* « *lière*, dit Fouché, fléchirent sa rigidité au point « qu'il laissa conclure à Madrid le traité définitif. »

---

1. « La mission de Lucien à Madrid avait eu aussi un but politique : la déclaration de guerre au Portugal par l'Espagne à l'instigation du premier consul, qui regardait avec raison le Portugal comme une colonie anglaise. » (Cf. t. I, p. 241 et suiv.)

Voilà ce guerrier désintéressé, qui défendait à ses généraux le pillage !...

Aussi tout le monde fait comme lui...

Vente des *articles secrets* du traité de paix avec l'Autriche, pour la somme de 60.000 livres sterling (1.500.000 francs). Le premier consul rugit ; mais impossible, dit Fouché, de rien découvrir. Il soupçonna pourtant, et le dit au premier consul, R...L..., homme de confiance de M. de Talleyrand, et B... aîné, propriétaire des *Débats*. Le premier fut banni, le deuxième déporté. — Que dites-vous de cette justice ?

La bourgeoisie de 89 n'était venue aux affaires que pour trafiquer des affaires de l'État, et celui qui donna l'exemple, qui conduisit la bande et fit les plus gros bénéfices, ce fut Napoléon.

Affaire de Saint-Domingue[1]. — Bonaparte se livre aux *esclavagistes*, parmi lesquels Malouet et Fleurieu ; exile de Paris Santhonax, le défenseur des nègres ; et décide qu'on *maintiendrait l'esclavage* et que la *traite des noirs et leur importation auraient lieu suivant les lois existantes avant* 89.

« Mais c'était au fond du cœur de Bonaparte

---

1. « Je recevais de Santhonax, jadis si fameux à Saint-Domingue, sur les moyens d'y reprendre notre influence des mémoires très bien faits et appuyés sur des raisonnements solides ; mais Santhonax était lui-même dans une telle défaveur qu'il n'y eut pas moyen de faire goûter ses idées au premier consul ; il me donna même l'ordre formel de l'exiler de Paris. Fleurieu, Malouet et tout le parti des colons l'emportèrent. On décida qu'après la conquête on *maintiendrait l'esclavage...* »

(Cf. t. I, p. 250.)

« qu'il fallait aller chercher la véritable cause de
« cette expédition désastreuse ; à cet égard, Ber-
« thier et Duroc en savaient plus que le Ministre
« de la Police. » Fouché fait allusion, je pense, à
l'éloignement de Pauline Bonaparte, mariée au
général Leclerc, infectée de vérole, et que son frère
éloigna. Probablement elle avait eu pour amants
Berthier et Duroc. Fouché ajoute :

« Le premier consul saisit avec ardeur l'*heureuse*
« occasion d'éloigner un grand nombre de régi-
« ments et d'officiers généraux, formés à l'école de
« Moreau, dont la réputation le blessait, et dont
« l'influence dans l'armée était pour lui un sujet
« de gêne et d'inquiétude. »

Les rumeurs devinrent alors *effrayantes*. « Eh
« bien ! me dit un jour Bonaparte, vos jacobins
« prétendent méchamment que ce sont les soldats
« et les amis de Moreau que j'envoie périr à Saint-
« Domingue, ce sont des fous hargneux ! Laissons-
« les jaboter. On ne gouvernerait pas, si on se
« laissait entraver par les diffamations et les calom-
« nies ; tâchez seulement de me *faire un meilleur*
« *esprit public.* »

Bonaparte s'arroge la présidence de la république,
non plus cisalpine, mais *italienne*. — Cela retarde
la paix avec l'Angleterre, qui la conclut pourtant.
— « Mais, dit Fouché, les niais seuls purent y
« croire ; et elle ne servit qu'à consolider le pouvoir
« du sabre. »

Mémoire de Fouché à Bonaparte, après la paix
d'Amiens ; il l'invite à affermir la paix et à rentrer
dans les voies de la liberté et de l'ordre légal.

Son opinion sur les établissements du culte. —
Il accorde que la religion pourrait prêter au Gouvernement consulaire un solide appui, mais il ne voulait pas de *concordat*. Liberté des cultes; des traitements, si on le voulait, aux curés et vicaires; mais l'État en dehors, sans mélange du temporel ni du spirituel.

Mémoire de Fontanes, amant d'Elisa, pour le rétablissement de l'Empire de Charlemagne[1]. On veut pour cela se servir de l'influence de Rome, imiter en tout point l'œuvre de 800.

« Cette *idée*, dit Fouché, entrait aussi dans mes idées, avec cette différence que le parti de Fontanes voulait se servir, pour cette restauration, des éléments de l'ancien régime »; tandis que Fouché soutenait qu'il fallait s'étayer seulement des hommes et des principes de la Révolution;... le plan, d'ailleurs, lui paraissait préparé, demandait à être mûri, etc.

L'idée générale, qui présida à la création de l'Empire, fut, on le voit, commune à tous les Français, ou du moins à la grande majorité. Le mot

---

1. Cf. conversation de l'empereur avec M. de Barante et M. de Fontanes : « Je compare quelquefois son sort au mien, leur disait-il, en parlant de Henri IV : « La couronne lui appartenait, et combien il lui fut difficile de la gagner ! Il régna en bon et habile souverain, et on l'assassina. Tandis que moi, qui n'étais pas né pour monter sur un trône, j'y suis arrivé tout simplement à grand'peine, et si je puis m'y maintenir avec calme, sans péril, c'est que je suis l'œuvre des circonstances ; j'ai toujours marché avec elles... » Quant à Alexandre, son admiration était sans aucune critique : « ...des royaumes conquis, des villes fondées, des expéditions lointaines en Asie, une mémoire laissée dans les trois parties du monde... » (*Souvenirs du baron de Barante*, t. I, p. 369.)

même d'*Empire* datait déjà de 89. C. Desmoulins s'en servait pour ne pas dire le *royaume;* si j'ai bonne mémoire, il fut encore employé sous la République. Cette pensée générale dérivait de l'idée révolutionnaire elle-même; la cocarde tricolore, avait dit Lafayette, devait faire le tour du monde, ce qui impliquait une idée de *conquête,* réalisée dès 1792, par Dumouriez.

Il était dans la nature du mouvement que la Révolution attaquée se propageât au dehors; que la France devînt conquérante, qu'elle obtînt la *suprématie* par l'Empire. On ne conçoit même pas que les choses eussent pu se passer autrement. Mettez Joubert, Moreau, Bernadotte ou Hoche à la place de Bonaparte, la péripétie des événements ne sera pas la même sans doute, mais les fonds de la politique, mais les tendances ne changeront pas! Peut-être serait-on allé moins vite, ou moins loin; mais on aurait marché; et, tôt ou tard, les nations froissées se seraient coalisées pour ramener la France à ses limites. Cela serait arrivé le jour où, ayant adopté les principes de la Révolution, elles auraient revendiqué leur autonomie et leur indépendance, plus, pour garantie, un certain équilibre.

Une partie des vices du Gouvernement impérial se serait même, dans tous les cas, manifestée: l'amour du pillage, l'exploitation des pays conquis; on le voit par la manière dont les agents du Directoire entendaient l'*organisation*, en Lombardie, à Rome, en Belgique, etc.

Mémoires relatifs aux émigrés. — La liste des

émigrés, dit Fouché, présentait une nomenclature de 150.000 individus, sur lesquels il n'y avait plus, en 1802, à régler le sort que de 80.000.

Exception de 1.000, attachés aux princes.

Ardeur du premier consul à se faire des créatures parmi les émigrés.

Discours de Lucien Bonaparte au Tribunat sur le Concordat. Ce discours, dit Fouché, avait été retouché par le poète Fontanes, dont la plume s'était vouée au torrent du nouveau pouvoir qui allait devenir pour lui le Pactole.

Comédie des généraux, qui refusent d'assister à la cérémonie de Notre-Dame, et que Berthier trouve moyen d'y entraîner.

L'amnistie accordée aux émigrés alarme tous les acquéreurs de biens nationaux. « Il fallut, dit « Fouché, toute la fermeté et la vigilance de mon « administration pour obvier aux graves inconvé- « nients qui auraient pu résulter du conflit entre les « anciens et les nouveaux propriétaires.» Le *Conseil d'État* règle la jurisprudence en cette matière.

L'*empoisonnement* de la nation française date de la mise en vente des biens nationaux et de ceux des émigrés. L'État avait sans doute le droit de res- saisir les biens d'*Église*, mais ç'aurait été à la con- dition de bannir le sacerdoce et de supprimer le culte; de rembourser en terres tous les créanciers de l'État, et de leur laisser ainsi le soin de la vente; de distribuer ce qui resterait aux citoyens pauvres, et de constituer un domaine inaliénable, consis- tant en fermes modèles, forêts, etc., sur tous les points des départements. L'expropriation des biens de l'Eglise, la confiscation de ceux des émigrés, la manière dont ils furent vendus, la vilité des prix, tout cela eut le caractère d'une spoliation et d'une effroyable curée.

Bonaparte, parvenu au pouvoir, restitua aux émigrés tout ce qu'il put; mais cette restitution, purement arbitraire, facultative et gracieuse, n'étant pas convertie en mesure générale, ne fut qu'un moyen de corruption de plus, une trahison envers le parti de la Révolution. C'est justement à l'occasion de ces restitutions que Fouché dit: « On voit que la révolu- « tion était sur la défensive, et la république sans « garantie ni sécurité; tous les projets du premier « consul tendaient à transformer le Gouvernement « en monarchie. L'institution de la Légion d'hon- « neur fut aussi, à cette époque, un sujet d'inquié- « tudes et d'alarmes. »

Et voilà le Gouvernement que M. Thiers préconise, qu'il adore!...

Trahison perpétuelle, despotisme furibond, corruption, vénalité, orgie, saturnales; toute la famille des Bonaparte[1], le premier consul, sa femme Joséphine, ses frères pillant, volant, s'enrichissant, trafiquant de la politique de l'Etat!

---

1. Jérôme aimait à faire des plaisanteries, mais il n'avait pas l'esprit d'en faire de bonnes. Un jour, il aperçut au Luxembourg une dame vêtue à l'ancienne mode et elle-même fort âgée. « Madame, lui dit-il, je suis amateur passionné des antiques, et je n'ai pu voir votre robe sans éprouver le désir d'y imprimer un baiser d'admiration. Me le permettez-vous? — Volontiers, Monsieur, lui répondit la maligne douairière; et si vous voulez vous donner la peine de venir chez moi demain matin, vous pourrez aussi me baiser le derrière, dont l'antiquité remonte encore à quarante ans plus haut. »

Mécontentement, irritation croissante parmi les militaires. — Chose à retenir, sur laquelle Fouché revient sans cesse. Ce ne fut pas seulement en 93 et pendant la Terreur, que l'honneur français se réfugia dans les armées, ce fut aussi sous le Consulat, pendant ces *belles années* que M. Thiers admire, et qui ne furent qu'une longue prévarication.

Les officiers qu'on appelait mauvaises têtes étaient *écartés, exilés* ou *emprisonnés*.

Intrigues de Bonaparte pour la *perpétuité* du pouvoir.

Mystification du 8 mai. Le Sénat donne à Bonaparte une prolongation de pouvoirs de dix ans.

Il faudrait avoir vu, comme moi, tous les signes de dépit et de contrainte du premier consul, pour s'en faire une idée ; ses familiers étaient dans la consternation[1].

Consultation du Peuple Français : — *Napoléon Bonaparte sera-t-il consul à vie ?* — faite en vertu d'un *arrêté* des deux autres consuls, qui n'avaient aucune autorité. — C'est un acte illégal.

« Tandis que les registres destinés à recevoir ces « suffrages étaient *dérisoirement* ouverts aux secré- « tariats de toutes les administrations, aux greffes « de tous les tribunaux, chez tous les maires, chez « tous les officiers publics », survint l'affaire du colonel du 12ᵉ hussards, Fournier-Sarlovèse, fameux par son habileté à tirer au pistolet, et qui s'était vanté de ne pas manquer le premier consul à cinquante pas. Dénoncé par L... (?) au général Menou ;

---

1. Cf. Thiers.

arrêté, puis relâché, puis repris, il fut destitué avec le chef d'escadron Donnadieu. « Tout finit, dit « Fouché, par des destitutions, des exils, des dis- « grâces et *des récompenses au délateur.* »

Il y avait commencement de complot.

Résultat du vote : 3.568.185 votes affirmatifs ; 9.074 négatifs. — Acte illégal; vote nul.

C'est *la spoliation qui vote.* Pendant deux mois, les ministres ne sont occupés qu'à *recenser.*

« On s'inquiéta peu, dit Fouché, de la *manière* « dont on venait de procéder ; la plupart des citoyens « qui avaient voté pour lui déférer à vie la magis- « trature suprême crurent ramener en France le « système monarchique, et avec lui le repos et la « stabilité. Le Sénat crut ou feignit de croire que « Napoléon obéissait à la volonté du peuple, et « qu'on trouverait des garanties suffisantes dans « sa réponse aux messages du premier coup « d'État...

« La liberté, avait dit le premier consul, l'éga- « lité, la prospérité de la France seront assurées... « Content, ajoutait-il avec un ton inspiré, *d'avoir* « *été appelé par l'ordre de Celui de qui tout émane,* « à ramener sur la terre l'ordre, la justice et l'éga- « lité.

« Tout n'était pas consommé par l'escamotage « du consulat à vie ; et, le 6 août, l'on vit paraître « un sénatus-consulte organique de la Constitu- « tion de l'an XIII, sorti de *l'atelier* des deux « consuls *satellites,* élaboré par les familiers du « cabinet, et proposé *au nom du Gouvernement.*

« Puisque les Français adoptaient d'enthou-

4

« siasme le Gouvernement, renfermé désormais
« dans la personne du premier consul, il n'avait
« garde, lui, de leur laisser le temps de se refroi-
« dir. »

Sénatus-consulte du 6 *août* 1802[1].

Remaniement de la Constitution.

Les deux consuls acolytes sont nommés *à vie*
aussi !...

« Le 15 août, on rendit à Dieu de solennelles
« actions de grâces d'avoir, dans son ineffable
« bonté, donné à la France un homme qui avait
« bien voulu consentir à exercer toute sa vie le
« pouvoir suprême. »

Thiers avoue implicitement toutes ces farces et
ne parvient pas à en déguiser le ridicule. Est-il un
général de cette époque qui n'eût conservé plus de
dignité, plus de pudeur?...

21 août. — Grande cérémonie au Luxembourg.
— Le public froid, silencieux.— Le soir, on pla-
carda aux murs des Tuileries ce vers :

Le silence du peuple est la leçon des rois.

Colère de Bonaparte.

« Je ne gouvernerais pas, disait-il, six semaines
« dans ce vide de la paix, si, au lieu d'être le
« maître, je n'étais qu'un simulacre d'autorité... Il
« y a de la bizarrerie et du caprice dans ce qu'on
« appelle l'opinion publique; je saurai la rendre
« meilleure... »

1. Voir la Chronologie de cette année dans la *Chronologie
universelle.*

Première disgrâce de Fouché[1], organisée par Joseph-Lucien, Elisa-Fontanes, Duroc, Savary, puis décidée dans une réunion où assistent Cambacérès et Lebrun. On supprime le ministère de Fouché, la haute police, comme *étant d'institution républicaine* et servant de *paratonnerre aux anarchistes*. — La police, en conséquence, est réunie au Ministère de l'Intérieur, et confiée à Régnier *le Gros Juge*[2].

Gratification à Fouché de 1.200.000 francs, moitié du fond de caisse de son Ministère, par l'empereur.

Quelle vache à lait que l'impôt!...

1. « Non seulement j'avais contre moi Lucien et Joseph, mais encore leur sœur Elisa, femme hautaine, nerveuse, passionnée, dissolue, dévorée par le double hochet de l'amour et de l'ambition. Elle était menée, comme on l'a vu, par le poète Fontanes dont elle s'était engouée, et à qui elle ouvrait alors toutes les portes de la faveur et de la fortune. Timide et avisé en politique, Fontanes n'agissait lui-même que sous l'influence d'une coterie soi-disant religieuse et monarchique, coterie qui, remaniant une partie des journaux, avait aussi à elle son auteur romantique, faisant du christianisme un poëme, et de notre langue un jargon. Fier de ses succès, de sa faveur et de sa petite cour littéraire, Fontanes était tout glorieux d'amener aux pieds de son illustre émule de Charlemagne, les écrivains novices... » (Cf. t. I, pp. 279, 280 et suiv.)

2. Fouché s'attendait à être remplacé. En apprenant le fait à ses amis, il dit : « Je m'attendais à être remplacé par une *Grosse tête*. » On ne désigna plus Régnier, épais et lourd, que sous le nom de *Gros Juge*.

En remerciant Fouché, Napoléon lui dit : « Il a bien fallu prouver à l'Europe que je m'enfonçais franchement dans le système pacifique. Mais soyez sûr que je ne renonce ni à vos conseils, ni à vos services ; il ne s'agit pas du tout ici d'une disgrâce, et n'allez pas prêter l'oreille aux bavardages des salons du faubourg Saint-Germain, ni à ceux des tabagies, où se rassemblent les vieux orateurs de clubs, dont vous vous êtes si souvent moqué avec moi !... »

Décembre 1802. — Fouché membre d'une Commission avec Barthélemy, Rœderer et Demeunier, pour régler les affaires de Suisse. — 19 février 1803. Acte de médiation. Fouché approuva ce qui fut fait; et dit que jamais Bonaparte ne montra autant de modération.

Affaire de la Confédération germanique. — Corruption immense, effroyable curée, selon Fouché. Thiers ne voit point ce côté de la chose.

« Nos intrigants en diplomatie en firent (des opé-
« rations de la Commission extraordinaire) une mine
« *qu'ils exploitèrent* avec une impudence qui d'abord
« révolta le chef de l'Etat, mais qu'il ne put
« réprimer, tant il y eut de personnages élevés qui
« s'en mêlèrent. Il était d'ailleurs *indulgent pour*
« *toutes les exactions qui pesaient sur l'Etranger.* —
« Qu'on juge de l'activité des intrigues. Que de mar-
« chés honteux eurent lieu à mesure qu'on appro-
« chait du dénouement! Quand des plaintes arri-
« vaient, que de grandes friponneries étaient
« dévoilées, on rejetait tout sur le manège des
« bureaux, où il n'y avait que des entremetteurs,
« tandis que tout partait de certains cabinets, de
« certains boudoirs où l'on vendait les indemnités
« et les principautés. »

Suivant Fouché, l'Allemagne était alors dans une *décadence visible.*

Le pamphlétaire F. (Fiévée?), correspondant secret de Bonaparte.

Le pamphlétaire Peltier[1], ennemi des Bonaparte,

---

1. Bonaparte avait à sa solde, à Londres, un journal, *The Argus*, dont il faisait continuellement insérer des extraits

à Londres ; homme de beaucoup d'esprit. (Pourrait-on trouver son recueil ?)

Bonaparte, se voyant chansonné et critiqué par les Anglais, juge que la paix *ne peut lui convenir*[1] ; dèslors, dit Fouché, il résolut *de nous priver de tout commerce avec un peuple libre.*

La police travaille à *fausser les idées.*

Que telles aient été les pensées de Bonaparte à ce moment, nul doute. — Mais les causes de la rupture datent de plus loin ; Fouché le reconnaît lui-même. Il n'avait jamais cru à la solidité de la paix d'Amiens.

Reproches nombreux des Anglais :

1° Incorporation du Piémont ; 2° disposé de la Toscane et gardé Parme ; 3° avoir imposé des lois aux républiques ligurienne et helvétique ; 4° réunion dans la main du premier consul du Gouvernement des deux républiques, italienne et helvétique ; 5° Hollande traitée en province française ; 6° rassemblement de forces sur les côtes de Bretagne, à l'embouchure de la Meuse ; 7° envoi d'officiers déguisés en Angleterre, pour lever le plan des côtes[2].

dans les journaux français. Le journal se commit avec le pamphlétaire Peltier, à qui il avait intenté un procès, et qui ne fut condamné qu'à une faible amende. Une souscription, bientôt couverte par l'élite de l'Angleterre, mit cet écrivain en état de faire une guerre de plume encore bien plus acharnée au premier consul.

1. Peltier était l'auteur de *l'Ambigu* et d'une foule de pamphlets très spirituels contre Bonaparte et sa famille. La police de Bonaparte était si mal faite « qu'on le vit se débattre lui-même, sans dignité et sans succès, contre la presse et les intrigues du plaisir ». (T. I, p. 298.)

2. Cf. Thiers.

A tout cela, Bonaparte objecte le refus des Anglais de rendre Malte. Mais ils répondent que les *changements politiques survenus depuis le traité d'Amiens rendent cette restitution impossible.* — Ce qui était vrai.

Entretien *imprudent*, dit Fouché, avec lord Withworth.

Décret du 22 mai 1803, ordonnant d'arrêter tous les Anglais qui voyagent en France. On n'avait jamais vu, dit Fouché, pareille violation du droit des gens. Comment Talleyrand put-il s'y prêter?...

Toute histoire doit être écrite sous deux points de vue : 1° le point de vue *général*, qui est celui des causes supérieures, des forces prépondérantes, des tendances et influences qui décident du fond de l'histoire ; 2° le point de vue *personnel*, qui est celui des individualités appelées à donner la façon aux actes, à déterminer la matière première de l'histoire.

La paix ne pouvait durer ; elle ne pouvait même sérieusement être conclue. La France poussée à la conquête, à la suprématie du continent ; l'Angleterre ne voulant souffrir ni l'une ni l'autre.

Mais combien les hommes pouvaient modifier cette situation!... Combien plus doucement le nœud pouvait être tranché, sinon dénoué!...

« Si, à cette époque de la rupture, dit Fouché, « Talleyrand avait eu le courage de se retirer, que « serait devenu Bonaparte, sans haute police et sans « ministres capables de balancer la politique de « l'Europe? — Que nous aurions d'autres griefs à « articuler, d'autres accusations à porter au sujet de « coopérations plus monstrueuses!... »

La guerre est déclarée...

Marine anglaise : 469 *vaisseaux* de guerre, et flottille de 800 *bâtiments* garde-côtes, selon Fouché.

Autre grief de l'Angleterre : Bonaparte veut renouveler l'*Empire de Charlemagne*.

Proposition sotte de Bonaparte aux princes de la maison de Bourbon de transférer leurs droits sur sa tête.

Noble réponse de Louis XVIII[1].

Procès de Moreau. — Bonaparte voulait qu'il fût condamné *à mort*. — Il le fut à *deux ans de prison*. — Premier mécompte. — Assassinat du duc d'Enghien. — M. Thiers plaide les atténuantes ; nous connaissons l'homme. Fouché revendique la propriété des mots, attribués à Talleyrand : *C'est plus qu'un crime, c'est une faute*.

Bonaparte, dit Fouché, promettait de *faire grâce* à Moreau, s'il était condamné à mort. *Était-il sincère ?* demande le vieux policier.

Fouché conseille de mettre fin à la crise en proclamant l'Empire, et une dynastie[2].

« Je savais, dit-il, que son parti était pris ; n'eût-

---

1. C'est M. Haugwitz, qui employa M. de Meyer, président de la régence de Varsovie, pour faire la proposition de Bonaparte.

Voici la réponse connue de Louis XVIII : « J'ignore quels sont les desseins de Dieu sur ma race et sur moi ; mais je connais les obligations qu'il lui a imposées, par le sang où il lui a plu de me faire naître. Chrétien, je remplirai ces obligations jusqu'au dernier soupir ; fils de saint Louis, je saurai, à son exemple, me respecter jusque dans les fers ; successeur de François Ier, je veux du moins pouvoir dire comme lui : « Nous avons tout perdu, hors l'honneur. »

2. Curée demanda au Tribunat (30 avril 1804) le titre d'em-

« il pas été absurde, de la part des hommes de la
« Révolution, de TOUT compromettre pour défendre
« *des principes*, tandis que nous n'avions plus qu'à
« *jouir* de la réalité ? Bonaparte était alors le seul
« homme en position de nous maintenir *dans nos*
« *biens, dans nos dignités, dans nos emplois...* Avant
« même le dénouement de l'affaire de Moreau, un
« tribun aposté (le tribun CURÉE ; quel nom !) fit la
« motion de conférer le titre d'empereur et le
« pouvoir impérial héréditaire à Napoléon Bona-
« parte... »

Le 16 mai, trois orateurs du Conseil d'État
portent au Sénat un projet de sénatus-consulte *ad
hoc*. Ainsi c'est Bonaparte qui, en vertu de son initiative, propose au sénat de le promouvoir — à la

---

pereur pour Napoléon Bonaparte et l'hérédité impériale dans
sa famille.

Un seul tribun, Carnot, combattit la proposition Curée. Il dit :
« Le gouvernement d'un seul n'est rien moins qu'un gage
assuré de stabilité et de tranquillité. La durée de l'Empire
romain ne fut pas plus longue que ne l'avait été celle de la
République ; les troubles intérieurs y furent encore plus
grands, les crimes plus multipliés ; la fierté républicaine, les
vertus mâles, l'héroïsme y furent remplacés par l'orgueil le
plus ridicule, la plus vile adulation ; la cupidité la plus effré-
née, l'insouciance la plus absolue sur la prospérité nationale. » Quant à l'hérédité, elle est jugée en peu de mots :
« Un Domitien fut le fils de Vespasien ; un Caligula, le fils de
Germanicus ; un Commode, le fils de Marc-Aurèle. » Puis
l'orateur poursuit : « Nous n'avons pu établir parmi nous le
régime républicain, quoique nous l'ayons essayé sous diverses
formes, plus ou moins démocratiques. Mais de toutes les
constitutions qui ont été successivement éprouvées sans succès, il n'en est aucune qui ne fût née au sein des factions, et
qui ne fût l'ouvrage des circonstances aussi impérieuses que
fugitives ; voilà pourquoi toutes ont été vicieuses. »

dignité impériale [1]. Et que fait le sénat ? « Il se
« rend en corps à Saint-Cloud, et le *sénatus-consulte*
« *est proclamé à l'instant par Napoléon en per-*
« *sonne.* »

Pas plus que cela ! Pour surcroît de dérision,
Bonaparte s'engageait à « prêter, dans les deux
« années qui suivraient son avènement à l'Empire,
« serment de respecter l'égalité des droits, la liberté
« politique et civile, l'irrévocabilité des biens na-
« tionaux : de ne lever aucun impôt et de n'établir
« aucune taxe qu'en vertu de la loi ». *Deux années*
pour prêter un tel serment !

Mœurs impériales. — Fouché raconte tout au
long l'histoire des amours de Napoléon avec sa
belle-fille Hortense, poussée par sa propre mère
Joséphine.

« Désolée de sa stérilité, Joséphine imagina de
« substituer sa fille Hortense dans l'affection de
« son époux, qui déjà, sous le rapport des sens, lui
« échappait. Toute jeune, Hortense avait éprouvé
« un grand éloignement pour le mari de sa mère ;
« elle le détestait ; mais, insensiblement, l'âge,
« l'auréole de gloire qui environnait Napoléon et ses
« procédés pour Joséphine firent passer Hortense
« d'une sorte d'antipathie à l'adoration. Sans être
« jolie, elle était spirituelle, pleine de grâces et de
« talent. Elle plut, et les penchants devinrent si vifs

1. Une caricature qui fit alors beaucoup de bruit en Italie
et en France fut celle qui représentait les deux célèbres statues de Pasquin et Marforio. « *Tutti è Francesi sono ladroni,*
disait Pasquin. — *No,* répondait Marforio, *non tutti, ma buona
parte.* »

« de part et d'autre qu'il suffit à Joséphine d'avoir
« l'air de s'y complaire maternellement et ensuite
« de fermer les yeux pour assurer son triomphe
« domestique. La mère et la fille régnèrent à la
« fois dans le cœur de cet homme altier. Quand,
« d'après le conseil de la mère, l'arbre porta son
« fruit, il fallut songer à masquer par un mariage
« subit une intrigue qui déjà se décelait aux yeux
« des courtisans. Hortense eût donné volontiers sa
« main à Duroc; mais Napoléon, songeant à l'ave-
« nir et calculant dès lors la possibilité d'une adop-
« tion, voulut concentrer dans sa propre famille,
« par un double inceste, l'intrigue à laquelle il
« allait devoir tous les charmes de la paternité. De
« là, l'union de son frère *Louis* et d'*Hortense*
« (9 janvier 1802), union malheureuse, qui acheva
« de déchirer tous les voiles. »

Ainsi l'inceste de Bonaparte remonte au mois
de *mars* 1801. — Il prévoyait dès lors l'Empire et
l'hérédité.

L'article de la Constitution impériale, article 142,
qui statue sur l'hérédité dans la famille de Joseph
et dans celle de Louis, a été fait exprès pour cet
enfant, qui mourut en 1807.

Froid accueil, selon Fouché, à l'empereur. —
Tout est *contraint* et *forcé*.

10 juillet 1804. Rétablissement du Ministère de
la police; Fouché, ministre. — Réal, largement
récompensé en *espèces sonnantes.*

« Sous l'Empire, dit Fouché, dont l'établissement
« coûta près de 400 *millions*, puisqu'il y eut trente
« *maisons* à équiper en majestés et en altesses, il

« fallut organiser les jeux sur une plus grande
« échelle, car leurs produits n'étaient pas seule-
« ment destinés à rétribuer mes phalanges mobiles
« d'observateurs... »

Nous savons que Fouché payait jusqu'à l'impératrice. « Je nommai administrateur général (ou
« fermier) Perrein l'aîné, moyennant une rétribu-
« tion de 14 millions, et de 3.000 *francs par jour*
« *au Ministre de la police*. Mais tout ne restait pas
« entre les mains du Ministre. »

Voilà bien la corruption organisée en grand ; et
Fouché nous dit naïvement qu'il en prenait sa
part : 3.000 francs par jour = 1.095.000 fr. par an.

« L'Empire avait été improvisé sous de si affreux
« auspices, et l'esprit public était si mal disposé,
« si récalcitrant, que je crus devoir conseiller à
« l'empereur de faire diversion, de voyager, de
« rompre enfin ces dispositions malveillantes et
« dénigrantes contre sa personne, plus que jamais
« en butte aux brocards des Parisiens... »

Enlèvement de sir *Georges Rumboldt*, ministre
d'Angleterre, à Hambourg. — Talleyrand et Fouché craignent pour cet Anglais le sort du duc d'Enghien[1].

« J'étais moi-même *en butte à la malveillance* du
« préfet de police », dit Fouché. Le joli régime !
Fouché fut dénoncé lors de la première affaire du
général Mallet, comme le protégeant sous main et
ayant fait disparaître certains papiers qui compro-
mettaient Masséna.

1. Cf. Thiers.

Que de monde se moquait de cet empereur de contrebande et le haïssait! — la plupart des généraux, et tout ce qu'il y avait d'hommes indépendants et désintéressés.

Le roi de Suède faillit être enlevé à Munich par une embuscade d'agents de Napoléon, qui lui en voulait, parce que le roi de Suède lui suscitait des ennemis partout, depuis le meurtre du duc d'Enghien.

Mauvaises dispositions du tsar Alexandre, dues à la même cause. — *Mensonges*, reconnus bientôt, de Napoléon, qui ose affirmer que l'empereur d'Allemagne et le roi de Prusse l'avaient autorisé à faire saisir partout, dans leurs Etats, les rebelles. Napoléon, pour ramener la Russie, emploie les *intrigues de courtisans* et de *femmes galantes*.

3.500.000 voix en faveur de l'Empire. Toujours les mêmes!

Rares acclamations.

A ceux qui lui objectent le danger de son couronnement : *Il me faut des batailles et des triomphes!* dit-il.

A Fouché : « La mer peut me manquer, mais pas
« la terre. D'ailleurs, je serai en mesure sur la côte
« avant que les vieilles machines à coalition soient
« prêtes. Les têtes à perruque n'y entendent rien,
« et les rois n'ont ni activité, ni caractère. Je ne
« crains pas la vieille Europe...

« Quand il sut que Villeneuve venait de rentrer à
« Cadix, ne se possédant plus, il ordonna au Ministre
« de le faire passer par un conseil d'enquête, et
« nomma Resily pour lui succéder; ensuite il vou-

« lut faire embarquer l'armée sur la flottille, mal-
« gré l'opposition de Bruix, maltraitant ce brave
« amiral au point de le pousser à mettre la main
« à la garde de son épée, scène déplorable qui causa
« la disgrâce de Bruix et ne laissa plus aucun
« espoir de rien entreprendre. »

18 septembre 1805. — Déclaration de guerre de
l'Autriche. « Heureuse diversion pour l'empereur,
« dit Fouché. Elle mettait à couvert son honneur
« maritime, et vraisemblablement le préservait
« d'un désastre qui l'eût englouti avec son Empire
« naissant. »

Napoléon ne crut pas devoir se reposer sur ses
excellentes troupes. Il se rappela ce que dit Machia-
vel : qu'un prince bien avisé doit être à la fois
renard et lion. Après avoir bien étudié son *nouveau*
champ de bataille (c'était la première fois qu'il
guerroyait en Allemagne), il nous dit qu'on verrait incessamment que les campagnes de Moreau
n'étaient rien auprès des siennes. En effet, il s'y
prit à merveille pour désorganiser Mack, qui se
laissa pétrifier dans sa position d'Ulm. *Tous ses
espions furent achetés* plus aisément qu'on ne
pense, la *plupart s'étant déjà laissé suborner en
Italie, où ils n'avaient pas peu contribué aux désastres
d'Alvinzi et de Wurmser.* Ici on opéra plus en
grand, et presque tous les états-majors autrichiens
furent moralement *enfoncés.* « J'avais remis à Savary,
chargé de la direction de l'espionnage au grand
quartier général, toutes mes notes secrètes sur
l'Allemagne, et, les mains pleines, il l'exploita
vite et avec succès, à l'aide du fameux Schulmeis-

ter, vrai Protée d'exploration et de subornation.
Une fois *toutes les brèches faites*, ce devint un jeu
à la bravoure de nos soldats et à l'habileté de nos
manœuvres d'accomplir les prodiges d'Ulm, du
pont de Vienne et d'Austerlitz. Aux approches de
cette grande bataille, l'empereur Alexandre donna
tête baissée dans le piège ; s'il l'eût différée de
quinze jours, la Prusse stimulée entrait en ligne. »

Quinze pages plus bas, à l'occasion de la bataille
d'Eylau, Fouché dit :

« *Là tout avait été disputé et balancé*. Ce n'étaient
plus des CAPUCINS DE CARTES qui tombaient comme à
Ulm, à Austerlitz, à Iéna. Le spectacle était aussi
imposant que terrible ; il fallait se battre corps à
corps à trois cents lieues du Rhin. »

Ces faits sont des plus graves. Thiers les ignore
ou feint de les ignorer : ils rabaisseraient trop la
gloire de son héros. Napoléon triomphe *per fas et
nefas :* la corruption, la trahison, tous les moyens
déloyaux, l'excitation à la révolte, la maraude et
les exactions, au besoin le massacre ; il emploie
tout. J'en ai fait ailleurs la remarque : il doit à
l'artifice, non à l'héroïsme, la moitié de ses victoires. Dès que l'artifice ne s'en mêle plus et qu'il
est réduit aux seuls moyens de force, ce favori du
dieu Mars redevient un simple mortel ; il est battu
tout comme un autre : Marengo, Essling, Culm,
Leipsig, Waterloo le prouvent. Les invincibles
phalanges, malgré tout leur courage, s'aperçoivent
que l'ennemi les vaut. Ebersberg, Eylau, Smolensk, la Moskowa, Ligny, Busaco, etc., etc., où la
victoire fut disputée. Culm, la Kasbach, les Ara-

piles, Vittoria, où nous fûmes battus, le démontrent. L'histoire de cet homme est à refaire : il faut lui arracher jusqu'à cette auréole de victorieux qui le décore, et qui n'est qu'un mensonge de son machiavélisme. Napoléon ne croyait pas à la guerre, telle qu'il la comprenait et la faisait ; il l'eût repoussée bien loin, si on lui avait proposé de la faire selon les vrais principes du droit de la force. Pourquoi ces dénonciations de Fouché n'ont-elles pas retenti comme un coup de tonnerre ?

Elles sont arrivées trop tard, quand les coupables n'étaient plus présents (1824) ; quand le bonapartisme endoctrinait la France ; elles ont été écartées comme indignes de foi, par suite de la mauvaise réputation de Fouché, accusé d'*immoralité* par Napoléon, dans ses *Mémoires*.

L'*immoralité* de Fouché[1]! Mais pourquoi le premier consul garda-t-il près de lui cet être immoral, après le coup d'État du 18 Brumaire ? Pourquoi, après s'être privé de ses services, en 1802, le reprit-il en 1804 ? Pourquoi l'envoya-t-il comme gouverneur en Illyrie, en 1813 ? Pourquoi le fit-il venir près de lui à Dresde, pendant la campagne de Saxe et lui donna-t-il une mission de confiance ? Pourquoi le reprit-il pendant les Cent-Jours ?

L'*immoralité* de Fouché ! Ah ! certes, c'était chose peu morale de voir Fouché payer 25.000 francs par mois le secrétaire intime de l'empereur, subventionner Joséphine[2], l'impératrice elle-même, et

1. Cf. Montholon et Gourgaud.
2. État sommaire des robes et modes fournies par L.-H. Le

avoir l'œil sur toutes les turpitudes de la famille *impériale*. Mais toute cette honte ne faisait-elle pas l'essence de l'Empire? N'était-ce pas pour *faire jouir* le parti des pourris, le parti du 18 Brumaire, que Napoléon avait saisi le pouvoir, appuyé par Barras, Talleyrand, Fouché, Lucien et Joseph, ses frères, tous ceux qui voulaient s'enrichir contre les patriotes qui voulaient faire respecter la loi?...

L'immoralité de cette époque, c'est l'Empire. Fouché fit son métier : il a publié ses confessions ; il s'est dénoncé lui-même. Pardonnons-lui même ses petites vanités, en faveur de ses révélations.

« Il entrait dans les vues de l'empereur de faire « croire que, dans son camp même, *il savait tout, voyait tout et faisait tout.* » Charlatanisme. Encore

Roy à l'impératrice Joséphine, dans les premiers mois de 1806 :

		Francs
Pour somme restée due sur divers mémoires réglés antérieurement		48.000
Pour arriéré		15.000
Mois de janvier		12.264
— février	soldés	12.347
— mars		11.206
En février..{ Pour Mlle de Tascher		1.425
Pour S. M. la reine de Bavière		575
Avril		34.590
Mai		10.209,50
Juin		16.843
Juillet	13.881,75	23.881,75
— Plus pour un héron noir	10.000	
Août		7.372,75
Septembre		9.665,50
Octobre		10.275,10
Total		177.837,60
A déduire, reçu le 4 octobre		2.000
		175.837,60

une des misères de ce règne, où il n'y a guère autre chose que des misères.

« Il voulait surtout qu'on eût la bonhomie de croire que sous son règne on jouissait à l'intérieur d'un régime doux et d'une libéralité touchante. Ce fut d'après ce motif que, pendant la même campagne, il affecta de me tancer, par la voie du *Moniteur* [1] et dans ses bulletins, pour avoir refusé à Collin d'Harleville l'autorisation d'imprimer une de ses pièces. « Où en serions-nous, s'écria-t-il hypo- « critement, s'il fallait avoir la permission d'un « censeur en France pour imprimer la pensée? »

« Moi qui le connaissais, je ne vis dans cette boutade qu'un avis indirect de me hâter de régulariser la censure et de nommer des censeurs. » Hypocrisie !

Le même sentiment dicta le mot plus connu à M. de Fontanes.

M. Molé, disciple du *poète Céladon*, avait donné des *Essais de morale et de politique*. « C'était, dit Fouché, l'apologie la plus inconvenante du despotisme tel qu'on l'exerce au Maroc; Fontanes fit le plus grand éloge de cet écrit dans le *Journal des Débats;* je m'en plaignis. L'empereur blâma publi-

---

1. A M. de Talleyrand :

Paris, 6 mars 1806.

M. Talleyrand, mon intention est que les articles politiques du *Moniteur* soient faits par les Relations extérieures. Et quand j'aurai vu pendant un mois comment ils sont faits, je défendrai aux autres journaux de parler politique autrement qu'en copiant les articles du *Moniteur*.

NAPOLÉON.

(*Correspondance de Napoléon Ier.*)

quemment Fontanes, qui s'excusa sur le désir *d'encourager un si beau talent dans un si beau nom!*
Ce fut à ce sujet que l'empereur lui dit : *Pour
Dieu, monsieur de Fontanes, laissez-nous au moins
la république des lettres !* »

Autre boutade du même genre, le 26 janvier 1806,
après la paix de Presbourg. « Il débuta aux Tuileries par une explosion de mécontentement qui
rejaillit sur quelques fonctionnaires et notamment
sur le vénérable Barbé-Marbois, au sujet d'un embarras dans les paiements de la Banque, au commencement des hostilités. Cet embarras, il l'avait
occasionné lui-même par l'enlèvement, dans les
caves de la Banque, de *cinquante millions*. Mis sur
le dos des mulets du roi Philippe, ces millions
*contribuèrent puissamment aux succès prodigieux
de cette campagne improvisée*. Mais nous sommes
encore trop près des événements pour qu'on puisse,
sans inconvénient, déchirer tous les voiles. »

Voilà ce que dit Fouché du héros. Le Gouvernement de Louis-Philippe, inauguré par des hommes
de l'espèce de Fouché, Talleyrand, Molé, etc.,
n'aurait eu garde de lever de pareils voiles [1]. On
n'a rien appris pendant le règne de dix-huit ans.

---

1. « Napoléon devint populaire après sa chute; c'est le privilège d'une grande renommée trahie par une grande infortune. Napoléon, empereur et roi, avait été le moins populaire des tyrans. Il a laissé d'immortels souvenirs à la
mémoire; il n'en a pas laissé à l'âme. Son couronnement
ne fut que l'acte culminant d'une conspiration triomphante;
le peuple n'assistait à ce dénouement d'un crime heureux
qu'en qualité de spectateur.

« Toute l'action fut jouée entre deux populaces : celle des

Il a fallu que le dégoût du deuxième Empire commençât à dessiller les yeux.

Après Austerlitz, apaisement de l'opinion. Paris ébloui ; le faubourg Saint-Germain réconcilié.

Plus de chouannerie.

Guerre à mort dans les *Débats*, sous prétexte de bonne littérature, de la faction réactionnaire contre la Révolution. Les *Débats* ôtés à la surveillance de Fouché.

Publications de toute sorte contre la Révolution. *Histoire de la guerre de Vendée.*

Louis Bonaparte, roi de Hollande : « Cela ne put le *dédommager de ses ennuis domestiques.* »

« L'avouerai-je ? Lorsque, dans un conseil nom-
« breux, Napoléon posa la question de savoir si

petits qui est facile à éblouir, et celle des grands qui est facile à acheter. » (*Les colonels Fournier et Foy*, par Charles NODIER.)

Dans *la Guerre et la Paix*, Proudhon dit :

« Les hommes qui ont vécu sous la Restauration, et il en reste encore, peuvent dire si, malgré la réaction de 1815, les petitesses de la politique légitimiste, les *jésuitiales*, etc., la France, qui avait subi deux invasions et perdu de si grandes batailles, se croyait humiliée, si elle avait l'attitude de la défaite... Loin de là, un prodigieux élan avait saisi le pays.

« On chantait, on était enivré de souvenirs, plein des enthousiasmes de l'espérance.

« C'est qu'en définitive, après 1815, la France, étant le seul Etat constitutionnel du continent, se sentait toujours reine, par les institutions et les idées, sinon plus par la guerre et la force. — Elle ouvrait la marche des nations vers l'avenir, si elle ne les dominait plus. Elle travaillait, pensait, parlait et légiférait pour toutes, ce qui valait mieux que de leur montrer ses baïonnettes. Elle était plus respectée, moins crainte. C'est pour cela que 1814 et 1815 sont des dates aussi glorieuses pour nous que celles de Marengo et d'Austerlitz ; c'est notre entrée en jouissance de la Révolution. »

« l'établissement des titres héréditaires était con-
« traire aux principes de l'égalité que nous profes-
« sions presque tous, nous *répondîmes négative-*
« *ment!...* Il s'agissait, disait-on, de réconcilier la
« France ancienne avec la nouvelle, et de *faire dis-*
« *paraître les restes de la féodalité en rattachant*
« *les idées de noblesse aux services rendus à l'État.* »

Création de grands fiefs. « J'eus un assez bon billet
dans cette loterie : je pris rang, sous le titre de
duc d'Otrante, parmi les principaux feudataires de
l'Empire. »

Dissolution du Corps germanique ; Confédération
germanique sous le protectorat de Napoléon ; iso-
lement de la Prusse. « La corruption, à demi opé-
« rée, avorta par une inconséquence du cabinet
« prussien. »

La guerre avec la Prusse préparée comme un
coup de théâtre. *Mémoire,* à cette occasion, écrit
par Montgaillard, *alors aux grands gages.* Il ne faut
pas confondre cet écrivain avec l'*abbé* de Montgaillard, son frère.

« *La monarchie prussienne dépendait de l'astuce*
« *de quelques intrigants et du mouvement de*
« *quelques subsides, avec lesquels nous jouions à la*
« *hausse et à la baisse à volonté.* Iéna, l'histoire
« dévoilera un jour les causes secrètes!... »

Enivrement de la France après la campagne de
Prusse. Elle s'enorgueillit d'être appelée la *grande
nation ;* Bonaparte « *se croit le fils du Destin* [1], appelé
pour briser tous les sceptres ».

1. Cf. Taine, ses citations de M. de Pradt, de Miot de
Melito, etc. (*Régime moderne,* t. I, p. 56 et suiv.) :

Système continental.

Fouché donne à Bonaparte des conseils de modération, et l'engage à faire la paix. — Ainsi avait-il fait déjà après Marengo.

Habileté de Napoléon reconnue par Fouché, à partir d'Eylau. — Force de conception, de caractère, dit-il ; il fit preuve de toutes les qualités.

Mystification du cabinet anglais, *qui donne dans le panneau* de Fouché. — Lord Howick dépêche un émissaire porteur d'instructions secrètes, et d'une lettre pour Fouché renfermée dans les nœuds d'une canne. Cet émissaire, du nom de Vitel, s'étant ouvert à un agent de la préfecture, Perlet, ne put échapper à la mort.

L'histoire du comte Daché, agent des Bourbons. Trahi par les siens, et mis à mort.

Victoire de Friedland. — *Que n'est-il légitime ?* dit la vieille aristocratie du faubourg Saint-Germain.

Duumvirat de Tilsitt.

Redoublement d'adulations. — Changement dans le Ministère. — Disgrâce de Talleyrand.

« C'est l'égoïsme, non pas inerte, mais actif et envahissant, proportionné à l'activité et à l'étendue de ses facultés, développé par l'éducation et les circonstances, exagéré par le succès et la toute-puissance, jusqu'à devenir un monstre, jusqu'à dresser, au milieu de la société humaine, un *moi* colossal, qui incessamment allonge en cercle ses prises rapaces et tenaces, que toute résistance blesse, que toute indépendance gêne, et qui, dans le domaine illimité qu'il s'adjuge, ne peut souffrir aucune vie, à moins qu'elle ne soit un appendice ou un instrument de la sienne. — Déjà, dans l'adolescent et même dans l'enfant, cette personnalité absorbante était en germe. »

Suivant Fouché, la disgrâce de Talleyrand vint d'un dissentiment sur la guerre d'Espagne. D'après Thiers, Talleyrand aurait été un des promoteurs de cette entreprise.

La corruption, si bien pratiquée par Napoléon contre ses ennemis, est pratiquée contre lui. — Dès 1807, il soupçonne le Ministère des Affaires étrangères[1].

18 septembre 1807. — Suppression du Tribunat.

Fouché déconseille l'expédition d'Espagne. — Napoléon convoite les trésors du Nouveau Monde et reprend la politique de Louis XIV[2].

Différends avec le Pape. — Fouché les juge *impolitiques*, et favorisant la *petite Eglise*.

Intrigue espagnole. — « Tous les ressorts de cette vaste machination étaient montés ; ils s'étendaient du château de Marrac à Madrid, à Lisbonne, à Cadix, à Buenos-Ayres et au Mexique. Napoléon avait à sa suite son *établissement particulier de fourberies politiques :* son duc de Rovigo, Savary ; son archevêque de Malines, abbé de Pradt ; son prince Pignatelli, et tant d'autres instruments plus ou moins actifs de ses fraudes diplomatiques. Talleyrand, ex-ministre, le suivait aussi, mais plutôt comme patient que comme acteur. »

Quelle politique ! quel règne ! Il y eut un moment

---

1. Cf. 1812. — Histoire racontée par Thiers.

2. Il osait et il pouvait tout entreprendre. — En août 1807, Lacépède, président du Sénat, lui disait :

« On ne peut louer dignement Votre Majesté : sa gloire est trop haute; il faudrait être placé à la distance de la postérité pour découvrir son immense élévation... »

Certes, un vaudevilliste n'eût pas trouvé mieux !

où, Napoléon paraissant à tout le monde le plus fort, bien connu d'ailleurs pour son ambition et son peu de scrupule, tous les traîtres arrivèrent à Paris. La corruption lui livra l'*Allemagne*, puis l'*Autriche*, puis la *Prusse*, puis l'*Espagne*. — Mais il viendra un jour où l'on cessera de croire à la durée de sa puissance ; alors il sera trahi à son tour et vendu : Talleyrand, Fouché, de Pradt, jusqu'à ses maréchaux, se tourneront contre lui.

Il est toujours utile de rapporter les paroles de Napoléon pour le juger. Fat, fanfaron, imprévoyant, et toujours faux prophète, il répond à Fouché qui lui présente ses observations sur l'Espagne :

« Que dites-vous ? Tout ce qui est raisonnable
« en Espagne méprise le Gouvernement. Le prince
« de la Paix, véritable maire du palais, est en hor-
« reur à la nation ; c'est un gredin qui m'ouvrira
« lui-même les portes de l'Espagne. Quant à ce
« ramas de canailles dont vous me parlez, qu' est
« encore sous l'influence des moines et des prêtres,
« une volée de coups de canon le dispersera. Vous
« avez vu cette Prusse militaire, cet héritage du
« grand Frédéric, tomber devant mes armées
« comme une vieille masure ; eh bien, vous
« verrez l'Espagne entrer dans ma main sans
« s'en douter, et s'en applaudir ensuite ; j'y ai un
« parti immense. J'ai résolu de continuer dans ma
« propre dynastie le système de famille de Louis XIV
« et d'unir l'Espagne aux destinées de la France.
« Je veux saisir l'occasion unique que me présente
« la fortune de régénérer l'Espagne, de l'enlever à
« l'Angleterre et de l'unir intimement à mon sys-

« tème. Songez que le soleil ne se couche jamais
« dans l'immense héritage de Charles-Quint, et que
« j'aurai l'Empire des Deux Mondes[1].

Quelle jactance! Quelle blagologie! et quelle
ignorance des choses! M. Thiers s'étonne, comme
d'un fait incompréhensible, de cette aberration du
génie et de la *conscience* de son héros dans l'affaire
d'Espagne; il recherche curieusement l'instant où
cette convoitise fatale entra dans son âme, et il
croit avoir fait merveille de l'indiquer *à peu près*.
— C'est pour lui tout le mystère.

Mais Napoléon est sans *conscience comme sans
génie.* — Il venait de corrompre la Confédération

1. « Là-dessus Napoléon parla, ou plutôt il poétisa, il
ossianisa pendant longtemps..., comme un homme plein d'un
sentiment qui l'oppressait..., dans le style animé, pittoresque,
plein de verve, d'images et d'originalité, qui lui était fami-
lier..., sur l'immensité des trônes du Mexique et du Pérou,
sur la grandeur des souverains qui les posséderaient... et
sur les résultats que ces établissements auraient pour
l'univers. Je l'avais souvent entendu; mais, dans aucune circonstance, je ne l'avais entendu développer de telles richesses
d'imagination et de langage...

« Subitement la faculté maîtresse s'est dégagée et déployée; l'artiste, enfermé dans la politique, est sorti de sa
gaine; il crée dans l'idéal et l'impossible. On le reconnaît
pour ce qu'il est, pour un frère posthume de Dante et de
Michel-Ange; effectivement, par les contours arrêtés de sa
vision, par l'intensité, la cohérence et la logique intense de
son rêve, par la profondeur de sa méditation, par la grandeur surhumaine de ses conceptions, il est leur pareil et
leur égal; son génie a la même taille et la même structure; il
est un des trois esprits souverains de la renaissance italienne.
—Seulement, les deux premiers opéraient sur le papier et le
marbre; c'est sur l'homme vivant, sur la chair sensible et
souffrante que celui-ci a travaillé. » (Cf. TAINE, *Le Régime
moderne*, t. 1, p. 49-50.)

germanique; il avait triomphé, en partie par la corruption, de l'Autriche et de la Prusse; toute sa politique n'est que charlatanerie, machiavélisme et dramaturgie; il continue avec l'Espagne, et, pour montrer à ses Ministres sa supériorité, il se mêle à la comédie; il se travestit en Arlequin.

Chose à noter : l'Allemagne, l'Autriche, la Prusse, étant riches, puissantes, éclairées, sont perdues par la vénalité; en Espagne, il n'y a pas un traître; et Napoléon, réduit à ses armes, est vaincu.

Déchaînement de l'opinion. — Après Baylen, dit Fouché, il n'y eut plus moyen d'y tenir.

Colère et vanteries de Napoléon. — Entrevue d'Erfurt; elle ramène un peu l'opinion.

A l'ouverture du Corps législatif, 26 octobre 1808, Napoléon dit : *Bientôt mes aigles planeront sur les tours de Lisbonne.*

Mais les embarras ne font que s'accroître, depuis qu'il fait la guerre *aux peuples.*

Il faut lire ici les réflexions de Fouché. Ce qui l'inquiétait particulièrement, lui et ses pareils, ce n'était pas précisément l'immoralité ou le danger de l'entreprise.

C'est que Napoléon remettait tout en question et compromettait ainsi les *fortunes* et l'*avenir* des patriotes engraissés.

Mort du fils aîné d'Hortense et de Napoléon (1807); douleur profonde de Napoléon.

Combien de fois, sur la terrasse de Saint-Cloud, après ses déjeuners, on l'avait vu contempler avec délices ce rejeton dont les manières et les dispositions étaient si heureuses, et, se délassant des soins

de l'Empire, se mêler à ses jeux enfantins! Pour
peu qu'il montrât de l'opiniâtreté, du penchant
pour le bruit du tambour, pour les armes et le simulacre de la guerre, Napoléon s'écriait avec enthousiasme : « Celui-là sera digne de me succéder ; il
« pourra me surpasser encore! » — Au moment
où il lui préparait de si hautes destinées, ce bel
enfant, atteint du croup, lui fut enlevé. — Ainsi
fut brisé le roseau sur lequel voulait s'appuyer un
grand homme.

« Jamais je ne vis Napoléon en proie à un
chagrin plus concentré et plus profond. Jamais je
n'avais vu Joséphine et sa fille dans une affliction
plus déchirante... *Ses courtisans eux-mêmes* eurent
pitié d'une si haute infortune... »

Diversions cherchées par Napoléon à son chagrin. *Officieusement secondé* par son confident
Duroc, il se *jette*, non dans l'amour des femmes,
mais dans la possession physique de leurs charmes[1].
— « On citait deux dames de sa cour honorées
de ses hommages furtifs, et qui venaient d'être
remplacées par la belle Italienne Charlotte G.....
née Brind... » — Fouché en vient *à craindre de
voir l'empereur, en vieillissant, se traîner sur les*

---

1. « Mon âme était trop forte, disait-il à propos de
Mᵐᵉ Grassini, pour donner dans le piège; sous les fleurs, je
jugeai du précipice. Ma position était des plus délicates; je
commandais de vieux généraux; ma tâche était immense;
des regards jaloux s'attachaient à tous mes mouvements;
ma circonspection fut extrême. Ma fortune était dans ma
sagesse; j'eus pu m'oublier une heure, et combien de mes
victoires n'ont pas tenu à plus de temps!... » (*Mémorial de
Sainte-Hélène*, t. III, p. 41.)

traces de Sardanapale. Il conçoit alors l'idée du divorce, et présente à ce sujet à l'empereur un mémoire [1].....

Les confidences à Joséphine, qui s'évanouit... Mais Napoléon refuse de chasser Fouché...

Campagne de Napoléon dans la Péninsule. — C'est à la suite de cette campagne qu'il a écrit : *La guerre d'Espagne est terminée !...*

Levée de boucliers du major Schill, en Prusse. — Elle a peu d'importance, selon Fouché, pas plus que ne lui en accorde Thiers dans son histoire.

Campagne de Wagram.

Le Pape, défendu par Fouché et les philosophes, contre la politique de Napoléon.

Expédition de Walcherez. Fouché et Bernadotte défendent la Belgique. — Ombrages de Napoléon, qui ne pardonna jamais à son Ministre d'avoir levé une armée tout seul et *sauvé la Belgique*, dit Fouché.

Société secrète des *Philadelphes.* « Elle remontait au temps du Consulat. Elle avait pour but de rendre au peuple la liberté que Napoléon lui avait ravie... L'existence présumée de cette société avait donné lieu déjà à l'arrestation et à la détention prolongée de Mallet, Guidal, Gindre, Picquerel et Lahorie. — En 1809, on soupçonna le brave Oudet, colonel du 9e régiment de ligne, d'avoir été porté à la présidence des *Philadelphes.* Une lâche délation l'ayant signalé comme tel, voici quelle fut la malheureuse destinée de cet officier. Nommé général de brigade la veille de la journée de Wagram, on l'attira, le

1. Cf. Thiers.

soir même qui suivit la bataille, dans un guet-apens,
à quelques lieues de là, dans l'obscurité de la nuit,
où il tomba sous le feu d'une troupe qu'on supposa
être des gendarmes. Le lendemain, il fut trouvé
étendu, *sans vie, avec vingt-deux officiers de son
parti*, tués autour de son corps. Cet événement fit
grand bruit à Schœnbrunn, à Vienne, et dans tous
les états-majors de l'armée, sans qu'on eût aucun
moyen de percer ou d'éclaircir un si horrible mystère. »

Voilà le récit de Fouché. Il n'accuse directement
personne ; mais il est clair que la police de Savary
a fait le coup, et qu'on a choisi le tumulte du champ
de bataille pour accomplir l'assassinat. La *dénon-
ciation existait* ; or, si Oudet a été fait général de
brigade malgré la délation, c'est que ses jours étaient
comptés. On le tuait dans son triomphe ; l'empereur
était innocent. Il n'y a pas, dans la vie de Tibère
et de Néron, de plus noir mystère. Cela est tout à
la fois d'un Italien, formé à l'école de César Borgia,
d'un tyran, et d'un Corse. Napoléon, comme David,
pleure son fils incestueux et adultère ; il prend son
frère Louis pour chaperon ; il l'accepte de Joséphine,
sa femme, auprès de sa belle-fille Hortense ; il paye
le premier de la couronne de Hollande, la seconde
de la couronne d'impératrice ; il se roule dans toutes
les espèces de crimes ; mais il a toujours peur du
spectre républicain : il déporte sans jugement ; il
fait emprisonner ; il fusille ; il envoie 30.000 hommes
mourir à Saint-Domingue pour remettre les nègres
aux fers ; et il se vante dans ses mémoires de n'avoir
jamais commis de crimes !...

Tentative d'assassinat à Schœnbrunn, sur la personne de l'empereur, par un jeune homme de dix-sept ans.

Le faubourg Saint-Germain dit que Napoléon est atteint d'*aliénation mentale*. — Irritation du despote.

3 décembre 1809. — *Te Deum* à Notre-Dame. Napoléon dit au Corps législatif : « Lorsque je repa-
« raîtrai au-delà des Pyrénées, le léopard épou-
« vanté cherchera l'Océan pour éviter la honte, la
« défaite ou la mort. » C'est d'un esprit malsain.

15 décembre, divorce.

Création de six prisons d'Etat, afin, dit Napoléon, de mettre un terme aux *arrestations illégales*.

La délation organisée partout, payée et gratifiée selon les services. C'est le règne de Tibère.

Conspiration de Fouché, racontée par lui-même, pour démolir l'empereur. Il essaye de faire porter à Londres, par Ouvrard, des *propositions de paix* Ses propositions se croisent avec celles de Napoléon ; ce qui fait découvrir le pot aux roses. Destitution de Fouché, arrestation d'*Ouvrard*[1]. — Fouché, nommé gouverneur de Rome (3 juin 1810).

En remettant le Ministère à Savary, Fouché le mystifie, et ne lui enseigne rien[2].

1. « En même temps, je reçus la défense de communiquer avec le prisonnier. Le lendemain, le portefeuille de la police fut donné à Savary. Pour cette fois, c'était une véritable disgrâce...

« J'eusse fait, sans doute, une prédiction trop pressante, en rappelant les paroles du prophète : « Dans quarante ans Ninive sera détruite » ; mais j'aurais pu prédire, sans me tromper, que dans moins de quatre ans l'Empire de Napoléon n'existerait plus. » (P. 418, *fin du tome I.*)

2. Cette fois, Fouché ne quittait pas le pouvoir sans le

Perquisition au château de Ferrières[1], qu'habitait Fouché. L'empereur réclame ses notes secrètes[2]. — Fuite de Fouché. — Il passe en Italie, reçoit l'hospitalité d'Elisa Bonaparte, femme dissolue,

regretter : « Pourtant, il n'est que trop vrai, elles sont incurables les plaies de l'ambition. En dépit de toute ma raison, je me sens encore poursuivi malgré moi par les illusions du pouvoir, par le fantôme de la vanité; je m'y sens attaché comme Ixion l'était à sa roue. Un sentiment pénible et profond m'oppresse. Et qu'on dise que je ne me montre pas avec toutes mes faiblesses, avec toutes mes erreurs!... » (Cf. t. II, p. 10.)

1. Un décret impérial nommait Fouché ambassadeur à Rome. « Mais je ne crus pas un seul instant, dit-il, qu'il entrât dans la volonté de l'empereur que je fusse mis en exercice d'un si haut emploi. » Et il se retira dans son château de Ferrières, en faisant insérer dans les journaux de Paris qu'il partait pour son gouvernement. Il fit mettre sur tous ses équipages, en grosses lettres, l'inscription : *Equipages du gouverneur général de Rome*. Et il avoue, à propos de Savary : « A vrai dire, impatienté de ses perpétuelles interrogations et de sa lourde suffisance, je m'amusai à lui conter des sornettes... »

2. Le lendemain de la perquisition, Fouché se rendit à Saint-Cloud. Il savait que l'empereur avait éclaté en menaces contre lui, traitant ses commissaires d'imbéciles pour s'être fait jouer. A neuf heures, il se présentait au grand-maréchal du palais : « Me voilà, dis-je à Duroc; j'ai le plus grand intérêt de voir l'empereur sans retard, et de lui prouver que je suis loin de mériter ses amères défiances et ses injustes soupçons. Dites-lui, je vous prie, que j'attends dans votre cabinet qu'il daigne m'accorder quelques minutes d'audience. — J'y vais, répond Duroc; je suis fort aise que vous *mettiez de l'eau dans votre vin.* » Napoléon était fort en colère. Il essaya de flatter Fouché, alla jusqu'à lui témoigner « une sorte de repentir de ses emportements »; puis il finit par réclamer, par exiger sa correspondance. « Sire, lui dis-je d'un ton ferme, je l'ai brûlée. — Cela n'est pas vrai; je la veux ! répondit-il avec contraction et colère. — Elle est en cendres. — Retirez-vous!... (Mots rehaussés avec

d'un appétit[1] *très exigeant*, et dont les amants Hin... et Les... avaient été protégés par Fouché.

Enfin Fouché cède : il remet les papiers contre un reçu motivé[2]. — Exilé à Aix, Fouché s'organise une police particulière, et conspire. Nombre de femmes sont du complot.

Disgrâce de Pauline Bonaparte[3], celle de ses

un mouvement de tête et un regard foudroyant.) — Mais, Sire... — Sortez, vous dis-je ! »

Fouché sortit, en déposant sur une table un mémoire que Napoléon déchira, tout bouillant de colère. En l'apercevant, sans émoi ni trouble, Duroc le crut rentré en grâce : « Vous l'avez échappé belle, lui dit-il ; j'ai détourné avant-hier l'empereur de vous faire arrêter. — Vous lui avez épargné un grand acte pour le moins impolitique. »
(Cf. t. II, pp. 26, 27.)

1. Depuis 1807, la sœur de Napoléon régnait sur la Toscane, sous le titre de grande-duchesse. « Et c'était moi, ô vicissitude incohérente et bizarre ! c'était moi qui venais me ranger sous la protection de cette même femme que je n'aimais pas; qui, fortifiant jadis la coterie Fontanes et Molé, avait concouru à ma première disgrâce; de cette femme dont j'aurai à dire ici plus de bien que de mal pour être juste, car j'ai l'habitude de parler et d'écrire avec les souvenirs de l'époque, mais sans passion ni ressentiment. »
(Cf. t. II, p. 31.)

2. C'est le prince de Neufchâtel qui donna le reçu motivé. Et Fouché dit : « Ainsi s'opéra, par l'intermédiaire de la grande-duchesse, non un rapprochement entre moi et l'empereur, mais une espèce de transaction que j'aurais regardée comme impraticable, trois semaines auparavant. J'en étais encore moins redevable aux besoins de mon cœur, ou à une soumission sincère, qu'aux atteintes du mal de mer dont il ne m'avait pas été donné de pouvoir supporter les tourments. » (*Id.*, p. 37.)

3. Fouché avait organisé sa contre-police à Aix. « Des fades et mensongères adresses du *Moniteur* s'échappaient autant de traits de lumière qui frappaient mes regards... L'habitude invétérée de tout savoir me poursuivait... A l'aide

sœurs que Napoléon affectionna le plus, et dont il fut l'amant.

« Légère, bizarre, dissolue, sans esprit, mais non pas sans saillies, ni sans quelques lueurs, elle aimait le faste, la dissipation et *tous les genres* d'hommages. *Jamais elle n'eut pour aucun homme d'aversion, si ce n'est* pour Leclerc, son premier mari, et plus encore pour le prince Camille Borghèse, le plus doux des hommes, à qui Napoléon la fit épouser en secondes noces. Son premier mariage fut ce qu'on appelle un mariage de garnison. Malade, et refusant de suivre Leclerc dans son expédition de Saint-Domingue, elle fut transportée en litière par ordre de Napoléon à bord du vaisseau *amiral*. » On voit ici le motif secret de cette expédition.

d'amis sûrs et de trois écrivains fidèles, je montrai ma correspondance secrète, fortifiée par des bulletins réguliers, qui, venus de plusieurs côtés différents, pouvaient être contrôlés l'un par l'autre... » Grâce à ces correspondances, il ne perdait pas de vue l'empereur ; il le suivait dans ses actes publics comme dans ses actions privées. « Si je ne le perdais pas de vue, c'est que tout l'Empire c'était lui ; c'est que toute notre force, toute notre fortune résidaient dans sa fortune et dans sa force, connexion effrayante sans doute, parce qu'elle mettait à la merci d'un seul homme non seulement une nation, mais cent nations différentes. » (Cf. t. II, pp. 38, 39, 42.)

Et il ajoute : « Arrivé à son apogée, Napoléon n'y fit pas même une halte ; ce fut pendant les deux années que je passai en dehors des affaires que le principe de son déclin, d'abord inaperçu, se décela. Aussi dois-je en marquer ici les effets rapides, moins par une vaine curiosité que pour l'utilité de l'histoire... L'année 1810, signalée d'abord par le mariage de Napoléon et de Marie-Louise, puis par ma disgrâce, le fut aussi par la disgrâce de Pauline Borghèse, sœur de Napoléon, et par l'abdication de son frère Louis, roi de Hollande. »

Bonaparte voulait éloigner de Paris cette dévergondée.

« En proie aux vives ardeurs du climat des tropiques, et reléguée dans l'île de la Tortue par suite des revers de l'expédition, elle se plongea, pour s'étourdir, dans tous les genres de sensualités. A la mort de Leclerc (1802), elle se hâta de remettre à la voile, non comme Artémise ni comme la femme de Germanicus, toute en pleurs, et tenant l'urne funéraire de son époux, mais libre, triomphante, venant se replonger dans les délices de la capitale[1]. Là, dévorée longtemps par une maladie dont le siège accuse l'incontinence, Pauline eut recours à tous les trésors d'Esculape, et guérit. Chose étrange, dans sa cure merveilleuse, c'est que, loin d'en être flétrie, sa beauté n'en reçut que plus d'éclat et de fraîcheur, telle que ces fleurs singulières que l'engrais fait éclore et rend de plus en plus vivaces.

« Ne voulant plus que jouir sans frein, sans retenue, mais redoutant son frère et ses brusques sévérités, Pauline forma, avec une de ses femmes, le projet d'assujettir Napoléon à tout l'empire de ses charmes. Elle y mit tant d'art, tant de raffinement, que son triomphe fut complet. Tel fut l'enivrement du dominateur que plus d'une fois ses familiers l'entendirent, au sortir de ses ravissements, proclamer sa sœur la belle des belles, et la Vénus de notre âge. Ce n'était pourtant qu'une beauté hardie...

---

1. Lorsque Pauline devint veuve, dit Mme d'Abrantès, sa douleur ne se montra pas excessive. « Les grandes douleurs ressemblent à la mousse de savon, dit-elle; elles s'abaissent d'autant plus vite qu'elles sont montées plus haut. »

Voluptueux château de Neuilly! magnifique hôtel
du faubourg Saint-Honoré! Si vos murs, comme
ceux du palais des rois de Babylone, révélaient la
vérité, que de scènes licencieuses ne retraceriez-
vous pas en gros caractères!...

« Pendant plus d'un an, l'engouement du frère
pour la sœur se soutint, quoique sans passion ;
aucune autre passion que celle de la domination et
des conquêtes ne pouvait maîtriser cette âme hautaine et belliqueuse. Quand, après Wagram et à la
paix de Vienne, Napoléon revint triomphant dans
Paris, précédé par le bruit sourd de son prochain
divorce avec Joséphine, il courut le jour même chez
sa sœur inquiète, et dans la plus vive attente de son
retour. Jamais elle ne montra pour lui tant d'amour
et d'adoration. Je l'entendis le jour même dire, car
elle n'ignorait pas qu'il n'y avait pour moi aucun
voile : « Pourquoi ne régnons-nous pas en Egypte ?
Nous ferions comme les Ptolémées; je divorcerais
et j'épouserais mon frère. » Je la savais trop igno-
rante pour avoir fait d'elle-même une telle allusion,
et j'y reconnus un élan de son frère. »

Après le mariage de Marie-Louise, réforme
brusque à la cour; amour tendre et délicat de
Napoléon pour Marie-Louise.

Dépit de Pauline : offense grave [1], et digne d'une

---

1. Pauline avait éprouvé du dépit du mariage de Napoléon
avec Marie-Louise. La cour subit une brusque réforme dans
ses habitudes, dans ses mœurs. Et la sœur de l'empereur en
voulut encore davantage à celle qu'elle considérait comme
une rivale. Elle se croisa à Bruxelles avec elle. « Là, forcée
de paraître à la cour de la nouvelle impératrice et saisissant
l'occasion de lui faire une injure grave, elle se permit, en la

prostituée, qu'elle se permet envers l'impératrice. Elle est exilée.

Disgrâce et abdication de Louis, roi de Hollande. — Honnête homme, et que Thiers discrédite [1]. Il se retire à Gratz en Styrie, où il n'a pour vivre qu'une chétive pension. « Sa femme, Hortense, « plus avide, s'appropria les 2 millions de rente « que Napoléon fit décréter en faveur de son frère « dépossédé. »

Les Beauharnais ne valent pas mieux que les Bonaparte. Joséphine, Hortense sa fille ; Pauline, Elisa, jusqu'à la vieille Létitia, quelles créatures !

Les partisans de la dynastie traiteront de calomnies, peut-être, les révélations de Fouché.

---

voyant passer dans un salon, de faire derrière elle, et avec des ricanements indécents, un signe de ses deux doigts, que le peuple n'applique, dans ses grossières dérisions, qu'aux époux crédules et trompés. Napoléon, témoin et choqué d'une telle impertinence, que le reflet des glaces avait même décelé à Marie-Louise, ne pardonna point à sa sœur; elle reçut le jour même l'ordre de se retirer de la cour. » (T. II, p. 47.)

1. Louis, ne pouvant empêcher son frère d'occuper ses États, abdiqua en faveur de son fils. Il adressa au Corps législatif de Hollande ce message :

« Mon frère, quoique très exaspéré contre moi, ne l'est pas contre mes enfants; certainement il ne détruira pas ce qu'il a institué pour eux; il ne leur enlèvera pas leur héritage, puisqu'il ne trouvera jamais l'occasion de se plaindre d'un enfant qui ne gouvernera pas par lui-même. La reine, appelée à la régence, fera tout ce qui pourra être agréable à l'empereur mon frère. Elle y sera plus heureuse que moi, dont les efforts n'ont jamais réussi; et qui sait?... Peut-être suis-je le seul obstacle d'une réconciliation entre la France et la Hollande; si cela était, oh ! je trouverais ma consolation à passer, loin des premiers objets de ma plus vive affection, les restes d'une vie errante et souffrante. »

Mais Fouché était Ministre de la haute police, l'homme qui *savait* tout, qui était le confident de tous ; il n'invente pas, il nous livre les secrets du Gouvernement, le dessous des cartes ; et il le fait sans véhémence, à la façon de Suétone, en homme qui n'est ni scandalisé ni surpris.

Bien plus, Fouché s'accuse lui-même ; il se met de moitié dans tout cet égoïsme qui fit Brumaire et l'Empire ; il a fait une grosse fortune ; il a pris sa part de la *douce rosée* des faveurs ; il reconnaît son amour du pouvoir en termes qui montrent sa sincérité.

« Il n'est que trop vrai, s'écrie-t-il, elles sont
« incurables les plaies de l'ambition. En dépit de
« toute ma raison, je me sens encore poursuivi
« malgré moi par les illusions du pouvoir, par les
« fantômes de la vanité ; je m'y sens attaché comme
« Ixion l'était à sa roue. Un sentiment profond et
« pénible m'oppresse.....»

Un bourgeois de notre temps se fût consolé avec une fortune de 14 *millions*. Lui, non. Voilà ce qu'étaient ces hommes de Brumaire et de 1804. Comme les nobles de l'ancien régime, ils avaient usé du pouvoir, de leur position, de leur influence pour faire fortune ; ils combattaient pour augmenter et assurer ces fortunes ; ils estimaient l'empereur et approuvaient sa politique en proportion des *garanties* et de la sécurité qu'il leur offrait : tout le reste, morale publique et morale privée, despotisme et légalité, gloire ou charlatanisme, leur était de peu.

Ce n'est pas pour le plaisir de diffamer et de

médire que Fouché raconte certains faits. C'est parce qu'ils lui servent à en expliquer d'autres, et qu'ils sont nécessaires à la complète intelligence de l'histoire. Ces faits honteux ne l'empêchent pas de reconnaître les qualités des personnes, de s'en louer à l'occasion, d'en dire du bien même ; ainsi fait-il pour Elisa, Hortense, Joséphine et surtout Napoléon. Napoléon reste à ses yeux un homme unique, un grand homme. Affranchi lui-même de certaines faiblesses, Fouché ne se fait pas de sa frugalité un titre à la diffamation et au mépris : non, il voit les hommes avec leurs passions et leurs misères, comme avec leurs vertus et leurs talents, sans s'étonner ni se dégoûter de la vie.

Du reste, il est aisé de voir que les turpitudes dont il se rend compte s'accordent merveilleusement avec ce que l'on sait d'officiel sur Napoléon et sa famille[1].

Tous les Bonaparte, Corses, avides, sortis d'un état voisin de la misère; comme tous les Italiens, rusés, machiavéliques ; comme les Corses, féroces dans leurs passions, intraitables, sans frein, sans pudeur; sans principes, d'ailleurs, comme on l'était à la fin du xviiie siècle, dédaigneux des lois de la morale, imitant en cela les mœurs des grands seigneurs, des petits abbés et des beaux esprits du

---

1. « ... *Bonaparte est un empirique, qui a épuisé la vie du Corps national...* Tâchez par votre philosophie de modérer les esprits de vos *volcaniques compatriotes; le joug étranger sous lequel ils gémissent passera; alors ils redeviendront forts et libres, s'ils sont sages, ce qui n'est pas aisé...* » (*Fragment* se rapportant à une lettre de Dumouriez, en date du 18 décembre 1815.)

siècle de Voltaire. La grande spoliation de 89, comme l'a très bien remarqué Fouché, vint mettre le comble à cette dépravation; on ne songea plus qu'à se gorger, par l'acquisition des biens nationaux, — les fournitures, les tripotages. Robespierre aperçut le mal; son caractère s'en aigrit; il essaya de purger la république des intrigants et des corrompus; il ne s'aperçut pas qu'il n'avait point affaire à quelques coteries, mais à la bourgeoisie, à la nation tout entière, et que le mal demandait à être traité autrement que par la terreur et la guillotine.

Or, si Fouché nous raconte ses passions d'ambition, si nous connaissons à fond l'âme d'un Talleyrand, si nous savons ce que furent la plupart des généraux à cette époque, on doit s'attendre à trouver en Napoléon quelque chose qui, en fait de despotisme, de cupidité, de mauvaises mœurs, dépasse la mesure et soit en proportion de son courage et de son intelligence. Ici pas de milieu : Napoléon, les circonstances données, sera un héros de vertu comme Franklin ou Washington[1], ou bien un héros

---

1. A la nouvelle de la mort de Washington (14 décembre 1799), Bonaparte met le plus d'éclat possible dans la publication de cette nouvelle et adresse à la garde des consuls et à l'armée l'ordre du jour suivant : « Washington est mort. Ce grand homme s'est battu contre la tyrannie. Il a consolidé la liberté de sa patrie. Sa mémoire sera toujours chère au peuple français, comme à tous les hommes libres des deux mondes, et spécialement aux soldats français qui, comme lui et les soldats américains, se battent pour la liberté et l'égalité. En conséquence, le premier consul ordonne que, pendant dix jours, des crêpes noirs seront suspendus à tous les drapeaux et guidons de la République. »

de vice, d'impureté, un monstre d'exagération, de démence tyrannique. La logique des passions, du milieu, du moment, le veut ainsi. La fougue de son tempérament, l'énergie de son caractère, l'exaltation de ses idées, la grandeur de son imagination, la supériorité de ses talents, tout en lui le porte hors de la loi commune. Ce qui se passe autour de lui confirme cette observation. Pichegru, homme de talent, conquérant de la Belgique, avide de jouissances, mais ne se sentant pas fait pour le pouvoir suprême, cherche une combinaison qui lui assure honneur et fortune : il écoute les propositions du prince de Condé.

C'est Fouché, c'est Talleyrand, c'est tout le monde de Brumaire. Moreau, calme, réservé, continent, de bonnes mœurs, au demeurant esprit médiocre, n'est pas fait pour le premier rôle ; dominé par sa femme, il n'a que la force de protester contre la domination de Bonaparte.— On comptait sur Joubert marié par le Directoire à Mlle de Sémonville ; on eût pu compter de même sur Hoche, sur Desaix, sur Bernadotte. Tout homme de vertu moyenne, de talent moyen, avec lesquels assurément la France aurait eu la légalité, la liberté, n'eût pas couru les aventures, mais, traînant une existence pénible, n'en eût pas moins été forcé, à un moment, de prendre la dictature de l'Europe, de pousser sa conquête, sauf à être ramené ensuite à ses limites. Bonaparte existant et d'autres l'imitant, les faits se seraient déroulés de même ; admettant que Joubert, vainqueur à Novi, fût entré avec Sieyès au Directoire, la situation aurait été laborieuse, et à la fin Bonaparte, un peu plus tôt, un peu plus tard, aurait saisi les rênes du Gouvernement.

Napoléon pouvait-il, dans ses amours, Joséphine vieillie et mise de côté, se contenter bourgeoisement d'une concubine, ou de quelques fréquentations discrètes, à droite et à gauche ? Non ! il fallait à cette âme passionnée, qui ne connaissait aucune loi, quelque chose qui l'élevât hors de toute loi ; des relations légitimes, une tolérance concubinaire, ne lui suffisaient pas. La grandeur des dieux se connaît à ceci : qu'ils ne connaissent pas de lois. Jupiter épouse Junon sa sœur ; il fait la loi, ne la reçoit pas. Napoléon de même ; il aura sa belle-fille avec le consentement de la mère, sa propre femme ; il aura sa sœur, il convoitera toutes les femmes de sa cour, celles même de ses plus fidèles serviteurs, sans être retenu par l'amitié et la reconnaissance ; il se fera des *Mercures* de ses guerriers Junot, Berthier, Duroc, peut-être Lannes, qui en seront très honorés.

Fouché est donc véridique, croyable au plus haut degré. Ce côté de l'Empire ne doit pas être tu : il faut en tenir compte dans l'histoire ; c'est tout un aspect des choses, d'une haute importance, et qui nous révèle, non pas seulement les vices de la famille impériale, mais toute la corruption d'une époque[1]. Le prince est le représentant, l'expression

---

1. Napoléon aimait à connaître toutes les petites anecdotes scandaleuses concernant les personnes de sa cour, et il se plaisait surtout à persifler les maris sur les aventures de leurs femmes. Ayant découvert de cette manière une intrigue de la duchesse de Bassano : « Eh bien, duc, dit-il un jour à son mari, votre femme a donc un amant ? — Je le sais, Sire. — Et qui vous l'a dit ? — Elle-même, Sire, et

de la société ; au rebours de ce que dit le latin, *semper ad exempla regis componitur orbis*, Bonaparte à tous les points de vue était digne, lui et les siens, de régner sur la génération de 1799 et 1804. Voilà la seule conclusion qu'il faut tirer des *Mémoires de Fouché*.

Abdication de Louis, roi de Hollande. Bonaparte fit venir le fils (putatif) de Louis encore enfant, qu'il avait créé grand-duc de Berg, et lui adressa cette courte allocution :

« Venez, mon fils ; la conduite de votre père
« afflige mon cœur ; *sa maladie* peut seule l'expliquer.
« Venez, je serai votre père ; vous n'y perdrez rien.
« Mais n'oubliez jamais, dans quelque position que
« ma politique vous place, que vos premiers
« devoirs sont envers moi, et que *tous vos devoirs*

c'est pourquoi je n'en crois rien. » L'empereur, déconcerté de cette réponse, se battit le front avec la main, en s'écriant : « Oh ! ces femmes ! ces femmes ! sont-elles fines ? sont-elles adroites!... »

C'était le duc de Rovigo qui avait donné à l'empereur les renseignements dont il avait voulu faire usage pour persifler le duc de Bassano. Napoléon lui rapporta la réponse que le duc lui avait faite : « Le fait n'en est pas moins vrai, répondit Savary ; il est très certain que tel jour, à telle heure, la duchesse quitta sa voiture aux Champs-Elysées, s'enfonça sous les arbres, s'y promena cinq minutes et entra, par une petite porte qu'on tenait entr'ouverte à dessein, dans une maison où l'attendait le général X... — Je sais tout cela, reprit l'empereur, je le savais avant que vous me l'eussiez dit ; mais vous auriez dû me dire aussi qu'elle y fut suivie, un quart d'heure après, par une autre dame qui vous touche de beaucoup plus près, et dont la visite était pour l'aide de camp du même général. » Le fait était exact, et ce qui déconcerta le conteur d'histoires, c'est que la dernière dame était sa femme.

« *envers les peuples que je pourrai vous confier ne*
« *viennent qu'après.* » Voilà ce qui s'appelle exécuter
un homme, un roi, un frère ; le tuer dans sa dignité,
le frapper dans sa raison ! Voilà aussi un avertissement pour les peuples. Tout relève du bon plaisir
de Napoléon !...

Du reste, Fouché croit que la réunion de la Hollande à l'Empire eut pour cause le désir secret de
Napoléon de braver l'Angleterre, et que la conduite
de Louis ne fut qu'un prétexte[1].

19 octobre 1810. Décret qui ordonne de brûler
publiquement les marchandises anglaises saisies ; ce
décret donne du poids à l'appréciation de Fouché.

D'après le même Fouché, « *le système continen-*
« *tal*, cette conception incendiaire, qui devint chez
« Napoléon une idée fixe, n'était qu'une tradition
« politique dont il avait hérité du Gouvernement
« directorial, à qui des publicistes de clubs et de
« gazettes avaient persuadé que le seul moyen de
« réduire l'Angleterre était de lui faire fermer les
« ports du continent. »

---

1. « A présent, disons quelle fut la vraie cause de l'usurpation de la Hollande. Je puis d'autant plus en parler qu'elle
n'est pas étrangère à ma disgrâce. Quand le mariage avec
une archiduchesse fut résolu, Napoléon eut une velléité de
pacification générale que je m'efforçai de changer en volonté
ferme et raisonnable... Je savais par mes émissaires que le
cabinet de Londres tenait à deux points décisifs : l'indépendance de la Hollande et de la Péninsule... Tout fut rompu
sans retour ; et Napoléon, voyant qu'il ne pouvait forcer
l'Angleterre à fléchir sous sa volonté, résolut, par esprit de
vengeance, d'envahir le royaume de son frère, croyant par
là soustraire à jamais la Hollande au commerce anglais. »
(T. II, pp. 52-55.)

Il est juste d'analyser les fautes du Gouvernement impérial, mais il est intéressant d'apprendre que ces fautes, ces conceptions absurdes, ne sont pas même du crû de Napoléon : ce sont des vieilleries traînées dans les ruisseaux de la démagogie, ce qui démontre que cet homme, si prompt d'exécution, était, quant à l'idée, d'une initiative nulle. — Napoléon copie Charlemagne, Louis XIV, Constantin, refait l'Eglise, l'ancien régime, l'impôt sur le sel, sur les boissons ; crée des maréchaux, des nobles, des fiefs, des décorations, rétablit l'esclavage à Saint-Domingue. En 93, on aurait appuyé les noirs ; en 99, on se prononçait contre eux ; sous l'influence du moment, il suit les imaginations jacobiniques et montre la plus grande horreur des idéologues. Il accepte d'eux l'idée d'une expédition d'Egypte ; il prend des mêmes son idée de blocus continental ; il donne à plein collier dans la littérature ossianique ; il ne poursuit Chateaubriand que parce que celui-ci reste fidèle à la royauté ; enfin, sa logique naturelle le poussant, il démolit pièce à pièce la Révolution[1].

---

1. Il faut écouter Taine parler de Napoléon, de ses idées, dans la défaite. C'est dans sa fuite en Provence :

« Il s'épanche et bavarde à l'infini, sur son passé, sur son caractère, sans retenue, sans décence, trivialement, en cynique et en détraqué ; ses idées se sont débandées et se poussent les unes les autres, par attroupements, comme une populace anarchique et tumultuaire ; il ne redevient leur maître qu'au terme du voyage, à Fréjus, lorsqu'il se sent en sûreté et à l'abri des voies de fait ; alors seulement elles rentrent dans leurs cadres anciens, pour y manœuvrer en bon ordre, sous le commandement de la pensée souveraine qui, après une courte défaillance, a retrouvé son énergie et repris son ascendant... Si les propres idées de la cervelle

Vente et commerce des licences, conséquence immorale du système continental.

« Qui s'engraissait le plus à ce monopole inouï? Certes, ce n'étaient ni les spéculateurs subalternes ni les commissionnaires tarifés du grand *spéculateur en chef*, réduits à peine à un modique droit de commission. Quant à l'empereur, son *bénéfice était clair et net*. Chaque jour il voyait grossir, avec une jubilation dont il ne cachait plus les accès, l'énorme trésor enfoui dans les caves du pavillon Marsan; elles en étaient encombrées. Déjà ce trésor s'élevait à près de 500 millions en espèces [1]. C'était un résidu de 2 milliards de numéraire en France par l'effet de la conquête. Ainsi la passion de l'or l'eût peut-être emporté un jour sur celle des combats dans le cœur de Napoléon, si l'inexorable Némésis l'y eût laissé vieillir [2]. »

raisonnante maintiennent ainsi leur domination quotidienne, c'est que tout l'afflux vital contribue à les nourrir; elles ont dans son cœur et son tempérament leur racine profonde; et cette racine souterraine, qui leur fournit leur âpre sève, est un instinct primordial, plus puissant que son intelligence, plus puissant que sa volonté même, l'instinct de se faire sentir et de rapporter tout à soi, en d'autres termes, l'*égoïsme*. » (*Le Régime moderne*, t. I, p. 61.)

1. Les généraux revenus de Sainte-Hélène ont dit 400 millions. — Cf. Thiers.

2. Si l'on veut avoir une idée de l'accumulation des richesses inhérentes au développement de la puissance de cet homme, qu'on ajoute aux trésors que les caveaux des Tuileries recélaient quarante millions de mobilier et quatre à cinq millions de vaisselle renfermée dans les résidences impériales; cinq cents millions distribués à l'armée à titre de dotations; enfin le domaine extraordinaire, s'élevant à plus de sept cents millions, et qui, de sa nature, n'avait point de

Réflexion juste. — Napoléon ne pouvait être ni ambitieux, ni lascif, ni avare, ni despote à moitié. S'il eût vécu sur le trône jusqu'à quatre-vingts ans, on eût vu quelque chose de monstrueux. Mais cette hypothèse est inadmissible : Napoléon devait promptement tomber sous la révolte des peuples et la conspiration de ses propres sujets ; tôt ou tard, la balle, le poignard, à défaut de l'invasion ou de l'insurrection, auraient eu raison de lui. Si les *Philadelphes* le suivaient à Wagram, d'autres conspiraient en Espagne[1].

Accueilli par les Bourbons, Fouché écrit à Bonaparte, avec la permission du roi, pour l'engager à passer aux États-Unis[2]. De cette manière il sert tout le monde : le roi et l'empereur!... Et ce qui est plus joli, tout le monde lui en doit savoir gré.

Il donne des conseils à Louis XVIII. Ses ennemis, Bourrienne, Savary, Dubois, etc., le travaillent

---

bornes, puisqu'il se composait des biens « que l'empereur, exerçant le droit de paix et de guerre, acquérait par des conquêtes et des traités. » (T. II, pp. 59-60.)

1. Cf. Thiers.

Observ. — Ici, nous remarquons une lacune dans les Notes de Proudhon, soit omission, soit que ces commentaires aient été égarés. Mme Henneguy (Catherine Proudhon) dont les avis, les conseils, nous furent toujours si utiles dans le classement de ces manuscrits, écrit, en marge de la copie que nous avons sous la main : *feuillets manquent*. De fait, la campagne de Russie est passée sous silence. Tous les événements qui se déroulent de la page 60 à la page 283 des *Mémoires de Fouché* sont laissés de côté. Nous les avons résumés, en Extraits, et on les trouvera à l'*Appendice*. Mais cette lacune est regrettable, car les jugements de Fouché sont très serrés ; et il eût été précieux de les voir commentés par Proudhon.

2. Cf. cette lettre dans notre *Préface*.

auprès de M. de Blacas ; sa qualité de régicide le poursuit partout.

« En remontant sur le trône, les Bourbons *trouvèrent de l'appui dans les cœurs, non dans les intérêts...* Les fauteurs de la domination impériale, les hommes qui avaient marqué dans nos crises révolutionnaires, appréhendèrent d'entrer en partage de dignités avec l'ancienne noblesse... »

On propose à Fouché de conspirer contre les Bourbons : « Je ne travaille point en *serres chaudes*, dit-il ; je ne veux rien faire qui ne puisse apparaître au *grand air.* »

Mais l'homme propose et Dieu dispose. La conspiration va son train. Fouché voit les Bourbons perdus. — « Placé, dit-il, entre les Bourbons qui ne m'accordaient qu'une demi-confiance, dont le système me fermait toutes les routes du pouvoir et des honneurs, envers qui, d'ailleurs, je me trouvais sans engagement, et le parti auquel j'étais redevable de ma fortune... je me jetai vers le dernier. »

Ce n'est pas marchander la vérité. Fouché dit les choses comme elles sont.

« Ce n'est point aux Bourbons, que je me décide à faire la guerre, mais au *dogme de la légitimité.* »

Mais en même temps il conspire contre Napoléon par avance, en réclamant des garanties contre un retour au despotisme, et cherchant des places de sûreté !...

Suit le détail de la conspiration[1], où figurent

---

1. Des affiliations se formaient ; des hommes influents contractaient entre eux des engagements : « Il me parut bientôt évident que l'État marchait vers une crise, et que les adhé-

Thibaudeau, F..., le D' R..., d'Erlon, Lefebvre, Carnot, Caulaincourt, Lafayette et N...

Fouché se pose en puissance, traitant d'égal à égal
avec le roi et l'empereur, quittant l'un, prenant
l'autre, comme ferait un souverain indépendant, et
choisissant le plus utile.

Mais au moment même où Napoléon débarque
à Cannes, Fouché apprend le secret de la *combinaison*
qui le ramène ; alors décidément il se remet à conspirer contre lui.

Au surplus, Fouché ne fait lui-même que ce que
font les *patriotes* de Broglie, Lafayette, d'Argenson,
Flaugergues, B. Constant, etc., qui négocient alternativement avec le roi et avec l'empereur, et
s'efforcent d'utiliser au profit d'eux-mêmes la crise
de l'Etat en ménageant leur prononcement.

Au dernier moment, Fouché offre au roi d'arrêter Bonaparte ; on lui demande ses moyens ; il
réclame, pour les faire connaître, des garanties qu'on
refuse ; et le voilà de nouveau embarqué sur l'es-
quif de César. Tout cela a un grand air de sincérité,
mais n'en est pas moins de la pure jonglerie et de
l'immoralité.

Dans une conversation avec le duc de Berry, il
s'écrie : *Sauvez le roi, je me charge de sauver la*

---

rents de Napoléon s'étaient coalisés pour la faire éclore...
Mais aucun succès n'était possible sans ma coopération...
Divers plans me furent proposés ; tous tendaient à détrôner
le roi et à proclamer ensuite soit un prince d'une autre
dynastie, soit une république provisoire. Un parti militaire
vint me proposer de déférer la dictature à Eugène de Beauharnais. J'écrivis à Eugène, croyant la partie déjà liée ; je n'en
reçus qu'une réponse vague. » (T. II, pp. 300-301.)

monarchie. Le roi veut le faire arrêter; il s'échappe et se réfugie parmi les bonapartistes, que bientôt il désertera.

Napoléon rend à Fouché le Ministère de la Police. Davoust est Ministre de la Guerre, *plus attaché* à sa fortune qu'à Napoléon. Molé refuse l'Intérieur, qui est donné à Carnot. Moncey refuse la gendarmerie.

Fouché montre rapidement l'incorrigibilité de Napoléon, son retour au despotisme en même temps qu'au pouvoir, d'abord par le choix des hommes qu'il fait, plus ou moins librement. Obligé de compter avec l'opinion, de paraître libéral, mais inspirant peu de confiance, il ne prend pas toujours ceux qu'il préfère; il subit ce qu'il trouve.

1. Sur les instances de Bassano, Caulaincourt, Regnault, il appelle *Fouché à la Police.*

2. Cambacérès n'accepte qu'après beaucoup d'hésitation la *Justice.*

3. Davoust à la *Guerre,* plus attaché encore à sa fortune qu'à la personne de Napoléon.

4. Caulaincourt refuse d'abord les *Affaires étrangères,* Molé pareillement. Enfin, le premier se résigne pour ne pas abandonner son maître.

5. De chute en chute, l'Intérieur tombe à Carnot, regardé alors comme une garantie nationale.

6. La Marine rendue au cynique et brutal Decrès.

7. La secrétairerie d'Etat à Bassano, connu pour ne penser qu'avec les idées de Napoléon, et ne voir qu'avec ses yeux.

8. Par déférence pour l'opinion, on éconduisit Savary; toutefois, Moncey ayant refusé la *gendarmerie,* on la lui donna.

9. Champagny et Montalivet, jadis au pinacle des emplois, furent se caser modestement l'un à l'intendance des bâtiments, l'autre à celle de la liste civile.

10. Bertrand, également aimable, insinuant et dévoué, remplace Duroc dans les fonctions de *grand-maître du palais*.

Quelle réduction ! Quel amoindrissement ! Quelle fuite ! — Quel jour sur cette triste période, chantée par les poètes, des *Cent-Jours !* La foi est partie ; l'empereur a abdiqué ; l'abdication est acquise à l'histoire ; aujourd'hui c'est un *revenant*. Sa tentative est avortée. Le bruit de quelques enthousiastes et les cris des soldats fanatisés ne sauraient masquer le profond insuccès. Il est perdu.

Cependant l'homme lui-même n'a pas changé.

« Napoléon replaça près de sa personne presque tous les chambellans, écuyers, maîtres de cérémonies qui l'entouraient avant son abdication. Peu corrigé de sa passion malheureuse pour les grands seigneurs d'autrefois, il lui en fallait à tout prix ; il se *serait cru en République*, s'il n'eût pas été environné de l'ancienne noblesse. »

Ces paroles sont d'un jaloux ; elles peignent l'homme et la situation. — L'esprit républicain revivait alors plus qu'on ne croit.

« Ceux qui lui avaient tendu la main pour franchir la Méditerranée prétendaient qu'ils avaient songé autant à *rétablir la République*, ou le consulat que l'Empire !... »

Le bonapartisme en était là.

« Les décrets de Lyon n'avaient pas été volon-

7

taires. — Il avait renversé la Chambre des pairs, et la noblesse féodale en même temps chargeait son frère Joseph de déclarer aux puissances que son intention était de *maintenir loyalement le traité de Paris.* » — Mais alors son retour est un non-sens. — C'est le fait d'une âme corrompue par le pouvoir, qui ne peut plus digérer et dormir que sur le trône. Napoléon est condamné : il le voit ; il le sent. Qu'est-il venu faire ?

« Cette disposition, *forcée* de sa part, la *défiance qu'il trouva dans l'intérieur* sur la franchise de ses arrière-pensées, et, je puis le dire, mon *attitude répressive*, arrêtèrent l'élan de cet homme prêt à embraser de nouveau l'Europe. En effet, la nuit même de son arrivée aux Tuileries, il mit en délibération s'il ne rallumerait pas tous les brandons de la guerre par l'invasion de la Belgique. Mais, un sentiment de répulsion s'étant manifesté dans ceux qui l'environnaient, il lui fallut abandonner ce projet ; il *fléchit sous la main de la nécessité*, quoi qu'il fût armé encore une fois de son pouvoir militaire. D'ailleurs, depuis les décrets de Lyon, le pouvoir avait changé de nature. »

Objection de Napoléon contre la liberté de la presse : « — Les Bourbons et les jacobins vont s'en servir contre lui.

— Sire, répond Fouché, il faut aux Français des victoires, ou les aliments de la liberté. »

Instance du même pour que les décrets ne continssent plus d'autre qualité que celle d'*Empereur des Français*, et supprimer les mots remarqués avec inquiétude dans les proclamations et décrets de Lyon.

Napoléon se regimbait à l'idée d'être redevable aux patriotes de sa réinstallation aux Tuileries. — « Certains meneurs, disait-il, voulaient s'approprier l'*affaire*, et travailler pour leur propre compte. Ils prétendent m'avoir frayé le chemin de Paris. — Je sais à quoi m'en tenir. Ce sont les peuples, les soldats, les sous-lieutenants qui ont tout fait ; c'est à eux, à eux seuls que je dois tout. » « Je vis à quoi ces paroles avaient trait, et qu'elles mordaient sur mon parti et sur moi-même. »

Empire divisé contre lui-même, défiance mutuelle ; confusion des langues ; que pouvait-il sortir de là ? La force n'y était plus.

Organisation, par Réal et Savary, d'une contre-police, contre Fouché[1].

Autre chagrin : Ney, Lecourbe, etc., veulent bien faire acheter leurs services et le RANÇONNER (?) ; il s'en indigne...

Echauffourée royaliste ; le duc d'Angoulême fait prisonnier. Napoléon consent, non sans peine, à l'*échanger*[2].

---

1. On ne désignait plus Fouché, parmi les familiers de l'empereur, que sous le nom de *Ministre de Gand*. « Je devenais de plus en plus, pour Napoléon, un sujet d'ombrage ;... je faillis me trouver compromis d'une manière grave au sujet de l'Autriche. Un agent secret du prince de Metternich m'ayant été dépêché, cet homme, par suite de quelques indiscrétions, fut dénoncé, et l'empereur donna l'ordre à Réal de le faire arrêter. On ne manqua pas de l'effrayer pour lui tirer des aveux. Il déclara qu'il m'avait remis une lettre de la part du prince. » (T. II, p. 316.)

2. Il fut étonné du courage que déploya le duc d'Angoulême dans la Drôme, et surtout MADAME à Bordeaux... Le lendemain, dans le Conseil, il fut question d'obtenir, en échange du duc, les diamants de la couronne, qui étaient un objet de

Il fait écrire à Metternich par *Hortense* et *Caroline*, la reine de Naples (qui toutes deux avaient accordé leurs faveurs à l'ancien ambassadeur). Négociation avec l'Angleterre ; pour plaire à la nation anglaise, il abolit la traite des nègres. (Ce n'est plus l'homme de 1802.)

Déclaration de Vienne du 13 mars. Fanfaronnades de Napoléon. « Cette fois, ils sentiront qu'ils n'ont point affaire à la France de 1814, et que leurs succès, s'ils parvenaient à en obtenir, ne serviraient qu'à rendre la guerre plus meurtrière et plus opiniâtre ; au lieu que, si la victoire me favorise, je puis redevenir aussi redoutable que jamais. N'ai-je pas pour moi la Belgique, les provinces en-deçà du Rhin ? Avec une proclamation et un drapeau tricolore, je les révolutionnerai en vingt-quatre heures. »

Napoléon se trompait fort : les Belges Hollandais furent avec Wellington à Waterloo ; ce sont eux qui ont élevé le monument.

C'est ici que la figure de Fouché se montre tout entière, sans déguisement.

« J'étais loin de me laisser endormir par de telles paroles. — *A peine eus-je connaissance de la déclaration, que je n'hésitai pas un moment à faire demander au roi, par un intermédiaire sûr, qu'il daignât consentir à ce que je me dévouasse,* QUAND IL EN SERAIT TEMPS, *à son service.* Je n'y mettais d'autres conditions que de conserver ma tranquillité et ma fortune dans ma retraite de Pont-Carré.

quarante millions. « Je proposai à l'empereur de donner M. de Vitrolles par-dessus le marché. » (T. II, p. 321.)

Tout fut accepté et sanctionné par lord Wellington, qui arrivait alors à Gand, du Congrès de Vienne ; cette espèce de convention avait déjà été arrêtée, en ce qui me concernait, entre le prince de Metternich, le prince de Talleyrand et le généralissime des alliés. »

Fouché, par sa conduite antérieure pendant les Cent-Jours, se *jetant dans le parti bonapartiste*, avait fait un faux calcul. Sa vanité ne lui permet pas d'en convenir. Désabusé maintenant, il tâche de se raccrocher, et offre ses services *quand il sera temps !*

Traité du 25 mars, entre les puissances, contre Napoléon. — Point de paix, point de trêve avec cet homme, avait répondu Alexandre à la reine Hortense : tout, excepté lui !...

Fouché en suspicion. Lutte sourde entre lui et l'empereur. Savary et Réal le surveillent ! Ici je demande pourquoi Napoléon se servait d'un pareil homme, puisqu'il le connaissait ? Cette espèce de contrat tacite entre Napoléon et Fouché, pour l'un d'employer quand même un homme auquel il ne se fie pas, pour l'autre de servir un prince, un pouvoir auquel il ne se fie pas davantage, crée une situation vraiment singulière. Il y a quelque chose qui les domine tous deux, et qui, les mettant de pair, nous oblige à dire qu'assurément une franche vertu d'homme s'indignerait d'un pareil rôle, aussi bien de celui de l'empereur que de celui de Fouché, mais qu'il n'y a pas précisément ici ce qu'on appelle trahison. Vous me connaissez, peut dire Fouché à Napoléon ; pourquoi, me connaissant, me sachant indomptable, me faisant espionner, vous serviez-vous de moi ? — Et vous, peut répondre Napoléon, vous me connaissiez aussi. Vous me saviez immuable ; pourquoi, n'attendant de moi que despotisme, acceptiez-vous des fonctions sous mon Gouvernement ? Une paire de larrons ! C'est au lecteur à tirer la conclusion. Napoléon était un despote ; il savait Fouché hostile, mais ne pouvait-il se passer de lui ? Fouché, de son côté, voulait, comme chose à lui due de 89 et de Brumaire, du pouvoir et la fortune ; il haïssait le système de Napoléon, mais il l'eût préféré aux Bourbons, et il essayait de faire tourner les événements à son profit.

La même fournaise les enveloppant, ils essayent de se supplanter l'un et l'autre ; triste et déshonorante lutte, mais qui, je le répète, ne me paraît pas constituer une trahison. La différence des positions ne fait rien ici.

Décret de mise en jugement et séquestration des biens de Talleyrand, Raguse, d'Alberg, Montesquiou, Jancourt, Beurnonville, Vitrolles, Alexis de Noailles, Bourrienne, Bellard, La Rochejacquelein, Sosthène de Larochefoucauld, Augereau. Celui-ci radié à la prière de sa famille.

Protestation vive de Fouché contre cette table de proscription [1].

Fouché, toujours espionné, se trouve compromis, mais cependant d'une manière évidente. Napoléon veut le faire fusiller. « Vous êtes les maîtres, lui dit Carnot, mais demain à pareille heure vous n'au-

---

[1]. C'est par humeur contre les menées royalistes et les tendances à tout atténuer, mitiger, que Napoléon signa ce fameux décret. Il était censé avoir été écrit à Lyon ; mais, en réalité, il ne vit le jour qu'à Paris.

rez plus aucun pouvoir. — Comment ! s'écria l'empereur. — Oui, Sire, il n'est plus temps de feindre. Les hommes de la Révolution ne vous laissent régner qu'avec l'assurance que vous respecterez leurs libertés. Si vous faites périr militairement Fouché, qu'ils regardent comme une de leurs plus fortes garanties, demain, soyez-en sûr, vous n'aurez plus aucune puissance d'opinion. Si Fouché est réellement coupable, il faut en acquérir une preuve convaincante, le dénoncer à la nation, et lui faire son procès en règle. »

La surveillance n'ayant rien obtenu, et Fouché ayant déjoué les espions, celui-ci rentre momentanément en grâce ; puis on le soupçonne de nouveau avec Davoust.

Fouché se rend maître des journaux, se crée une popularité, et devient le directeur de l'*opinion*.

Insurrection de la Vendée assoupie par Fouché. Il agit par l'intermédiaire des royalistes eux-mêmes !...

Autre sujet d'inquiétude : la levée des boucliers de Murat. *L'impulsion venait de nous*, dit Fouché ; *il avait bien fallu que quelqu'un attachât le grelot.* Mais Murat n'avait pas su s'arrêter à temps ; il s'était engagé contre l'Autriche ; Fouché dit alors : *il est perdu !*

Ainsi, c'est un vrai gâchis que cette affaire des Cent-Jours ; elle fait peu d'honneur à Napoléon ; elle ne peut servir qu'à établir la petitesse de son âme et sa soif immense de pouvoir. Quelle différence avec 1800, 1801, 1802, 1803, où, du moins, tout marchait à l'unisson, où la politique et le

Gouvernement n'éprouvaient pas ces tiraillements et n'avaient à se défendre que contre les complots!

Ce n'était qu'en tremblant que l'empereur mettait en œuvre les instruments de la Révolution, en autorisant le rétablissement des clubs populaires et la formation des confédérations civiques.

Ridicule de Napoléon qui, souverain défait, se modèle sur Louis XVIII, comptant les temps sur les bases de la légitimité. Au lieu d'une *constitution*, il se contente de modifier les lois de l'Empire, établit la *confiscation* et fait SEUL son *acte additionnel*. Ce mot *additionner* désenchanta les amis de la liberté... Dès lors, on ne vit plus dans Napoléon qu'un *despote incurable;* « moi, dit Fouché, je le regardai comme un FOU livré pieds et poings liés à la merci de l'Europe ».

Napoléon, pour ne pas vouloir des républicains, s'adresse à la canaille ameutée par Savary et Réal, et défilant sous le balcon des Tuileries. «Là, dit Fouché, il annonça lui-même à ces prétendus *fédérés* qu'il se porterait aux frontières si les rois osaient l'attaquer. Cette scène humiliante indigne jusqu'aux soldats. Jamais cet homme, qui avait revêtu la pourpre avec tant d'éclat, ne l'avait si fort rabaissée. Il ne fut plus aux yeux des patriotes qu'un histrion soumis à la criée de la plus vile populace. »

Le lendemain, Fouché se rend aux Tuileries. Ses exhortations à l'empereur. Il lui dit que son devoir est de *s'expliquer franchement* avec la nation et de s'assurer des dernières intentions des souverains, et que, si ceux-ci persistent, il n'a plus qu'à se retirer aux États-Unis. « A sa réponse, qu'il balbutia, où il entremêla le plan des campagnes, des terreurs, des batailles, des soulèvements de peuples, des inspirations gigantesques, des décrets de la fatalité, je vis qu'il était résolu à remettre au sort des armes le salut de la France, et que la faction militaire l'emportait malgré mes conseils...

« L'assemblée du Champ de Mars ne fut qu'une pompe vaine où Napoléon, déguisé en *citoyen*, espéra séduire la multitude par le prestige d'une cérémonie publique. Les différents partis n'en furent pas plus satisfaits que de l'acte additionnel. Les uns auraient désiré qu'*il rétablît la République*; les autres, qu'en se démettant de la couronne, il eût laissé à la nation souveraine le soin de l'offrir au plus digne; enfin, la coalition des hommes d'État, dont j'étais l'âme, lui reprochait de n'avoir point profité de l'événement pour proclamer Napoléon II. »

Napoléon ne quitte Paris qu'au dernier moment. — « Il part, laissant à Réal le soin de ses fédérés, beaucoup d'argent pour faire crier : *Napoléon ou la mort!* et la haute main sur la promulgation des bulletins militaires, avec un plan de campagne arrêté pour l'offensive, dont le secret me fut communiqué par Davoust. »

Fouché alors éprouva une tentation violente : ce fut de révéler à Wellington ce plan de campagne. Il ne voulait plus de Napoléon, dont le triomphe ramenait le despotisme; il avait des engagements avec Louis XVIII, non qu'il le préférait, mais parce que la *prudence exigeait qu'il se ménageât des garan-*

ties. Wellington comptait sur une révélation de Fouché.

Fouché ne fit cependant rien parvenir aux Anglais, et c'est à son silence que fut due l'*inconcevable sécurité du généralissime des alliés,* qui fut presque surpris par Napoléon. Ce fait est aujourd'hui confirmé par Charras; Wellington dormit tranquille jusqu'au 16 juin, le jour même de la bataille de Ligny et de celle des Quatre-Bras, l'avant-veille de Waterloo; ceci peint Fouché : il négociait, intriguait tour à tour et en même temps avec Louis XVIII et Napoléon, ne reconnaissant, au fond, pas plus l'un que l'autre pour légitime souverain, et ne se réglant que par la plus grande sécurité qui lui était offerte — *le véritable amphitryon est l'amphitryon où l'on dîne,* — mais ne *trahissant,* en réalité, ni l'un ni l'autre. On ne saurait pousser plus loin le mépris des princes, et de leurs titres et de leurs prétentions, de leur dignité. Il y a quelque chose de plus élevé qui régit tout cela; et Fouché, sans s'en rendre bien compte, cherche à se mettre d'accord avec cette puissance occulte, pour lui le vrai souverain.

Cependant, comme Fouché s'était *engagé* avec Louis XVIII et qu'il ne voulait pas le mystifier non plus, et qu'on regardât sa parole comme fausse, il expédia une dame D... avec une lettre en chiffres contenant le plan de campagne; mais il eut soin en même temps qu'elle fût arrêtée à la frontière, et ne pût arriver au quartier général qu'*après l'événement;* sa dépêche était reçue; elle constituait trahison. Mais l'*apparence* ne l'émeut pas; en fait, dit-il, je n'ai pas trahi Napoléon; et cela lui suffit. Il se moque des jugements des hommes[1].

Alors, dirait-on, Fouché n'a pas tenu *ses engagements* avec Louis XVIII? Il faudrait savoir de quelle nature étaient les engagements. Il dit lui-même qu'il avait demandé à Louis XVIII la *permission de le servir*, QUAND IL SERAIT TEMPS.

Commission : Fouché, Caulaincourt, Carnot, Quinette et le général Grenier.

Efforts des bonapartistes contre Fouché; proposition du député Bérenger, qui demande la *responsabilité* collective de la Commission : déjouée. — Le parti de Fouché était le plus fort.

Boulay de la Meurthe dénonce le parti orléaniste.

Manuel, du parti de Fouché, fait écarter la proposition de proclamer Napoléon II.

La Commission déclara la *guerre nationale* et envoya cinq plénipotentiaires pour traiter de la paix. Lafayette, Laforêt, Pontécoulant, d'Argenson et Sébastiani; B. Constant, secrétaire. Pour instructions secrètes, se rallier au parti d'Orléans.

Position de Fouché, entre le parti bonapartiste, recruté de 80.000 soldats, et celui des Bourbons.

Défiances générales soulevées contre lui, notamment de Carnot, « qui de républicain était devenu « tellement zélé pour Napoléon, qu'il l'avait pleuré « à chaudes larmes, en ma présence, après avoir

---

1. « Si Napoléon a succombé, qu'il s'en prenne donc à son destin ; la trahison n'eut point de part à sa défaite ; lui-même avait fait tout ce qu'il devait pour vaincre ; mais il ne couronna pas dignement sa chute ; si l'on me demande ce que je voulais qu'il fît, je répondrai comme le vieil Horace : Qu'il mourût ! » (T. II, p. 343.)

« opiné seul, mais vainement, contre l'abdication...

« On sent bien que je n'étais parvenu à museler cette tourbe de hauts fonctionnaires, de maréchaux, de généraux, qu'en leur garantissant, pour ainsi dire sur ma tête, la *sûreté de leurs personnes et de leurs fortunes*. C'est ainsi que j'eus carte blanche pour négocier. »

Fouché essaye alors de se passer des Bourbons, tant il rencontre contre eux d'animosité; il s'en ouvre à Wellington. Refus péremptoire du général.

Même refus péremptoirement exprimé à Laon, par les souverains alliés, aux plénipotentiaires de Fouché. Or on peut très bien dire que le temps n'était pas venu, le 16 juin 1815, que la victoire n'avait point alors parlé ; et qu'après tout la trahison n'est pas de ces services qu'un honnête homme promette.

Fouché aurait donc dû s'en tenir au silence ; mais le silence ne lui allait pas. *Un homme d'État*, dit-il, *ne doit pas rester sans ressource*. Et il envoie sa dépêche, témoignage de sa bonne volonté, mais qui ne devait être remise qu'*après coup*... En effet, le désir de Fouché était que Napoléon *pérît ;* il ne voudrait pas y mettre la main. Le *bon désir*, il l'a ; le crime, il ne le commettra pas. Est-il un personnage plus singulier que celui-là ?

On apprend la défaite de Waterloo ; alors Fouché n'hésite plus.

« C'était à la condition qu'il sortirait vainqueur de la lutte que les patriotes avaient consenti à lui prêter leur appui : *il était vaincu ;* ILS JUGÈRENT LE PACTE DISSOUS. »

C'est Fouché qui, de son aveu, a arraché à l'empereur la deuxième abdication. Il raconte en détail son manège, ses allées et venues, ses exhortations à la Chambre, soutient, pousse Davoust, et finit par obtenir l'abdication, déjouant toutes les manœuvres bonapartistes.

Puis, faisant écarter à la fois et le système d'une régence au profit de Napoléon II, et celui du rétablissement des Bourbons, il fait nommer un Gouvernement provisoire exercé par une Commission dont il a la *présidence*.

Le parti Fouché allait, dans son opposition aux Bourbons, jusqu'à offrir d'accepter à leur place, et à défaut de Napoléon II, non seulement le duc d'Orléans, mais même le roi de Saxe, l'ami de Napoléon, le maltraité de Vienne.

« Je ne m'occupai plus dès lors, dit Fouché, que de donner un cours aux événements tels qu'ils pussent aboutir au dénouement qui serait le plus favorable pour la patrie et *pour moi-même.* »

Envoi de commissaires aux généraux alliés, Andreossy, Boissy-d'Anglas, Flaugergues, Valence et Labesnardière.

Demande de Napoléon d'être employé comme *général*. On lui répond qu'il est *fou;* Carnot lui-même se sépare alors de lui; et, afin de ne le pas laisser surprendre par les Anglais, on le prie de s'éloigner.

Le parti des Bourbons triomphant sur toute la ligne, Fouché s'y rallie, sans cesser pour cela d'entretenir des relations avec les autres partis. — « *Telle était ma position,* dit-il, *que j'avais à entre-*

tenir des négociations avec tous les partis, et à tran-
siger avec toutes les opinions DANS MON INTÉRÊT, non
moins que *dans celui de l'État.* »

Cela est d'un esprit pratique, mais de peu de
principes. D'ailleurs, où était le droit à cette
heure? Point de parti prépondérant, point de Gouvernement, même de fait; tout à l'arbitrage de
l'Etranger. En tout cas, il fallait résister à l'invasion, disent les puritains. Oui, mais on était sous
le coup d'une épouvantable défaite; mais la résistance impliquait presque l'affirmation du bonapartisme; mais les généraux, démoralisés, ne voulaient plus combattre.

Une Commission de généraux, Carnot en tête,
déclare la défense impossible. Une seconde défaite
pouvait entraîner l'anéantissement de la *Révolution.*

Conseil de guerre présidé par Davoust. Réponse
à l'unanimité que la *défense* est impossible et, par
ses conséquences politiques, dangereuse.

Je suis de l'avis de Fouché, et je pense, malgré
Charras, que le plus court alors était de revenir
aux Bourbons[1]. Exaltation de la reine Hortense, à

---

1. « J'avoue que j'attachai un grand intérêt national à ce que
la défense de Paris ne fût pas prolongée. Nous étions dans
un état désespéré : le trésor était vide, le crédit éteint, le Gouvernement aux abois; enfin, par le choc et par le heurtement
de tant d'opinions contraires, Paris se trouvait placé sur un
volcan. D'un autre côté, le territoire était chaque jour inondé
de nouveaux débordements de troupes étrangères... Dans
une seule journée, qui eût été le complément des journées de
Leipzick et de Waterloo, tous les intérêts de la Révolution pouvaient être engloutis dans des flots de sang français. Voilà ce
qu'auraient voulu les frénétiques d'un parti aux abois.

« Dans une telle crise, n'était-ce pas mériter de la patrie que

cette époque, en faveur de l'Empire et de la dynastie bonapartiste [1].

Proclamation royale, datée de Cambrai. On délibère sur la proposition de Carnot, si le Gouvernement ne se retire pas avec l'armée derrière la Loire. Fouché combat cette proposition, plus généreuse que politique; elle est abandonnée. En tout ceci, Fouché a manqué un peu de clairvoyance et de résolution; il devait aller d'emblée aux Bourbons; il s'est compromis gratuitement en tardant trop; à force de roueries, il a été infidèle à lui-même.

Entrevue de Wellington et Fouché.

Demande d'amnistie et de garanties.

Wellington déclare à Fouché que lui et Talleyrand ne feront pas partie du Conseil.

Déclaration des puissances à l'égard de Napoléon : on veut s'assurer de sa personne.

Lettre de Fouché à Louis XVIII. Conseils de libéralisme, de prudence, de reconnaissance des droits du peuple. Fouché aurait voulu que Louis XVIII *marchât à la tête de la Révolution.*

Fureur des patriotes contre Fouché quand ils apprennent qu'il est conservé comme Ministre par Louis XVIII. On voit dans ce maintien le prix d'une

---

de replacer la France, sans effusion de sang, sous l'autorité de Louis XVIII?... Je parvins, à force d'insinuations et de promesses, à ramener des hommes jusqu'alors intraitables. » (T. II, pp. 364-365.)

1. « La reine Hortense, montrant elle-même, pendant toute cette crise, une grande exaltation, s'efforçait en vain de contenir les restes du parti bonapartiste expirant. Toutes ces manœuvres vinrent échouer devant le plus grand de tous les intérêts, l'intérêt public. » (T. II, p. 367.)

trahison, tandis que, au point de vue de Fouché, c'était la récompense méritée du salut de Paris.

Il est certain que Fouché ne trahit pas ; il fut alors, comme toujours, le représentant de cet immense parti de *patriotes*, ou révolutionnaires modérés, qui n'aimèrent jamais plus l'empereur que la Terreur, qui ne demandaient pas mieux que de se réconcilier avec les Bourbons, si les Bourbons leur offraient des garanties, c'est-à-dire la conservation de leurs fortunes et de leurs emplois, et les droits nouveaux créés par la Révolution. Mais il est certain aussi que les convenances les plus élémentaires défendaient à Fouché de conserver le Ministère de la police ; quelque bien qu'il dût y faire, il n'était ni assez haut par le génie, ni assez pur par le caractère pour qu'il pût ainsi accepter une pareille transition. Mais c'était tenter de vouloir être quelque chose, et de se moquer des convenances[1].

1. Dès que la Commission eut statué que Paris ne serait pas défendu et qu'on remettrait la ville aux alliés, puisqu'ils ne consentaient à suspendre les hostilités qu'à cette condition, Fouché fit porter à Wellington et à Blücher cette note confidentielle :

« L'armée est mécontente parce qu'elle est malheureuse ; rassurez-la, elle deviendra fidèle et dévouée. Les Chambres sont indociles et par la même raison. Rassurez tout le monde, et tout le monde sera pour vous. Qu'on éloigne l'armée ; les Chambres y consentiront en promettant d'ajouter à la Charte les garanties spécifiées par le roi. Pour se bien entendre, il est nécessaire de s'expliquer ; n'entrez donc pas dans Paris avant trois jours. Dans cet intervalle, tout le monde sera d'accord. On rassure les Chambres ; elles se croiront indépendantes et sanctionneront tout. Ce n'est point la force qu'il faut employer auprès d'elles, c'est la persuasion. »

Première entrevue de Fouché avec le roi au château d'Arnouville. Il continue les conseils, demande que l'on conserve la cocarde tricolore, etc. Le tout, dit-il, pour l'*acquit de sa conscience*.

7 juillet. — Des bataillons prussiens envahissent les Tuileries. La Commission de Gouvernement cesse ses fonctions. Carnot, exaspéré, dit à Fouché : *Traître, où veux-tu que j'aille ? — Imbécile, où tu voudras !* répondit Fouché. Ils avaient eu ensemble plus d'une altercation dans le Conseil, et Carnot ne pardonnait pas à Fouché de l'avoir appelé *vieille femme*.

8 juillet. — Clôture de la Chambre des représentants.

« Quels auspices accompagnent ce nouvel événement ? Toutes les opinions qui fermentent, toutes les vengeances qui cherchent à s'assouvir, tous les intérêts qui s'agitent et se combattent, tous les esprits qui s'exaltent avec fureur, enfin toutes les haines ulcérées qui réagissent. Dans de si déplorables conjonctures, *je ne refusai pas mes efforts et mes travaux à mon pays.* »

Cela est d'un homme unique en son genre. Le ton n'est ni d'un impudent cynique, ni d'un Tartufe, ni d'un Macaire, c'est celui d'un *égoïste*, qui ne jure par personne, et qui trouve tout simple qu'on suive le mouvement de l'atmosphère, comme la girouette, seul moyen de se conserver et de faire du *bien à son pays.* Autant Fouché avait prêché la clémence et la modération au premier consul, à l'empereur, autant il se remit à la prêcher à Louis XVIII. Il conjure les proscriptions, les catégories, les vengeances ; il ne réussit pas plus sous un régime que sous l'autre, et ne fait que se compromettre davantage. « Le besoin de proscrire, dit-il, envahit toutes les classes du parti royaliste, depuis les salons du faubourg Saint-Germain jusqu'aux antichambres du palais des Tuileries. Des milliers de noms, autant ignorés que connus, étaient signalés au Ministère de la Police pour être enveloppés dans une mesure générale de proscription. On me demandait des têtes, comme preuve de toute affection sincère à la cause royale. Il n'y avait plus pour moi que deux partis à prendre : celui d'être le complice des vengeances, ou de renoncer au Ministère. Je ne pouvais souscrire au premier ; j'étais engagé trop avant pour renoncer au second. Je trouvai un *troisième expédient.* »

Singulier homme ! Il faut qu'on le chasse pour qu'il se retire ; certes, ce n'est pas l'orgueil, ni la dignité qui forment le fonds de l'âme de Fouché. Le sentiment des convenances n'y est pas davantage, et à peine le sens moral. Ce qui fait cet homme, c'est l'esprit de *conservation à tout prix.* Et quel fut ce *troisième expédient ?*

« Ce fut de faire réduire les listes à un petit nombre de noms, pris parmi les personnages qui avaient joué un rôle plus actif dans les derniers événements. »

Ainsi, pour amoindrir la proscription, Fouché se fait proscripteur. C'est justement le rôle du fameux Maillard, le président des massacres de l'Abbaye, se chargeant de régulariser les immolations, afin d'épargner un nombre de victimes. Que répondre à de pareils hommes vous disant : Eussé-je mieux fait de laisser tuer cent personnes, quand, par mon intervention, je pouvais en faire épargner soixante-dix ? Fouché dit qu'il rencontra la meilleure volonté dans le Conseil des Ministres et dans les sentiments du roi.

Malgré toutes ces obligations, que je crois sincères, je répéterai ici ce que j'ai dit plus haut, en commençant : ce n'était point là la place de Fouché. Et il vaut mieux, en dernière analyse, pour une nation, supporter une proscription furieuse que de contribuer à lui donner une apparence de légalité pour l'avantage de lui dérober quelques têtes. La conduite de Fouché peut avoir ses excuses ; elle n'est pas à suivre, elle est d'une fausse moralité. Seulement, il est vrai de dire que c'est encore celle de la majorité ; c'est ainsi, en définitive, qu'a marché jusqu'à ce jour la société.

Enfin, Fouché s'aperçoit qu'on veut se servir de lui, comme d'un instrument pour battre en brèche la Révolution et ramener le despotisme. Cette lumière se fait dans son esprit à l'occasion des ordonnances sur les élections et de la Chambre de 1815. Il rejette la responsabilité du mal sur le Président du Conseil d'alors (M. Talleyrand), insouciant, paresseux, égoïste, se berçant d'illusions.

Alors il rédige ses *Notes aux puissances alliées* et ses *Rapports au roi en plein Conseil.* La divulgation de ces documents produit une sensation profonde, qui excite au plus haut point la fureur du parti *ultra-royaliste* et amène la chute de Fouché et, plus tard, son expulsion.

Il avoue alors que ses notes avaient pour but de *rassembler les forces dispersées* de la Révolution et de faire craindre aux puissances un soulèvement. Au fond, il conspirait déjà contre les Bourbons, comme il avait conspiré maintes fois contre le despotisme impérial.

Les dernières lignes de ses *Mémoires* sont les suivantes :

« Je crois résumer ma vie en déclarant que j'ai voulu vaincre la Révolution, et que la Révolution a été vaincue dans moi. »

PARALLÈLE

ENTRE

NAPOLÉON ET WELLINGTON

Pendant un dîner à la campagne, auquel Arthur Wellesley assistait, Pitt reçut la nouvelle de la capitulation de Mack, à Ulm, et de la marche offensive de l'empereur sur Vienne[1]. Quelqu'un s'écria :

[1]. Cf. *Histoire du duc de Wellington*, par le général A. BRIALMONT, t. I, pp. 146, 147. Bruxelles, 1856.

Le général Brialmont dit que plusieurs personnes, présentes à ce dîner, avaient confirmé le fait au comte de Toreno. « C'était dans l'automne de 1805, et M. Pitt donnait à la campagne un dîner auquel assistaient les lords Liverpool (Hawkesbury), Castlereagh, Bathurst et d'autres, ainsi que le duc de Wellington (alors sir Arthur Wellesley), qui arrivait des Indes. Pendant le dîner, Pitt reçut une dépêche dont la lecture le laissa tout rêveur. Au dessert, et quand les domestiques furent partis, suivant l'usage d'Angleterre, ou comme ils disent : *the cloth being removed and the servants out*, Pitt s'écria : « Très mauvaises nouvelles !.... Bonaparte croit et doit croire l'existence de ceux-ci incompatible avec la sienne; il assure de les chasser, et c'est alors que je l'attends avec la guerre que je désire si vivement... » Nous avons ouï raconter cela à plusieurs personnes qui étaient présentes. Maintes fois, le général don Miguel de Alava a entendu rapporter la même chose par le duc de Wellington, et le duc lui-même raconta l'événement dans un dîner diplomatique que le duc de Richelieu donna à Paris en 1816, dîner auquel assistaient les ambassadeurs et ministres de toute l'Europe. » (*Histoire du Soulèvement, de la Guerre et de la Révolution d'Espagne*, par M. le comte de TORENO, t. II, pp. 380, 381.)

— Tout est perdu ; il n'y a plus de ressources contre Napoléon !

— Vous vous trompez, dit Pitt, il y a encore de l'espoir, si je parviens à soulever en Europe une guerre nationale, guerre qui doit commencer en Espagne !

Tout le monde étant étonné, Pitt ajouta :

« Oui, Messieurs, l'Espagne sera le premier peuple où s'allumera cette guerre patriotique, qui peut seule délivrer l'Europe. Mes renseignements sur ce pays, et je les tiens pour très exacts, prouvent que, si la noblesse et le clergé ont dégénéré par l'effet du mauvais Gouvernement et sont aux pieds du favori, le peuple a conservé toute sa probité, toute sa sobriété et toute sa haine contre la France, haine aussi vive que jamais, et presque égale à son amour pour ses souverains. Bonaparte croit et doit croire l'existence de ceux-ci incompatible avec ses desseins sur l'Espagne ; il essayera de les chasser : c'est là où je l'attends, avec la guerre que je désire si vivement. »

Voilà prophétiser. Napoléon n'a jamais porté si loin l'imprévoyance. Il s'est heurté au patriotisme des Espagnols, des Russes, des Allemands, des Hollandais, des Calabrais.

Un seul homme, cela ne se peut nier, résume l'histoire de France et la création impériale de 1799 à 1815, c'est Napoléon ; un seul homme résume la destruction de l'Empire et l'histoire de la délivrance de l'Europe de 1808 à 1815, c'est Wellington.

Résumé historique de la carrière militaire de Wellington, en Espagne et en Portugal, de 1808 à 1813; en France et en Belgique de 1814 et 1815 :

Napoléon menace déjà la dynastie espagnole, qui ne reconnaissait pas Joseph pour roi. — 1805

Proclamation, appel aux armes de Godoï, contre Napoléon. — 1805-1806 3 octobre

Après Iéna, il cherche à l'expliquer.

Napoléon signifie au prince régent de Portugal d'avoir à rompre toutes relations avec l'Angleterre. Refus. — 1807. 1er sept.

Junot franchit la Bidassoa. — 18 oct.

Convention de Fontainebleau. — 27 oct.

Arrivée de Junot à Abrantès : il avait quitté Salamanque le 12. — 23 nov.

Entrée à Lisbonne. — 30 nov.

Napoléon recommande à Junot de se hâter, afin de saisir les immenses richesses accumulées dans la ville.

Autres menaces mouvementées de troupes. — Fin de 1807

(Napoléon a nié, dans le *Mémorial de Sainte-Hélène*, qu'il eût usé de perfidie et de ruse.)

Troubles d'Aranjuez. — 1808. 19 mars

Napoléon écrit à Murat : « Cette affaire a singulièrement compliqué les événements ; je reste dans une grande perplexité. » — 29 mars

Soulèvement du peuple de Madrid pour empêcher le départ des Infants. — 1808. 2 mai

Abdication du roi d'Espagne. — 5 mai

Insurrection de Carthagène, Oviedo, Gallice, Andalousie, etc. — 22-31 mai

Arrivée de Joseph à Bayonne. — 7 juin

Il est reconnu roi dans une assemblée de quatre-vingt-onze grands d'Espagne. — 15 juin

Tous les corps français privés de leurs communications.

1808. 22 juin — Ferdinand, prince des Asturies, écrit à Joseph Bonaparte, pour le féliciter de son avènement au trône d'Espagne.

Théocratie en Espagne.

Recensement de 1797, fait par ordre du roi :

2.051 couvents d'hommes, — 1.075 de femmes ; — ensemble, 92.727 personnes, sans compter le clergé séculier.

1808. 12 juillet — 9.000 Anglais partent de Cork. D'autres renforts suivent.

En rien de temps, on vit : Duchesne essayer vainement de se rendre maître de Saragosse, de Manresa, de Girone ; Reille, échouer dans une attaque semblable contre Rosas ; Moncey, repoussé de Valence ; Dupont, mettre bas les armes à Baylen ; l'amiral Rosiles à Cadix, forcé de se rendre avec son escadre sans autre condition que la vie sauve ; enfin le siège de Saragosse. Il y avait de quoi ramener un moins obstiné que Napoléon. Mais, disait-il à M. de Pradt, qui le rapporte : « Si cette entreprise devait me coûter 80.000 hommes, je ne la ferais pas ; mais 1.200 suffiront, c'est un enfantillage. »

Voilà le grand calculateur qu'admire M. Thiers !...

Massacre des citoyens les plus illustres et des généraux par les exaltés, qui les suspectent.

A Cordoue, un moine fanatique fait égorger en une nuit 330 Français.

14 juillet — Bataille de Rio-Saco, perdue par les Espagnols.

20 juillet — Entrée de Joseph à Madrid.

Il en sort le 30.

Arrivée de Wellesley à la Corogne. — En ce moment, 30.000 Anglais disséminés dans la Péninsule, 120.000 Français.

Déception de Wellesley. Mauvais esprit des juntes espagnoles ; incapacité et orgueil de leurs généraux. En Portugal, il trouve, pour toute armée, 6.500 soldats mal équipés, et 10 à 12.000 paysans sans armes.

Sac d'Evora, par Loison. Les soldats, las de carnage,

font 2.000 à 3.000 prisonniers, restes de 8.000 miliciens ou habitants armés.

Débarquement des Anglais à Mondégo.   1er-5 août

Combat de Rolica, ou de Rorissa.

Bataille de Vimeiro. Le général des Indiens bat les   21 août
Français.

Convention de Cintra, négociée malgré Wellington.   30 août

Elle fut heureuse pour la gloire de Junot, mais désastreuse pour l'Empire. Le Portugal fut évacué par les Français: c'était un événement pire que celui de Baylen [1].

Depuis le commencement de la guerre, l'Angleterre avait envoyé à l'Espagne:

2.000.000 livres sterling ;

150 pièces de campagne ;

40.000 gargousses ;

200.000 mousquets ;

61.000 sabres ;

70.000 piques ;

23.000.000 cartouches à balle ;

6.000.000 balles en plomb ;

15.000 barils de poudre ;

92.000 habillements ;

310.000 paires de souliers ;

37.000 paires de bottes ;

40.000 tentes ;

250.000 jards de drap ;

10.000 fournitures de campement ;

---

1. Les Français évacuent le Portugal et rentrent en France transportés sur des vaisseaux anglais. Wellington fait la guerre en marchant; il ne se risque qu'avec des forces supérieures et ne regarde pas à l'honorabilité d'une capitulation, pourvu que les Français partent! Ainsi, depuis trois mois, l'empereur éprouve dans la Péninsule une suite d'échecs, qui rendent de plus en plus manifeste l'impossibilité de ses plans. Pendant que l'insurrection pullule, la contrebande foisonne : Napoléon est vaincu, par les masses populaires, dans sa stratégie et sa politique. — (P.-J. Proudhon, *La Révolution sociale*, p. 130.)

118.000 jards de toiles ;

50.000 grandes capotes ;

50.000 cantines ;

54.000 havresacs ;

Etc., etc.

Tout cela à peu près en pure perte.

Si les Espagnols avaient eu pour eux-mêmes le quart du zèle des Anglais, les Français n'auraient pas tenu six mois en Espagne.

25 octobre Ouverture du Corps législatif, à Paris. Il dit que, par un *bienfait de la Providence*, les Anglais se sont décidés à venir enfin se mesurer avec lui sur le continent. Le Sénat applaudit à la guerre politique juste, nécessaire.

8 novembre Arrivée de Napoléon à Vittoria.

10 nov. Prise de Burgos par Soult ; dispersion d'une armée espagnole.

11 nov. Deuxième victoire sur les Espagnols par Victor.

3-23 nov. John Moore, à Salamanque, rejoint quelques jours plus tard par la colonne de John Hope.

23 nov. Déroute des Espagnols à Tudela, par Lannes.

29 nov. Napoléon dans la gorge de Soma-Siéra.

2 décembre Napoléon devant Madrid ; le général Morlay commandait avec 8.000 hommes et 30 à 40.000 paysans armés. Ceux-ci s'en vont ; les habitants se soumettent.

4 déc. Entrée de Napoléon à Madrid. Il harangue les Espagnols et leur dit : « Les Bourbons ne peuvent plus régner sur l'Espagne. Les Anglais, je les chasserai ; Saragosse, Valence, Séville seront soumises, ou par la persuasion, ou par la force de mes armes. Il n'est aucun obstacle capable de retarder l'exécution de mes volontés. »

L'armée française est portée au chiffre de 330.000 hommes non compris la réserve.

Du 5 au 24 déc. Marches et contre-marches des Anglais de la Corogne sur Valladolid, Salamanque.

24 déc. Départ de Sahagun, fuyant devant l'empereur, qui s'avance à marches forcées.

À Benavente. 28 déc.

À Astorga, l'empereur en retard de douze heures. La poursuite est confiée à Ney et à Soult. 29 déc.

Retraite sur Vigo. En ce moment l'empereur reçoit un courrier porteur de nouvelles de l'Autriche, qui l'obligent à quitter la Péninsule. 31 déc.

L'Autriche faisait des armements considérables, et se préparait à entrer en campagne au printemps.

Départ de Napoléon pour Paris. 1809. 1er janv.

L'armée anglaise est enfin confiée à Wellesley. 1809. Janv.

Arrivée de Wellesley à Lisbonne.

Combat de Villafranca, très bien soutenu par les Anglais. 3 janv.

Départ de Lugo. — Indiscipline et désordre de l'armée anglaise. 8-9 janv.

Soult attaque les Anglais devant la Corogne; il est forcé de reculer par le général Fayet. Pertes des Anglais, 800 hommes; pertes des Français, 1.600. 16 janv.

L'armée anglaise reste maîtresse du terrain et s'embarque tranquillement.

Mort de John Moore.

La retraite fut très belle, suivant Brialmont.

Instructions à Soult de reprendre Lisbonne et de venger la défaite de Vimeiro. 21 janv.

Il doit être, le 6 février, à Oporto.

Traité d'alliance entre l'Angleterre et l'Espagne. 22 avril

Soult passe le Minho; c'est tout ce qu'il put faire avec 25.500 hommes. 15 fév.

Insurrection en Galice, réprimée par Soult.

L'armée de Soult se met en marche; mais est forcée de laisser à Tuy 36 bouches à feu, 2.000 hommes et ses bagages. 4 mars

Après avoir battu successivement la Romana et Sylviera[1], dispersé les *ordenanzas*, l'armée française emporte Chaves. 13 mars

---

1. La Romana fut battu à Monterey et Sylviera à Villasa.

0-20 mars — Passage du Tage par Victor, allant au-devant de Soult.

20 mars — Défaite de 35.000 Portugais à Braga : 5.000 morts, toute l'artillerie prise. Pertes des Français : 40 tués, 150 blessés.

27 mars — Défaite de 12.000 Espagnols à Ciudad-Real par 10.000 Français, commandés par Sébastiani. — 4 à 5.000 morts.

28 mars — Soult s'empare d'Oporto, défendu par 40.000 hommes et 200 pièces de canon.

Pertes des Portugais, 9 à 10.000; des Français, 3 à 400. Séjour de quarante jours à Oporto.

Brigandages et massacres commis par les Français.

28 mars — Défaite de l'armée espagnole par Victor : 12.000 tués; 25.000 Espagnols, 1.400 chevaux, 20 pièces de canon; 14.000 Français, 2.500 chevaux, 42 bouches à feu.

Evidemment, de pareilles troupes étaient comme des troupeaux de moutons. Mais, quand vient Wellesley, c'est autre chose.

5 mai — Concentration à Coïmbre de 13.000 Anglais, 9.000 Portugais, 3.000 Allemands.

9 mai — Découverte d'une conspiration des Philadelphes contre le despotisme de Napoléon dans l'armée, organisée par les vieux soldats républicains. Le chef, d'Argenson, offre de traiter avec Wellington.

« La gloire, dit Thiers, avait caché, un moment, le vide ou l'égoïsme de cette politique. Les premiers revers amenaient la réflexion, et la réflexion amenait le dégoût. »

Du 7 au 12 — L'armée anglaise refoule tous les corps français.

12 mai — Passage merveilleux du Douro, en face de l'armée française, surprise inopinément. Les Français, 500 tués et blessés, abandonnent 50 canons, 700 malades.

Anglais, 20 tués; 95 blessés. Wellesley mange le dîner de Soult.

13 mai — Retraite de Soult; il abandonne ses canons et ses bagages.

19 mai — Arrivée de Soult à Orense, après avoir perdu

6.000 hommes par la fatigue, la marche, son artillerie, ses provisions, sa caisse ; pluies, débordement, tempête ; pas de vivres, des conspirations, des trahisons.

Il eut le tort de se laisser surprendre à Oporto ; mais sa retraite fut belle. Napoléon, qui apprend ces faits à Schœnbrunn, parle de le mettre en jugement. Il en voulait faire autant de Junot, pour la convention de Cintra.

Wellesley s'arrête à son tour, par l'effet des mêmes causes.

Il écrit à son ministre : « A votre compte, j'ai 35.000 hommes ; suivant le mien, je n'en ai que 18.000. »

Il reste à Abrantès jusque fin juin.

Si, à cette époque, le Gouvernement anglais, au lieu d'envoyer 12.000 hommes en Sicile, et 40.000 à Anvers, les eût confiés à Wellesley, les choses auraient pu tourner bien mal pour les Français.

Napoléon écrit de Schœnbrunn à Soult pour lui donner ordre de tomber sur les Anglais.　　　　　　　　12 juin

Jonction de l'armée anglaise avec l'armée espagnole à Oropeza.　　　　　　　　20 juillet

Entrée de Wellesley dans Talavera. Il est empêché dans ses projets par le général Cuesta.　　　　　　　　22 juillet

Passage de la Guadarrama par l'armée de Joseph, de 50.000 hommes commandés par Victor et Sébastiani.　　　　　　　　26 juillet

Bataille d'Alcala perdue par Cuesta qui veut combattre seul, sans attendre les Anglais ; 6 à 700 hommes tués.

Bataille de Talavera, 43.000 infanterie, 7.000 cavalerie, 90 bouches à feu ; Anglo-Espagnols : environ 60.000, dont 16.000 Anglais. Pertes, en tués et blessés : Anglo-Espagnols, 6.268 ; Français, 7.396.　　　　　　　　27 et 28

A Talavera, Wellesley était placé entre les 50.000 hommes du roi Joseph et les 35.000 de Soult.

Au jugement de Napoléon, bataille perdue.

Les Anglais passent le Tage à Arzobispo. Mauvais état de l'armée ; les Espagnols lui refusent des vivres.　　　　　　　　4 août

On apprend la nouvelle de la bataille de Wagram.　　　　　　　　9 août

Tout le monde découragé, excepté Wellington. Du reste, par les chaleurs, personne ne peut rien faire.

1 septembre   Wellington à Badajoz.

Les maladies accablent son armée.

Il prend la résolution de n'avoir plus rien de commun avec les Espagnols.

Bientôt, malgré les avis de Wellesley, les généraux espagnols sont accablés.

Octobre   Wellington donne des ordres pour la construction des lignes de Torrès-Vedras.

9 novembre   Bataille d'Ocana : 50.000 Espagnols battus par 25.000 Français, commandés par Mortier, Sébastiani, Joseph et Soult ; 20.000 hommes prisonniers, tués ou blessés.

28 nov.   Bataille d'Alba de Tormès, où Del Parque est défait par Kellermann ; perte, 3.000 hommes.

29 nov.   Le reste de l'armée se débande.

APHORISME DE NAPOLÉON : *A la guerre, la force morale est à la force physique comme 3 à 1.*

810. Janvier   Wellesley abandonne Badajoz, et se reporte vers le nord du Portugal, de l'autre côté du Tage. Sa marche est le signal de l'invasion de l'Andalousie par les Français. L'idée première de cet envahissement était de Napoléon ; Wellesley s'occupait de se fortifier en Portugal. De notre part, ce fut une mauvaise tactique.

20 janv.   Wellington à Viseu. Joseph franchit la Sierra-Morena avec 65.000 hommes.

31 janv.   Entrée de Joseph et Soult à Séville. Incapacité de la junte ; le peuple se révolte contre elle.

4 février   Cadix secouru par Albuquerque.

Arrivée de l'armée française, commencement du siège de Cadix.

26 fév.   Pétition en Angleterre contre le général anglais. Tout le monde découragé.

Le Ministère ne sait que faire. Lui seul, Wellington, soutient qu'il faut continuer la guerre et ne pas abandonner le Portugal.

On peut dire que c'est grâce à Wellington que l'effet moral produit par la foudre de Wagram fut paralysé et que, par lui, la chute de l'Empire devint inévitable. Vainqueur de Junot à Vimeiro, de Soult à Oporto, de Victor à Talavera, il allait l'être bientôt encore de Masséna, de Marmont, de Jourdan, puis encore de Soult. (Ajoutez Ney, Regnier, etc.)

Prise d'Astorga par Junot.   21 avril

Arrivée de Masséna à Vittoria, où il prend le commandement de l'armée de Portugal.   6 mai

Il écrit à Charles Stuart que « les Français considèrent maintenant la nécessité de chasser les Anglais de la Péninsule comme le premier objet auquel ils doivent tendre ; qu'ils risqueront tout pour y parvenir, et qu'ils l'essaieront sous peu ».   7 juin

A cette heure, la totalité des troupes françaises en Espagne était d'environ 270.000 hommes ; l'armée anglaise, réduite à 30.000 hommes, dont 9.000 malades.

Prise de Ciudad-Rodrigo par Ney.   9 juillet

Reddition d'Almeida à Masséna.   28 juillet

Masséna se met en route pour aller joindre Wellington   Septembre
avec 59.000 hommes.

Il doit être rejoint par 20.000 hommes sous Drouot et 8.000 sous Gardanne.

Bataille de Busaco. Wellington s'y trouva avec   27 sep.
24.000 Anglais, 25.000 Portugais. Perdue par les Français.

Enlèvement de Coïmbre par surprise ; là se trouvaient   7 octobre
les dépôts de Masséna, et 2 à 3.000 blessés. (Colonel Trant auteur du coup).

Wellington entre dans les lignes de Torrès-Vedras,   8 octobre
avec 22.000 hommes infanterie anglaise, 3.000 de cavalerie.

30.000 infanterie portugaise.

Les lignes défendues, en outre, par 29.751 hommes et 247 bouches à feu.

Le fort Saint-Julien, 5.350 hommes, 94 bouches à feu.

Il donne l'exemple de détruire l'ennemi par la destruction du pays même.

Ce qui est prodigieux, c'est que personne n'avait connaissance de ces lignes, ni en France, ni en Espagne, ni en Angleterre, ni dans l'armée de Wellington. En Portugal, la multitude n'y comprenait rien, ne savait rien ; enfin, ce fut comme une révélation.

10 octobre — Armée de Masséna devant les lignes de Torrès-Vedras.

Wellington fait entrer encore 6.000 Espagnols sous la Romana, plus 7 à 8.000 Anglais venus par Cadix. En tout, 96 à 97.000 hommes.

Là il pouvait, comme il le disait, résister aux armées réunies de Soult et Masséna. Pendant tout ce temps, opposition incessante à Wellington du côté du Portugal et de ses juntes.

Masséna se résigne à bloquer Wellington, qui, de son côté, résiste à toutes les excitations et reste immobile.

29 octobre — Départ du général Foy pour Paris.

31 octobre — Montbrun s'empare de Punhète.

Wellington le suit à distance.

14 nov. — Retraite de Masséna à Santarem.

4 déc. — L'empereur ordonne à Soult de se porter au secours de Masséna.

21 déc. — Soult quitte les environs de Cadix.

1811. 5 janv. — Mouvement de Soult.

22 janv. — Reddition de Mérida.

24 janv. — Nouvel ordre à Soult, qui répond qu'il ne peut, et demande lui-même, pour le siège de Cadix, 25.000 hommes.

18 fév. — Discussion sur le passage du Tage.

19 fév. — Défaite de Mendizabal par Soult. Pertes des Espagnols, 900 tués, 5.200 prisonniers.

5 mars — Les Anglais essaient de faire lever le siège de Cadix ; ils échouent par la lâcheté du général espagnol La Peña.

Perte des Anglais, 1.250 hommes ; Français, 2.400.

11 mars — Reddition de Badajoz par l'Espagnol don José de Imar. 9.000 hommes de garnison ; Soult, 11.600 hommes.

Masséna sort de Santarem. A cette époque l'armée française est diminuée de 27.000 hommes. Il se dirige sur Coïmbre.

Combat de Pombal. — NEY soutient la retraite. Il perd 50 hommes, brûle la ville. | 11 mars

Redinha. — Français, 212; alliés, autant. | 12 mars

Condeixa. — Là, beau fait d'armes de Ney. | 13 mars

Foz d'Arunce. — Perte des Français, 500. | 15 mars

Sabugal. — Ney s'est retiré : remplacé par Loison. | 3 avril

Dans cette affaire : perte des Français, 1.400 hommes ; Anglais, 800.

Passage de l'Agueda par Masséna ; deuxième évacuacuation du Portugal. | 9 avril

Perte totale de l'armée française à cette époque : 30.000 hommes.

Bataille de Fuentès-d'Onoro : Wellington contre MASSÉNA (généraux : Montbrun, Ferrey, Marchand, Loison, Lepic, Reynier, Drouet d'Erlon). | 5 mai

Anglais, 32.000, contre 44.000 Français.

Pertes : Anglais-Portugais, 1.786 ; Français, 2.695.

Cette bataille resta indécise ; toutefois, indépendamment de la supériorité de la perte des Français, elle fut à l'avantage de Wellington, que les Français ne parvinrent pas à déloger.

Evacuation d'Almeida par les Français. Masséna quitte le commandement. | 10-11 mai

Bataille d'Albuera gagnée par Beresford, lieutenant de Wellington, contre SOULT (Girard, Godinot, Latour-Maubourg). | 16 mai

32 000 Anglais-Portugais-Espagnols contre 18.000 Français.

Elle avait pour but de faire lever le siège de Badajoz. La mêlée fut horrible : les Anglais perdirent 6.500 hommes ; les Français, 8.000, suivant Thiers. Incertitude à ce sujet.

L'effet moral de cet échec de Soult sur les soldats fut désastreux ; le siège fut repris.

25 sept. Rencontre à Elbodon entre : Wellington et MARMONT (Dorsenne, Montbrun, etc.).

Attaque impuissante des Français. Évolutions inutiles.

L'auteur ne donne pas de résultats en morts et blessés.

1812. 5 janv. Prise de Ciudad-Rodrigo par les Anglais sur les Français.

Anglais, 1.702 ; Français, 1.880.

Massacre commis par les vainqueurs sur les habitants.

6 avril Prise de Badajoz.

Elle coûte aux Anglais 7.000 hommes ; Français, 1.300.

Marmont, qui accourait au secours de cette place, est forcé de s'en retourner sur l'Agneda.

19 mai Prise des forts d'Almaraz, par 6.000 Anglais, et destruction du pont.

Anglais, 177 ; Français, 450.

Le pont était situé sur la Guadiana : les Anglais, en le détruisant, empêchaient la jonction des armées.

27 juin Prise des forts de Salamanque.

Anglais, 600 hommes. Les Français se rendent à discrétion.

22 juillet Bataille des Arapiles.

Wellington contre MARMONT (Clausel, Bonnet, Thomières, Marchant, Sarrut, Brenier, Maucune, Foy, Ferrey, Boyer, etc.).

Anglais, 46.400 ; Français, 42.000.

Pertes : Alliés, 5.224 ; Français, 9.000.

12 août Entrée de Wellington à Madrid : le roi Joseph bat en retraite sur Valence. Suchet est retenu dans la Catalogne par les menaces de débarquement de troupes venues de Sicile. Soult était au fond de l'Andalousie.

14 août Prise du Retiro. Massacre des prisonniers français par les Espagnols, chargés de les conduire en Portugal.

7 sept. Entrée à Valladolid.

Occupation de Burgos ; le siège du château reste 18 sept.
sans effet.

Wellington est pressé par la concentration des armées
du Centre, du Sud et du Portugal ; bat en retraite, se
rallie à Hill et prend ses quartiers d'hiver derrière
l'Agneda.

Levée du siège de Cadix ; évacuation de l'Andalousie.

20.000 hommes et 30.000 bouches à feu, abandonnés
aux Anglais.

Wellington concentre ses forces sur le Douro.   1813. Fin ma

70.000 Anglo-Portugais, 20.000 Espagnols, 100 pièces 3 juin
de canon.

Bataille de Vittoria. — Wellington contre JOURDAN 21 juin
(Reille, Gazan, Villatte). 80.000 Anglo-Portugais ;
Français, 55.000.

Pertes : Anglais, 5.176 ; Français, 6.960. Tous les
bagages et le matériel pris.

Siège de Saint-Sébastien par les Anglais. Blocus de 11 juillet
Pampelune.

Arrivée de Soult, commandant en chef de l'armée 13 juillet
d'Espagne.

Premières opérations de Soult. Combat de Puerto-de- 25 juillet
Moya.

Le général anglais Rowland Hill y perd 2.000 hommes
et 4 pièces de canon ; concentration des alliés sur Pampelune.

Combat de la Zadora.   28 juillet

Wellington. — SOULT (Clausel, Reille).

Anglo-Portugais-Espagnols, 16.000 hommes ; Français, 20.000.

Coup de massue, dit Wellington.

Pertes : Anglais, 2.600 ; Français, 1.800.

Pendant ce temps les Anglais reçoivent leurs renforts,
et leur nombre s'élève à 30.000. Les Français lâchent
prise.

Combats heureux pour les Anglais, qui forcent Soult 1er août
d'abandonner une très forte position.

Pertes : Anglo-Portugais, 1.900 hommes ; Français, 2.000 tués et blessés, 3.000 pris. Total : 5.000.

Foy, avec 8.000 hommes, coupé de Soult, qui reste réduit à 35.000 hommes.

Retraite heureuse de l'armée française.

Au combat d'Echallar, 1.500 Anglais chassent d'une position formidable 6.000 Français vaincus par le découragement, la fatigue et le manque de munitions.

Pertes totales depuis l'arrivée de Soult :
Anglo-Portugais, 7.300 ; Français, 13.000.

Lettre du duc de Berry, reprise du siège de Saint-Sébastien.

23 août Suchet se refuse à secourir Soult.

31 août Passage de la basse Bidassoa par Reille ; il est repoussé par les Espagnols (pour secourir Saint-Sébastien).

50.000 Français engagés ; Espagnols, 10.000.

Pertes : Espagnols, 1.658 hommes ; Français, davantage.

Le même jour, Clausel, qui s'avançait d'un autre côté, perd 2.157 hommes.

Wellington ne se presse pas d'entrer en France.

8 sept. Prise de Saint-Sébastien.

Pertes des alliés : 5.069 hommes ; Français, 1.865 tués ; le reste, 1.865, dont 570 blessés, sortis avec les honneurs de la guerre.

Sac de la ville par les alliés.

7 octobre Passage de la Bidassoa, sur trois gués, en amont de Fontarabie, à marée basse. Soult est traité ici comme au passage du Douro.

8 octobre Pertes de Reille, en cette circonstance, 8 canons et 400 hommes ; Anglais, 600.

Pertes totales des alliés dans les combats du 7 et du 8, 814 ; Français, 1.400.

31 octobre Reddition de Pampelune ; la garnison réduite à 600 hommes.

Passage de la Nivelle par Wellington, 90.000 hommes,   10 nov.
95 canons.

Français, 79.000 hommes.

Pertes des Anglo-Portugais, 2.694; Français, 4.265.

Découragement général dans l'armée française, qui ne fait pas tout ce qu'elle pourrait.

Passage de la Nive par l'armée anglaise.   9 déc.

Pertes égales : 800 hommes de chaque côté.

Attaque de Reille et Soult repoussée.   10 déc.

Pertes des alliés : 1.500 hommes; Français, 2.000, plus trois régiments allemands passent à l'ennemi.

Nouveau combat : Anglo-Portugais, 800 ; Français,   11 déc.
800. Ceux-ci repoussés.

Troisième collision, sans résultat : pertes égales,   12 déc.
3 à 400 hommes de chaque côté.

Bataille de Saint-Pierre. SOULT contre Hill (Foy, Maransin).

16.000 contre 16.000.

Pertes : Anglo-Portugais, 2.000; Français, 3.000.

Traité de Valençay qui rend à Ferdinand son royaume,   8 déc.
à condition qu'il chassera d'Espagne les Anglais.

Les Cortès refusent d'y souscrire et restent fidèles à Wellington. Il est trop tard.

A la suite de ce traité, Suchet se retire à Figuières, où il refuse de se joindre à Soult.

Au commencement de l'année, Napoléon retire à Soult   1814
10.000 hommes d'infanterie et 3.000 cavaliers.

Passage de la Bidouze par Hill.   16 février

Passage de la Soissons, affluent de l'Adour.   17 fév.

Passage du gave d'Oléron.   24 fév.

Passage du gave de Pau.   25 fév.

Soult, à Orthez, se trouve débordé.

Bataille d'Orthez. Wellington, Soult (Reille, Taupin,   27 fév.
Roguet, Paris, d'Erlon, Clausel, Foy, d'Armagnac, Villate, Harispe).

Français, 40 000 hommes ; Wellington, également.

Pertes : Anglo-Espagnols-Portugais, 2.270; Français, 4.000 hommes, 6 canons.

Plus 3.000 fuyards, conscrits, qui, un mois après, manquaient encore à l'appel.

Mauvaise position de Soult; trahi, abandonné.

12 mars Entrée de Beresford à Bordeaux.

16 mars Soult se retire sur Toulouse.

19 mars Prise de Vic-de-Bigorre, par les Anglais.

10 avril Bataille de Toulouse.

Wellington, 43.500 hommes; Soult, 38.000 hommes.

Pertes : Anglais, 4.659 hommes; Français, 3.200.

Soult était informé de la capitulation de Paris; Wellington l'ignorait. Les résultats de la bataille n'ont donc pas été poussés. Sans cela l'on eût eu la preuve que la bataille avait été gagnée par les alliés.

Le maréchal Suchet doit être regardé comme la cause principale de nos désastres. Lors de la bataille de Toulouse, il resta inactif avec 13.000 hommes.

Sans la capitulation de Paris, Wellington s'y serait porté après la bataille de Toulouse.

Les troupes anglaises avaient livré, selon Brialmont :

Dix-neuf batailles rangées;

Un grand nombre de combats;

Pris quatre places importantes, soutenu plusieurs sièges;

Tué, blessé ou pris 200.000 Français et laissé 40.000 des leurs sur les champs de bataille.

1815 QUATRE-BRAS.

Wellington contre Ney :

1° 7.312 hommes; 2° 16.000; 3° à 9 heures, 50.000.

Ney et les Français : 18.000 hommes.

Pertes : Cf. Charras.

WATERLOO. — Wellington, NAPOLÉON. — 70.000 contre 70.000. Cf. Charras. — *Ney, Soult.*

Jérôme, Bachelu, Foy, Guilleminot, Reille, Milhaud, Pilé, Marcoquety, Donzelot, Delort, Quiot, Duchêne, Durutte, Jacquinot, L'Héritier, d'Erlon, Kellermann,

Domont, Subervie, Lobau, Wathier, Roussel, Cambronne, Lefèvre-Desgenettes, etc.

Masséna, Augereau, Marmont, Murat, Suchet, Davoust, Victor, Macdonald. — Absents.

On peut dire, en toute vérité, en suivant le *résumé historique* de sa carrière militaire, en Espagne et en Portugal de 1808 à 1813, en France et en Belgique de 1814 et 1815, que Wellington est le véritable auteur de la chute du premier Empire[1]. En lui s'est concentré tout l'effort de l'Europe; de lui sont partis les premiers coups, les encouragements, les exemples, les idées; sans lui, ni l'Autriche, en 1809, ni surtout la Russie, en 1812, ne se fussent levées; sans lui, la campagne de 1813 aurait été autre; ôtez Wellington, le Portugal et l'Espagne restent soumis; 200.000 soldats sont

1. M. Albert Sorel, dans un remarquable article du *Temps*, à propos des *Mémoires sur l'époque impériale*, dit :

« Je laisse parler les chroniqueurs : ils disent ce qu'ils ont vu, ce qu'ils ont éprouvé. Peu ou point de réflexions. Ce sont des contemporains de Stendhal, et aucun d'eux ne paraît avoir grand souci de Chateaubriand. J'ai eu toujours devant les yeux, en classant ces petits faits, la grande, l'incomparable peinture murale de Tolstoï; et plus j'ai pénétré dans la réalité de l'histoire, plus j'ai senti grandir en moi l'admiration pour le génie de l'artiste : il a ressuscité les temps et les hommes, et, dans les hommes de ce temps extraordinaire, su montrer l'homme de tous les temps, qui n'a jamais paru plus grand et plus misérable à la fois, plus douloureux et plus héroïque...

« La guerre d'Espagne, dans l'épopée de nos guerriers, c'est la descente aux enfers, une course effarée, fantastique, le long de fleuves de feu, entre des rochers hérissés d'embuscades, des cavernes pleines de bourreaux et de supplices. Ce n'est pas la guerre, c'est le cauchemar de la fièvre des blessures envenimées, dans l'horreur de l'hôpital... »

rendus à l'empereur. Wellington, seul enfin, a soutenu le courage des Anglais, et fait persévérer les sacrifices du Gouvernement. Lui seul, dès 1808, a jugé la fragilité de l'empire, a affirmé sa défaite, et, seul, l'a attaqué avec confiance : d'abord avec des moyens excessivement faibles, peu à peu avec des forces plus considérables, mais presque toujours inférieures.

La proportion des morts et blessés, dans les batailles gagnées par Wellington sur les Français, montre combien était terrible une guerre contre des soldats exercés et habitués à vaincre autant que braves. On peut dire que Wellington a vaincu, malgré les Portugais, malgré les Espagnols, malgré les Anglais. L'histoire de sa vie est le plus bel exemple de ce que peut un homme de grand caractère contre le découragement universel. Otez Wellington, principe permanent et foyer inépuisable de la résistance à Napoléon, négation obstinée de cet Empire immoral, et l'on ne voit comment cette épouvantable tyrannie aurait pris fin.

Il a été fourni à Napoléon Bonaparte, consul décennal, consul à vie et empereur, depuis le 18 mai 1802 jusqu'au 16 novembre 1813, pour le service de sa politique personnelle, un total de 2.473.000 conscrits, non compris les enrôlements volontaires, les douaniers, le surplus des levées à raison des déserteurs et réfractaires, les gardes nationales de Paris, Strasbourg, Metz, Lille, etc., qui firent un service actif dans la dernière campagne, et la levée en masse, organisée au commencement de 1814 dans plusieurs départements. Ajoutons 100.000 hommes,

soldats et matelots, envoyés en Egypte et à Saint-
Domingue, et rappelons-nous que cette jeunesse,
une fois enrégimentée, était perdue pour le pays ou
ne revenait que mutilée : ce sera un effectif de
2.573.000 hommes, consommés en entreprises auxquelles manquent l'inspiration du pays, la connaissance des temps et l'intelligence des choses.

Avec cette force armée de 2 573.000 hommes, un
pouvoir sans limites et sans contrôle, avec l'entraînement de la France et l'enthousiasme des soldats,
Napoléon échoue dans toutes les entreprises qui ne
relèvent que de son génie. Il échoue en Egypte, à
Saint-Domingue, en Portugal, en Espagne, en Russie ; après la retraite de Moscou, la défection générale de ses alliés, protégés et feudataires, la Prusse,
l'Autriche, la Saxe, la Bavière, la Hollande, les
villes hanséatiques, la Confédération du Rhin,
le Danemark, la Suisse, l'Italie, où commande son
beau-frère Murat qu'emporte le torrent, prouve
qu'au moment même où il se flattait d'avoir réussi
dans ses projets de concentration européenne, il
avait, au contraire, complètement échoué ; que les
peuples, autant que les rois, supportaient impa-
tiemment et son joug, et sa protection, et sa médiation, et son alliance. Et le résultat, après douze ans
de luttes que les chantres de la Grèce et de l'Inde
eussent regardées comme fabuleuses, c'est l'expulsion de l'homme, de sa famille, de sa dynastie, la
réduction de la France à ses limites telles qu'elles
existaient au 1er janvier 1792; les conquêtes de la
République ne sont pas même conservées par
Napoléon.

Tout ce qu'il a fait de bien et d'utile, il l'a fait sous l'inspiration de la République, de la Révolution et du pays.

Tout ce qu'il a fait de mauvais, d'exorbitant, d'inique, de faux, il l'a fait sous son inspiration personnelle.

Ses succès, il les doit surtout à la pensée collective qu'il servait.

Ses revers et ses défaites, il ne les doit qu'à son génie.

A dresser deux listes parallèles, l'une de bien, l'autre de mal, dans la vie de Napoléon.

Esquisse de la seconde :

Traité de Campo-Formio, conclu malgré le Directoire, et avec précipitation. Sacrifice de la *République de Venise*.

Expédition d'Egypte : entreprise de fantaisie. *Défaite navale d'Aboukir*, que ne rachètent pas les campagnes de terre.

Levée du *siège de Saint-Jean d'Acre*.

Abandon de l'armée d'Egypte, sans permission. Retraite ; il ne sait jamais se retirer.

Coup d'Etat de Brumaire : la liberté égorgée.

Constitution despotique de l'an VIII : *abolition des libertés publiques*.

Persécution des républicains : prisons d'Etat.

Concordat.

Rappel de l'émigration.

Création de la Légion d'honneur : retour au passé.

Expédition de Saint-Domingue. Sacrifice d'une armée de 35.000 hommes, vieux républicains.

Vente de la Louisiane pour 60 millions.

Masséna sacrifié à Gênes pendant que Bonaparte se repose à Milan : il perd la bataille de Marengo, que regagne Desaix.

Constitution de 1804 : absurde.

Rupture de la paix d'Amiens.

Camp de Boulogne : défaite navale de *Trafalgar* (l'Autriche, la Russie, la Prusse, battues par l'Angleterre).

Projet d'un deuxième Empire d'Occident.

Invasion du Portugal ; Junot défait par Wellington.

Invasion de l'Espagne ; Masséna, Jourdan, Marmont, Ney, Soult, etc., défaits l'un après l'autre ; Baylen ; 500.000 Français perdus : *retraite.*

Brouille avec le Pape : concile ridicule de Paris.

Blocus continental.

Expédition de Russie : perte de 600.000 hommes (refus de traiter) ; conspiration Malet ; la Bérésina : *retraite.*

Campagne de Saxe : machiavélisme de Napoléon ; Leipsig : *retraite !*

Campagne de France : *capitulation de Paris.* Invasion de la France.

Retour de l'île d'Elbe. Constitution de 1815. Abdication de Waterloo : *retraite.*

Sainte-Hélène : il ment dans ses *Mémoires* et essaye de tromper la postérité.

Nos grandes défaites les plus décisives lui sont dues : *Aboukir, Saint-Domingue, Trafalgar, la retraite de Russie, Leipsig, Waterloo.*

Aucune de nos grandes et décisives victoires ne lui appartient :

Valmy, Jemmapes, Fleurus, Zurich, Marengo.

Maintenant, pour expliquer cette chute profonde après une si brusque élévation, faut-il ressasser les raisons banales d'ambition et d'orgueil, l'incendie de Moscou, le froid de 25°, les fausses manœuvres du chef, la trahison des peuples et des rois, accuser la France et l'Europe, ou bien outrager le héros ?

Le principe de l'insuccès n'est point dans les accidents de la nature et de la guerre, pas plus que dans le crime et la lâcheté des hommes ; il est tout entier dans le faux des conceptions politiques. Napoléon luttait contre la raison des peuples appuyée sur la raison des choses ; il était donc vaincu d'avance et infailliblement ; vaincu, dis-je, non pas seulement après Moscou et Leipsig, mais dès Austerlitz, dès le jour où commence avec l'Angleterre cette dispute de prééminence, dans laquelle on voit Napoléon conduit, sans qu'il s'en aperçoive, par la raison d'Etat qu'il s'est faite, à une continuité de despotisme et de conquêtes évidemment absurde.

Dans la guerre comme dans la politique, comme dans l'histoire, c'est la raison générale, raison des peuples et raison des choses, qui triomphe en définitive. Napoléon ne paraît point s'être douté que cette raison, dont l'intelligence fait seule les hommes d'Etat, fût d'une qualité autre que la sienne. Parce qu'il se trouvait, dans sa profession, plus de génie qu'à la plupart de ses contemporains, surtout de ceux que leur naissance avait fait princes, il crut que ce génie très *spécial* suffirait pour lui assurer le triomphe toujours et partout.

Il n'oubliait qu'une chose, d'ailleurs hors de sa portée et qu'il appelait lui-même son *étoile*, c'est-à-dire son mandat, déterminé d'avance, sans lui, sans aucune considération de sa personne, par les nécessités de l'histoire et la force des situations.

Ainsi, dès son départ pour l'Egypte, Bonaparte ne sait plus où va le siècle, et ce qui, jusqu'à certain point l'excuse aux yeux de la postérité, ses contemporains n'en savent pas plus que lui. Pour combattre l'Angleterre, nation mercantile et industrielle, Bonaparte ne connaît que la guerre : il s'en va, militairement, prendre sa rivale par derrière, chercher un passage qui ne pouvait être obtenu qu'un demi-siècle après lui, par la vapeur et les chemins de fer.

Du premier coup, l'Anglais met à néant cette singulière stratégie, en détruisant les moyens de transport de Bonaparte, et l'enfermant comme dans une trappe. Que signifient alors les victoires des Pyramides, du Mont-Thabor, etc.? Qu'importe que Bonaparte se dédommage sur les Mamelouks, les Arabes, les Turcs, de l'irréparable revers d'Aboukir ?

Il triomphe de la barbarie, il est vaincu par la civilisation. Tous ces faits d'armes ne peuvent exercer d'influence que sur les imaginations folles des Français et des Orientaux; quant à l'entreprise, néant.

Le *système continental* n'est qu'une variante de 'expédition d'Égypte. L'idée première n'appartient pas à l'empereur : elle paraît, d'après Barère, être venue au Comité de Salut public, dans le feu de 93 et l'ignorance où l'on était généralement alors des lois de l'économie.

Puisqu'on ne pouvait atteindre Pitt et l'Angleterre à travers l'océan, il n'y avait, pensait-on, qu'à lui fermer l'Europe, et ses marchandises lui restant pour compte, l'Angleterre serait ruinée. Quelle folie!...

Mais, pour garder l'Europe de la visite des Anglais, il eût fallu, sur l'immense étendue de ses côtes, une marine dix fois plus nombreuse que pour opérer chez eux une descente. Dans l'impossibilité de se procurer une pareille flotte, il ne restait de ressource, contre le commerce de ces insulaires, que l'abstention volontaire ou forcée du continent.

Telle est la théorie du blocus continental.

C'est à peu près comme si, pour ôter au gouvernement du 2 décembre la recette des impôts indirects, et le pousser plus vite à la banqueroute, les citoyens supprimaient de leur consommation le vin, la bière, les eaux-de-vie, le sel, le sucre, le tabac, etc. Si étrange que paraisse aujourd'hui l'idée, Bonaparte se charge de l'exécution. Il n'aperçoit pas un seul instant qu'en excluant de cette manière les Anglais de l'Europe, c'est l'Europe elle-même qu'il va séquestrer du reste du monde, c'est le monopole du globe qu'il assure aux Anglais; et, en fin de compte, la prépondérance de la Grande-Bretagne, l'infériorité du continent et sa propre incapacité qu'il signe.

L'esprit de l'empereur est fermé, bloqué, sur toutes choses : d'où saurait-il, d'ailleurs, que la méthode des mathématiciens ne peut s'appliquer aux choses de la raison pure, et qu'une idée, désignée par A dans son expression élémentaire, poussée à sa dernière conséquence devient Z, c'est-à-dire une contradiction?... Pendant dix ans, le blocus continental, contre-partie de la centralisation politique qu'il tenait aussi des jacobins, — deux idées contradictoires, deux antinomies! voilà, au dehors et au dedans, tout le fond de la politique impériale ; voilà ce que devient, dans la personnalité d'un homme, le génie de la Révolution!

Dix ans de luttes avaient déprimé toutes les intelligences ; le génie politique de 89 était tombé tour à tour du fanatisme de Babeuf aux platitudes des théophilanthropes. L'idée même de la grande époque, GOUVERNEMENT REPRÉSENTATIF, machine d'investigation sociale plutôt qu'institution véritable, cette idée, dis-je, trahie par l'ancienne royauté, déconsidérée par les scènes de la Constituante, de la Législative, de la Convention, niée par les coups du Directoire, était obscurcie. Il n'eût pas moins fallu, en 99, que le régime de Mirabeau et le bras de Bonaparte pour la remettre à flot dans l'opinion et lui restituer son éclat : l'homme du 18 Brumaire n'avait que la moitié des talents qu'exigeait ce rôle.

Consulter les *Mémoires de Fouché*, pour l'appréciation du 18 Brumaire, la moralité du Consulat et de l'Empire, et le degré de culpabilité du Sénat dans les événements de 1814.

Il ressort nettement du récit de Fouché, et, en

dernière analyse, de tous les documents, que le 18 Brumaire a été fait par une conspiration de *pourris*, d'*intrigants*, de coquins, enrichis de la misère publique, d'ambitieux inassouvis, de bourgeois lâches et réactionnaires que fatiguait le nom de République !

Les Sieyès, les Cambacérès, les Talleyrand, les Fouché, toute la famille des Bonaparte, sont ce qu'il y a de plus infect.

Les ex-prêtres, Talleyrand, Sieyès, Fouché, Daunou, s'y signalent.

Les Bonaparte étaient jugés capables d'avoir fait empoisonner Hoche, assassiner Joubert et tuer Desaix, pour faciliter la fortune de leur frère. Toujours est-il que ces morts, surtout les deux premières, inexpliquées, sont venues à point ; les condamnations de Moreau et de Pichegru, la disgrâce de Lecourbe et autres, la proscription de tant de républicains viennent à l'appui.

Joséphine, pendant l'absence de son mari, faisait de l'espionnage ; elle vivait, en partie, de ses prostitutions et des fonds secrets. Fouché lui donna un jour 1.000 louis. Après le 18 Brumaire et sous l'Empire, elle continua de recevoir 25.000 fr. par mois.

Le crime, la corruption, la tyrannie du sabre firent le coup de main ; la nation fut pipée ; les honnêtes gens crurent à la fin de leurs maux ; les dévots remercièrent la Providence. Obéissant à son misérable instinct, qui consiste à accuser toujours le pouvoir, le peuple vit un sauveur dans le coupable qui abolissait les libertés. La nation s'abandonnait.

Mais la suite a montré quels gens c'étaient que ces sauveurs.

Les historiens vulgaires, répétant les déclamations de Napoléon, flétrissent le Sénat conservateur, qui prononça la déchéance du maître et fit la Restauration.

Mais ces sénateurs étaient les associés de Bonaparte dans le coup de main de Brumaire ; s'ils avaient partagé le gâteau, ils ne lui devaient rien ; eux l'avaient fait empereur ; un contrat tacite les liait, contrat du crime et de l'égoïsme ; et le jour où leur fortune était compromise, ils le sacrifiaient. C'était leur droit. Qu'aurait-il fait sans eux en 99 ? Comment se serait-il maintenu, sans leur complicité, même après Marengo ? Comment, sans eux, eût-il usurpé l'Empire, la puissance absolue ? Comment aurait-il osé pousser ses folles entreprises ? A qui pouvait-il se fier, en dehors de ce cercle qui, à la fin, l'a jeté à bas ? Ces hommes sont appelés traîtres : non, c'est Napoléon qui, en compromettant toutes les existences qui s'étaient fixées à lui, manquait à ses engagements. Infâmes aux yeux de la postérité, devant Napoléon ils sont irréprochables.

Bonaparte, en effet, traitant la politique exactement comme la stratégie, gouvernant les peuples comme il commandait les armées, toute sa carrière, si glorieuse pour un barde, n'est plus, aux yeux du publiciste qu'une infraction perpétuelle aux lois élémentaires de l'histoire. Il se comparait aux conquérants fameux : Alexandre, César, Charlemagne ; et certes, à ne considérer que les coups, il pouvait encore passer pour modeste. Mais il ignora, ou il oublia, que ces hommes fameux représentaient l'idée, la nécessité tendantielle de leur siècle; qu'en eux les peuples reconnaissaient leur propre incarnation, leur génie; qu'ainsi, Alexandre, c'était la Confédération hellénique et sa prépondérance sur l'Orient; que César, c'était le nivellement des classes romaines et l'unité politique des nations groupées autour de la Méditerranée, unité qui impliquerait un jour la cessation de l'esclavage; que Charlemagne, enfin, c'était l'éducation par le christianisme des races du Nord, et leur substitution dans l'initiative humanitaire aux races du Midi.

Or quelle idée représentait, au xixᵉ siècle, Napoléon? La Révolution française? C'était bien ce que lui disait son Sénat, et ce qu'il lui arrivait aussi par moments d'entrevoir. Mais il est évident qu'aux yeux de l'empereur la Révolution n'était plus qu'une lettre morte, un billet protesté et impayé, passé par profits et pertes, qui lui servait, au besoin, à motiver son titre, mais dont il répudiait l'origine.

La Révolution française avait eu pour but:

1° D'achever l'œuvre monarchique, suivie depuis Hugues Capet jusqu'en 1614, avec autant d'intelligence que le comportait l'état des esprits, détournée après la dernière convocation des États généraux, au profit du despotisme, par Richelieu, Mazarin et Louis XIV;

2° De développer l'esprit philosophique dont le xviiiᵉ siècle avait donné le signal, et que Condorcet avait formulé d'un seul mot, le *progrès*;

3° D'introduire dans le Gouvernement des nations l'idée économique, appelée à éliminer peu à peu celle d'autorité, et à régner seule, comme une religion nouvelle, sur les peuples.

Napoléon n'était pas à cette hauteur : ni homme d'État, ni penseur, ni économiste; soldat et rien que soldat, il y en avait trois fois plus qu'il n'en pouvait porter. Tout en lui se soulevait contre de pareilles données.

La tradition historique, il la niait, la cherchant où elle n'était pas. Rival de César, d'Annibal et d'Alexandre dans les batailles, il copie dans la politique Charlemagne. Il se compose un empire taillé sur le même patron que celui du chef franc, s'étendant à la fois sur la Gaule, l'Espagne, l'Helvétie, la Lombardie, l'Allemagne. Il ne sait point que, depuis le traité de Westphalie, le droit public de l'Europe a pour base indestructible l'équilibre des États et l'indépendance des nationalités.

Quant à la philosophie, à l'économie, au Gouvernement représentatif, transition obligée de la démocratie industrielle, il les repousse également. Les *idéologues* lui sont aussi suspects que les *avocats* et ne jouissent d'aucune considération sous son règne; les *économistes*, il les assimile aux idéologues et les persécute à l'occasion.

On sait comment il traita les démocrates, rendus si odieux sous le nom de jacobins.

Mirabeau n'était plus ; Sieyès, en révélant sa vénalité, avait achevé de déconsidérer le système constitutionnel ; J.-B. Say se tenait à l'écart; Saint-Simon poursuivait, inconnu, le cours de ses observations sur l'humanité, et prophétisait à quelques amis la fin du *régime militaire et gouvernemental;* Fourier, simple commis, rêvait au fond d'un magasin ; Chateaubriand continuait à sa manière la réaction de l'ancien régime, et jetait les fondements de la Restauration. Napoléon restait seul, n'ayant trouvé ni son Aristote ni son Homère, personnage à l'antique, doué de toutes les qualités qui font le héros, mais qui, chez lui, ne pouvaient plus servir qu'à masquer la faiblesse de l'homme d'État.

Le monument le plus réel de la période impériale, celui auquel l'orgueil de Napoléon semble tenir surtout, est la rédaction des Codes.

Or, qui ne voit aujourd'hui, surtout depuis le 2 décembre, que cette compilation de la jurisprudence des siècles, qui devait fixer à jamais les bases du droit, n'est qu'une utopie de plus ? Trois ou quatre décrets de Louis-Napoléon ont suffi pour infirmer l'œuvre législative de l'empereur, et porter à sa gloire la plus grave atteinte.

Le Code Napoléon est aussi incapable de servir la société nouvelle que la république platonicienne ; encore quelques années, et l'élément économique, substituant partout le droit relatif et mobile de la mutualité industrielle au droit absolu de la propriété, il faudra reconstruire de fond en comble ce palais de carton !

Certes, Napoléon fut un grand virtuose de batailles et de victoires ; toute sa vie est une épopée, dans le goût du peuple et des anciens. Héros incomparable, luttant contre les dieux et les hommes, si profond dans ses calculs qu'il peut défier la fortune[1], et vaincu seulement par l'inflexible destin : il y a dans cette carrière de quoi composer un poème vingt fois long comme l'*Iliade*, un *Mâhabhârata*.

C'est ainsi, du reste, que le peuple comprend Napoléon, et qu'il l'aime.

La raison d'État de la Révolution a rejeté l'empereur; la spontanéité populaire lui donne asile; l'élection du 1er décembre n'est elle-même qu'une protestation de cette poésie des masses contre l'inexorable histoire. Comme action politique, la vie de l'empereur ne demande pas cent pages, et si, pour plus d'évidence, on veut suivre la filiation chronologique, il n'en faudra pas vingt-cinq. Toute cette série de batailles, qui nous a valu tant de trophées, qui nous a coûté tant de trésors et tant de sang, se réduit à une trilogie militaire, dont le premier acte s'appelle Aboukir, le deuxième Trafalgar, le dernier Waterloo.

Napoléon, après les adieux de Fontainebleau, ne pensait point qu'il fût fini. Sa raison admettait la chance des combats, les conséquences de la défaite; elle ne pouvait se faire à l'idée du rétablissement des Bourbons.

De leur légitimité, de leur droit divin, naturel-

---

1. C'était en général la chose la plus comique de le (Bonaparte) voir jouer à quelque jeu que ce fût. Lui, dont la vue si rapide, le jugement si prompt, saisissaient à l'instant même l'objet qui s'offrait à lui, il n'a jamais pu apprendre la marche même d'un jeu, quelque simple qu'il pût être, aussi trouvait-il plus court de tricher. (*Mémoires de la duchesse d'Abrantès*.)

lement il en riait; mais par quel talisman ces
princes, oubliés depuis vingt-cinq ans, dédaignés
de la coalition, odieux à la nation française,
avaient-ils ressaisi leur couronne? Comment, en
un jour, sans armée, sans budget, sans prestige,
ces émigrés avaient-ils pu le supplanter, lui, le
triomphateur de vingt ans, l'élu de cinq millions de
suffrages? L'intrigue seule, même avec les Talleyrand et les Fouché, n'opérait pas de ces miracles.
C'était donc une surprise, honteuse, ridicule, dont
la France tôt ou tard voudrait avoir raison, et dont
lui-même, le vieil empereur, serait appelé à faire
justice.

On faisait grand bruit de la Charte. Mais pouvait-il
croire, après tout ce qu'il avait vu de tout ce par-
lementage, et sous la Constituante, la Législative,
la Convention, et sous le Directoire, pouvait-il
croire que par ce chiffon de papier la France se fût
donnée aux Bourbons?... Plus il y pensait, plus la
Restauration devait lui paraître misérable, irra-
tionnelle.

C'était pourtant là, dans la Charte, que se trouvait le mot de l'énigme. Ce qui avait déterminé la
chute de l'empereur était l'idée politique et sociale
de 89, abandonnée par lui, noyée dans les listes de
conscription et les constitutions de l'Empire. Ce qui
faisait la fortune des Bourbons était cette même
idée de 89, affirmée par eux, après vingt-cinq ans
de résistance, sous le nom de Charte. Rien n'était
plus logique que cette expulsion et cette restauration; rien de plus légitime, à cette condition, que la
Légitimité.

L'ex-empereur eut le temps de s'en convaincre, pendant les dix mois qu'il passa à l'île d'Elbe. Il put suivre de là les actes du Congrès de Vienne, reprenant les bases du traité de Westphalie ; les premiers débats des Chambres de la Restauration ; observer l'essor de l'industrie, de la littérature et de la philosophie française, sous un régime de paix et de liberté, pourtant bien modeste.

Quel enseignement tire de tous ces faits Napoléon ?

Dans le Congrès de Vienne, il voit des intrigues diplomatiques, des remaniements injustes ; dans le Gouvernement des Bourbons, il saisit des ridicules, et des maladresses. En toute chose, son esprit s'arrête à la superficie, ne juge, n'apprécie que le mal. Et c'est sur ces données qu'il bâtit aussitôt le plan de son retour !

Napoléon s'imagine qu'un rôle historique peut se recommencer ; il se flatte, dans un nouvel essai, de réussir mieux que la première fois. L'exemple même des Bourbons lui vient en argument de son essai ; il ne se doute seulement pas que, dans cette prétendue *Restauration*, il n'y a de restaurés qu'une demi-douzaine d'individus ; que le principe qu'ils défendaient jadis a été par eux abjuré, et que leur métamorphose, au moins apparente, a été la condition *sine quâ non* de leur rentrée.

Dans cette Charte, tant dédaignée, il n'aperçoit pas la Révolution qui, bientôt remise en marche par la pratique constitutionnelle, forcera ses mandataires à la suivre ou les expulsera de nouveau.

Un trône pour une Charte! se dit Napoléon. Je leur donnerai aussi une Charte, à laquelle je prêterai serment!

Comme en 1799, simple homme de guerre, après avoir vu défiler tant de Gouvernements et de Ministères, il s'était cru naïvement aussi capable, et plus capable que tant d'autres, de tenir le timon de l'État, il ne douta pas davantage, en 1815, qu'il ne fût apte, autant et même plus que les Bourbons, à faire un monarque constitutionnel. De lui aux autres, la comparaison était à son avantage; mais c'est des choses qu'il s'agissait, et Napoléon n'y pensa jamais.

Ainsi l'empereur est à la remorque du roi! A l'erreur des restaurations, à la chimère de sa propre récipiscence, il joint le désavantage de l'imitation constitutionnelle, course au clocher de la popularité; et, poussant la copie jusqu'à la niaiserie, il écrit en tête de son nouveau contrat : *Acte additionnel aux constitutions de l'Empire.* C'est-à-dire que, comme Louis XVIII en signant la Charte se comptait dix-neuf ans de règne, Napoléon, dans son Acte additionnel, se comptait quatorze ans de constitutionnalité!...

Après avoir triomphé à Ligny et aux Quatre-Bras, l'empereur succombe à Mont-Saint-Jean : l'irrévocable destin confirme son arrêt. Là, sans doute, il eût pu vaincre encore, comme on l'a répété à satiété, sans l'immobilité de Grouchy, sans la trahison de Bourmont, sans l'arrivée de Blücher, sans les incertitudes de Ney.

Alors c'eût été à Wellington de dire : « J'aurais

vaincu, sans le retard des Prussiens, sans l'arrivée de Grouchy, sans ceci, sans cela!... »

Que s'en serait-il suivi?

Une seconde invasion, une seconde campagne de France, et, très probablement, une seconde abdication. Car qui ne voit ici que les accidents de la guerre, pris en détail, sont pour tout le monde; considérés d'ensemble, sont pour la logique?

Waterloo, jour néfaste dans les annales de la France, est légitime dans la marche de la Révolution et la destinée de l'empereur.

Il y a lassitude, négligence, inactivité, des deux parts (Cf. Charras[1]).

Les deux partis cherchent à se *concentrer* respectivement, et à se *couper mutuellement*. La tactique est la même. Cependant chacun a des points à garder, et il arrive que, pendant que l'on croit couper son adversaire, on est soi-même coupé.

Si, à Ligny, Bulow avait mieux exécuté l'ordre de son chef Blücher; si Wellington avait pu tenir sa promesse, tout était fini dans cette journée du 16.

La bataille de Ligny (première manche) gagnée, si l'on veut, par Napoléon, fut un piège qui l'induisit en erreur et le força à se *diviser*; il envoya Grouchy avec 30.000 hommes à la poursuite des Prussiens, se croyant assez fort avec 72.000, pour accabler Wellington[2].

---

1. *Histoire de la campagne de* 1815, *Waterloo*, ch. VI, p. 79.
2. État des forces de la Grande Armée au 14 juin 1815 : 115.214 hommes. — WAUTERS, *Hist. chronologique de la République et de l'Empire*, Bruxelles, 1847, gr. in-8°, pp. 942 et suiv. L'état général des forces composant l'armée française

Mais Grouchy ne trouva pas les Prussiens, qui, au contraire, arrivaient en masse sur le champ de bataille de Mont-Saint-Jean[1].

Wellington fut bien mal renseigné, bien tardif à se mouvoir, les 14, 15 et 16. Mais Napoléon, à son tour, ne sut jamais deviner l'ennemi.

Le 16, au matin, il donnait des ordres pour entrer le lendemain à Bruxelles.

Et, le 16, après midi, il lui fallait combattre à Ligny.

s'élevait à 570.000 hommes (*Idem*, p. 939 et suiv.), ou, en décomptant 140.000 hommes portés comme étant dans les dépôts ou en marche pour rejoindre leurs corps : 430.000 hommes.

1. La grande faute de Napoléon me paraît avoir consisté dans l'éloignement du corps de Grouchy. Si Blücher, concentrant ses quatre corps d'armées forts d'au moins 90.000 hommes, avait fait volte-face et s'était porté sur Grouchy (35.000 hommes), il l'eût certainement écrasé et aurait ainsi compensé l'échec que Napoléon aurait probablement fait éprouver à Wellington resté isolé.

Si, comme il l'a prétendu, le général Gérard avait quitté Grouchy pour se porter sur Mousty, il aurait couru de très grands dangers, car il aurait pu rencontrer Bulow, qui, disposant de forces supérieures (50.000 hommes), aurait réussi à repousser les 14.000 hommes de Gérard, marchant, dans un pays sans communications faciles et où la retraite aurait été pleine de dangers pour les Français.

Enfin, si Grouchy échappa à un désastre complet, on doit lui en savoir un gré infini, car il ne quitta Wavre, pour rentrer en France, que le 19 au soir. Or, pendant cette journée, les Prussiens avaient marché sur Charleroi. Délaissant la poursuite de l'armée désorganisée à Waterloo et laissant le soin de la poursuivre aux Anglais, il leur était facile de se porter vers Namur, de rallier le corps de Thielmann et d'anéantir, avec toutes leurs forces réunies, l'armée de Grouchy. (*Lettre inédite de M. Alphonse Wauters sur Napoléon Ier* de P.-J. PROUDHON, in-18. — Montgrédien et Cie, Paris, 1898.)

Ce même jour, il ne comprit rien à la tactique des Prussiens ; il ne croyait pas les avoir devant lui ; il ne les comptait pas comme des soldats.

Il faut faire toujours la balance égale des deux parts.

Certainement, si, tandis que Wellington se hâtait si peu le 15, se trompait le 16 ; tandis que Blücher, etc.

Si Napoléon, profitant de toutes ces fautes, avait fait plus de diligence, se fût mieux renseigné, etc., il aurait été vainqueur.

Similiter. — Si, tandis que Napoléon, commettant tant de fautes le 15, le 16, le 17 et le 18, Wellington et Blücher n'en eussent commis aucune, ils auraient eu plus facilement raison de leur ennemi.

Si personne n'avait commis de faute, la victoire restait aux plus gros bataillons.

A fautes égales et compensées, le résultat est le même [1].

Vous ne pouvez battre une armée plus nombreuse ; tâchez de la prendre en détail ; faites en sorte qu'elle

---

1. « Le résultat de la bataille de Waterloo, comme celui de la bataille de Leipsig, sont des résultats *a priori*. Le duel de 1815 eut lieu dans les règles. Seulement la France régnante allant chercher sur leur terrain l'Angleterre, destinée à lui succéder, et les peuples bas-teutoniques, prêts à entrer dans la civilisation active, et où régnait déjà la plus grande énergie physique et morale, cédait du terrain à ses adversaires. » (Capitaine R. BRUCK, *l'Humanité, son développement et sa durée*, t. II, p. 1146.)

« Waterloo a ramené l'irruption brusque, vive, puissante, immense, mais éphémère, du dernier grand éclat français, qui, comme tous les grands éclats, fut le résultat d'une perturbation et d'une explosion. » (*Idem*, t. I, p. 442.)

se divise, de la surprendre ; à elle de se garder.

On pourrait, pour justifier ce plan, dire que la vigilance, etc., est aussi de la force.

Mais le résultat est contraire.

Napoléon Ier récompense l'assassin de Wellington. (Cf. Brialmont[1], t. III.)

Homme de peu de moralité, d'après Thiers lui-même.

1. Après la seconde tentative d'assassinat du 11 février 1818 : « Je lègue, dit le codicille de Napoléon, 10.000 francs au sous-officier Cantillon qui a essuyé un procès comme prévenu d'avoir voulu assassiner lord Wellington, ce dont il a été déclaré innocent. Cantillon avait autant de droit d'assassiner cet oligarque que celui-ci de m'envoyer périr sur le rocher de Sainte-Hélène. Wellington, qui a proposé cet attentat, cherchait à le justifier par l'intérêt de la Grande-Bretagne. Cantillon, si vraiment il eût assassiné Wellington, se serait couvert et aurait été justifié par les mêmes motifs : l'intérêt de la France de se défaire d'un général qui, d'ailleurs, avait violé la capitulation de Paris, et par là s'était rendu responsable du sang des martyrs Ney, Labédoyère, et du crime d'avoir dépouillé les musées, contre le texte des traités. »

M. Brialmont fait remarquer que Wellington n'avait pas proposé Sainte-Hélène à l'exil de Napoléon, et ajoute : « Jamais peut-être la majesté impériale du prisonnier de Sainte-Hélène ne tomba si bas que dans cette circonstance. Qu'avait donc fait le duc de Wellington à Bonaparte pour que celui-ci récompensât une mauvaise action ? Il l'avait combattu loyalement, et, après la victoire, il s'était opposé à ce que Blücher tirât une éclatante vengeance de la mort du duc d'Enghien. L'empereur, sans doute, ignorait ce fait, et sans doute encore se croyait autorisé à rendre Wellington responsable des maux qu'il endurait à Sainte-Hélène. Mais cette double supposition fût-elle vraie, Napoléon n'en serait pas moins coupable, lui si grand, si majestueusement foudroyé par la fortune, d'avoir récompensé une tentative d'assassinat... L'histoire cesserait d'être du bon sens et de la morale, si de pareilles actions pouvaient être excusées ! » (*Histoire du duc de Wellington*, t. III, pp. 7, 8.)

Assassin, menteur, faussaire, adultère, incestueux, bigame, charlatan au plus haut degré, jouant le grand homme, le héros, le Charlemagne, le guerrier magnanime, etc.

Au fond, haï et méprisé de tous ceux qui le voyaient de près.

Opposer la théorie de la liberté à celle du fatalisme et du scepticisme.

Le scepticisme est contradiction et bêtise.

Le fatalisme, faiblesse de caractère et abandon.

Montrer, par la vie d'un homme, quelle est la part de la *volonté* dans les choses humaines, et quelle est celle de la nécessité ou des influences extérieures.

Voici un homme qui est éminemment de sa caste, de son pays et de son temps; soumis aux mœurs et aux lois de la nation[1], mais qui, en

---

1. « Les écrivains qui lui font un grief de n'avoir pas toujours profité des occasions favorables pour accabler ses adversaires et prendre l'offensive, oublient que l'armée anglaise se recrutait péniblement, et qu'elle devait être ménagée avec une sorte de parcimonie que n'exigeait pas l'armée française, entretenue par les ressources inépuisables de la conscription. Ils oublient que Wellington ne pouvait pas vivre aux dépens de la contrée où il faisait la guerre, — que l'obligation de former des magasins et de faire suivre toutes les subsistances, occasionnait une grande perte de temps, — qu'il devait concilier les intérêts du commandement avec les devoirs d'une situation complexe, — que la nécessité de régler les opérations de concert avec les généraux espagnols et les autorités locales fut une source de continuels retards, — et que le manque de numéraire et de moyens de transport, dont il eut si souvent à souffrir, équivalait à un manque de hardiesse et de mobilité, l'armée anglaise n'ayant pas, comme l'armée ennemie, la ressource du pillage et des réquisitions. Ils oublient que

même temps, a lutté seul contre le découragement universel, et vaincu un homme qui avait fini par devenir lui-même une nécessité.

En France, il aurait trouvé des émules de probité et de bravoure : Hoche, Kléber, Desaix, Moreau, Joubert, Marceau.

Mais il faut lui accorder de plus qu'à eux le génie politique, la haute prévoyance, le dévouement au droit et à la liberté.

C'est l'homme qui se dit: *Il est à souhaiter* que cette grande puissance soit abattue, et malgré tout il l'abattra. Sa résolution lui est tout individuelle, puisée dans la raison et le droit.

En voilà un autre qui remonte le courant du siècle, fausse la révolution, séduit la nation, déprave l'opinion, soumet, corrompt les puissances, brise toutes les résistances, fait taire les protestations, rebâtit le passé, etc. Il fait tout le contraire de ce que conseillaient l'époque, la philosophie du xviii° siècle, les principes de 89, les aspirations nationales, l'état de l'Europe, les destinées des peuples ; le contraire de ce que commandaient les propres maximes, les institutions qu'il avait contribué à

Wellington était, comme général, soumis au duc d'York, homme de peu de talent et de résolution; qu'il devait, en outre, se conformer aux instructions, souvent très imparfaites, presque toujours très absolues et très embarrassantes du Ministère anglais, et que, de toutes les nécessités, il n'en est pas de plus fâcheuse pour un général, ni de plus contraire à l'esprit d'initiative, que celle de régler les opérations militaires sur l'état de l'opinion publique, la plus mobile des choses mobiles, surtout en Angleterre. » (*Histoire du duc de Wellington*, t. III, pp. 103, 104.)

fonder ; en un mot, c'est un fantaisiste perturbateur du genre humain.

Et pourquoi ? par pur orgueil personnel, pure ambition, enivrement. Ses résolutions, il les puise uniquement dans son égoïsme, ses idées ; sa liberté, il la fait servir à son assouvissement.

Il aime la guerre pour la guerre.

Il est plus touché de la gloire d'avoir bien joué sa partie que du déplaisir de l'avoir perdue (campagne de 1814) ; plus humilié d'avoir été battu par un Wellington, qu'il traite de mazette, que désespéré de son propre désastre.

Je crois que c'est bien là le vrai égoïste, l'homme d'une liberté révoltée contre toute justice, raison et nécessité même [1].

1. Dans des notes du comte Alexandre de Balmains, agent du Gouvernement russe à Sainte-Hélène — notes manuscrites retrouvées par M. Honoré Champion et que M. Louis Teste nous a fait connaître le premier — on voit des portraits fort vivants : Las-Cases, « qui a fait le sacrifice de sa liberté, peut-être pour le désir de laisser à la postérité une histoire détaillée de son héros » ; Bertrand, « homme faible et bon, toujours triste et souvent désolé » ; Montholon, « qui n'est qu'un pauvre homme » ; Gourgaud, « brave, tapageur ». M. de Balmains dit, en parlant de Napoléon : « Ses dispositions mentales sont assez inégales : le plus souvent il a de l'humeur ; mais il est en bonne santé et menace de vivre longtemps... Cent fois par jour il répète : « Du Capitole à la Roche Tarpéienne il n'y a qu'un pas » ; et quelquefois : « Il n'y a qu'un pas du sublime au ridicule ». Puis une éclaircie se fait en son esprit. Il montre un siège à Montholon ou à Bertrand :

> Prends un siège, Cinna, prends, et sur toute chose
> Observe exactement la loi que je t'impose.

Napoléon déclame. Il est dans son rôle, que l'on connaît. Le *Mémorial de Sainte-Hélène* a recueilli abondamment ces

De même que l'autre est le vrai homme probe, l'homme de la liberté qui se dévoue au droit public, alors même qu'il n'y a plus de droit public, que tout le monde l'abandonne, et que l'espérance est morte.

Bonaparte en 1799, et Wellington en 1810: voilà les deux types de la liberté humaine, les deux rois du monde, au xix° siècle.

On peut dire hardiment que Wellington a échiné, éreinté, pendant sept ans, de 1808 à 1815, presque tous les maréchaux et généraux de France, et, à la fin, leur chef lui-même.

Quelle liste!

On pourrait donner à Wellington, de même qu'à Washington, ces mots pour épitaphe : *Vir bonus pugnandi peritus.*

Le *vir bonus* ne fait pas la guerre pour la guerre; il ne l'aime point, ne la cherche pas; il n'est donc pas aussi brillant, aussi artiste. Mais il fait le nécessaire.

Ainsi l'individualité fait la perte des citoyens par l'un, et leur salut par l'autre.

Wellington, de 1808 à 1815[1], est la vraie cheville

---

discours, ces improvisations. Mais M. de Balmains complète le *Mémorial.* Un jour, l'amiral Malcolm lui demanda : « Que pensez-vous des Prussiens? — Ce sont des cochons! — Et de leur armée? — Il m'en a coûté si peu pour l'écraser à Iéna que j'ai été surpris de ma victoire. » Un autre jour, il dit à l'amiral Cockburn : « Pour ma gloire, j'aurais dû mourir à Moscou; on accuserait mes généraux des malheurs de la France. »

1. Cf. *Napoléon Ier*, de P.-J. PROUDHON, pp. 55 et suiv. — Montgrédien et Cie, Paris, 1898.

ouvrière de la liberté européenne ; c'est un héros, un prince, un roi ; plus que Napoléon, qui ment, trompe, abuse.

***

Chronologie de l'histoire de lord Wellington[1]

Wellington, né le 1er mai 1769, d'une ancienne famille noble anglaise.

Envoyé à l'école militaire d'Angers sous la direction du célèbre ingénieur Pignerol.

Sous-lieutenant, le 7 mars 1787.

Lieutenant-colonel, 30 septembre 1793.

Rejoint l'armée du duc d'York, dans les Pays-Bas,   1794. Juin
puis d'Ostende se rend à Anvers.

Commande trois bataillons pendant la retraite en Hollande.

Envoyé avec son régiment, le 33e, dans les Indes.   1796. Avril

Se distingue pendant *neuf ans* dans la guerre de l'Inde   1797-1805
et divers commandements.   septembre.

On a beaucoup dédaigné en Europe ces campagnes de Wellington, à qui Napoléon donnait le nom de *général des Indiens.*

M'est avis que Wellington y acquit une grande connaissance des hommes, de la guerre et de la politique. Il n'y a pas si loin que l'on s'imagine de cette demi-barbarie à la prétendue civilisation impériale.

Prend part à l'expédition en Hanovre.   1805-1806

Participe à l'expédition de Copenhague.   1807

Affaire à Kioge.   29 août

Débarque en Portugal.   1808, 1er août

Affaire d'Obidos.   15 août

Affaire de Rorissa.   17 août

Bataille de Vimeiro, perdue par Junot.   21 août

1. D'après *l'Histoire du duc de Wellington*, par A. Brialmont, 3 vol. in-8°. Bruxelles, E. Guyot ; Paris, J. Tardieu, 1856.

22 août	Convention de Cintra, voulue par le général Dalrymple, malgré Wellington ; à la suite de cette convention, une enquête eut lieu en Angleterre, dont le résultat fut la nomination de sir Arthur Wellesley, au commandement en chef de l'armée de Portugal.
1809. 22 avril	Retour à Lisbonne.
12 mai	Passage du Douro : bataille d'Oporto, perdue par Soult.
6 juillet	Maréchal de l'armée portugaise.
27-28 juillet	Bataille de Talavera de la Reyna, perdue par Victor et Jourdan.
1810. 21 avril	Prise d'Astorga, par Junot.
6 mai	Masséna arrive à Vittoria.
1er août	Nommé membre de la régence en Portugal.
27 septembre	Bataille de Busaco, perdue par Masséna, assisté de Junot, Ney, Régnier, Eblé, etc.
10 octobre	Lignes de Torrès-Vedras.
16 novembre	Retraite de l'armée française sur Santarem.
1811 mars-avril	Retraite de l'armée française sur Coïmbre et Mondégo.
11 mars	Affaire de Pombal.
12 mars	Affaire de Redinha.
14 mars	Affaire de Cazal-Novo.
15 mars	Au passage de la Ceira, Foz d'Arunce. A Sabugal.
3 avril	Le Portugal est complètement évacué.
3-4-5 mai	Bataille de Fuentès-d'Onoro.
11 mai	Abandon d'Alméida.
16 mai	Bataille d'Albuéra.
10 juin	Levée du siège de Badajoz.
19 juin	Concentration de l'armée alliée sur la Caya.
1er août	Marche de l'armée vers le nord.
25 septembre	Affaire d'Ebodon.
27 septembre	Combat livré à Aldea del Ponte.
28 octobre	Surprend le général Gérard à Arroyo Molinos.
1812-8 janv.	Assaut du fort Renaud, près Ciudad-Rodrigo.
janvier	Siège et prise de Ciudad-Rodrigo.

Siège et prise de Badajoz.	6 avril
Prise des forts d'Almaraz, par le général Hill.	19 mai
Siège et prise des couvents fortifiés de Salamanque.	27 juin
Bataille de Salamanque ou des Arapiles.	28 juillet
Le lendemain, charge de cavalerie à la Serna.	
Entrée de Wellington à Madrid.	12 août
Est fait généralissime des armées espagnoles.	18 août
Siège de Burgos, et retraite vers le Portugal.	22 oct. 19 nov.
Visite Cadix.	24 décembre
Invasion de l'Espagne par le Douro.	1813. 6 mai
Affaire près de Salamanque.	25 mai
Moralès de Tora, affaire de la brigade des hussards.	2 juin
Jonction des deux colonnes, et marche sur Valladolid et Burgos.	4 juin
Destruction du château de Burgos.	13 juin
Passage de l'Ebre.	14 juin
Affaire de San-Milon.	18 juin
Bataille de Vittoria.	21 juin
Retraite de l'armée française. Maya-Roncevaux.	
Siège de Saint-Sébastien.	17 juillet
Bataille de Saurvoren.	28 juillet
Affaire au Puerto d'Echallar.	1er août
Prise de Saint-Sébastien.	31 août
Affaire sur la Bidassoa et à San-Martial.	
Capitulation du château de Saint-Sébastien.	8 septembre
Passage de la Bidassoa; entrée en France.	7 octobre
Bataille de Leipzig.	11 septembre
Reddition de Pampelune.	31 septembre
Passage et bataille de la Nivelle.	10 novembre
Passage et bataille de la Nive.	9 décembre
Défaites successives du maréchal Soult.	10-13 déc.
Blocus de Bayonne, poursuite de Soult.	1814. 21 fév.
Bataille d'Orthez.	27 février
Passage de l'Adour.	1er mars
Combat d'Aire.	2 mars
Affaire de Tarbes.	20 mars
Passage de la Garonne.	4 avril

10 avril	Bataille de Toulouse.
1815. 24 janv.	Va au Congrès de Vienne.
11 avril	Quitte Vienne.
15-18 juin	Campagne de Waterloo.
3 juillet	Capitulation de Paris.
6 juillet	Empêche la destruction de la colonne.
1818. 21 nov.	Évacuation de la France par les armées alliées.
1848. Mai	Prévient une insurrection des Chartistes.
1852. 14 sept.	Mort à Walmer-Castle.

Soixante-douze ou soixante-quinze *combats*, *batailles*, *assauts*, *passages de fleuves*, *débarquements*, *poursuites*, *retraites*.

Ajoutez *marches et contre-marches*.

On aime à voir en Wellington un honnête homme [1] et un homme de bon sens, qui n'en fait

---

1. M. Brialmont fait, avec plus de justice que Proudhon, le parallèle entre Napoléon et Wellington : « Au reste, dit-il, comme les nations qu'ils servaient, les caractères de ces deux généraux étaient essentiellement différents; les passions de ces natures exubérantes étaient inconnues à Wellington. Raisonneur froid et méthodique, exempt de préjugés, il parlait à la raison plus qu'à l'imagination. L'empereur, au contraire, frappait les esprits par de vives images et par des traits éblouissants. Ses rares qualités commandaient l'admiration, et les défauts même de son caractère lui faisaient des partisans. « Les hommes, dit un moraliste, ne sont en général fortement épris que de ceux qui ont quelque chose à se faire pardonner. » Il n'est pas nécessaire de pousser ce parallèle plus loin pour comprendre que Wellington ait pu, aussi bien que Napoléon, gagner l'estime et la considération de ses subordonnés. Une parfaite égalité d'humeur et de caractère, jointe à une part de bienveillance et de justice, attirait peu à peu vers lui ceux qu'avait éloignés d'abord son maintien grave et réservé. Les soldats appréciaient les efforts qu'il ne cessait de faire pour améliorer leur bien-être; ils étaient touchés du soin avec lequel il ménageait leur sang; ils admiraient son impartialité, sa droiture, la justice et le désinté-

accroire à personne, qui traite la guerre selon ce
qu'elle vaut, bien qu'il s'y connaisse autant que
personne; qui sait que c'est surtout affaire d'administration, de prudence, de discipline, jusqu'au
moment où c'est affaire de coups; qui, d'après ce
principe, prend ses précautions, ses avantages, ne
se laisse point éblouir par la réputation des généraux et la vaillance des soldats, mais attend son
adversaire de pied ferme, persuadé qu'avec un peu
de bon sens un homme sur le terrain, un général,
une armée, en vaut une autre; qui croit que la force
morale est tout, et que tout ce qu'a à faire la force
matérielle est de la servir; qui, en conséquence,
attend sans se troubler le moins du monde (comme
avait fait le prince Charles) Napoléon à Waterloo,
s'apprête à le recevoir avec ses Anglais, sûr que, s'il
ne recule pas, il sera vainqueur, et bien décidé à ne
pas reculer.

Personne ne fut jamais plus convaincu que
Wellington que toute cette gloire militaire, cet
héroïsme de champ de bataille, est pure *blague;* personne n'estima plus Bonaparte à sa juste valeur,

ressement avec lesquels il rendait à chacun la part d'éloge
et de blâme qui lui revenait; par-dessus tout ils étaient
fiers d'obéir à un général qui leur donnait, en échange des
plus rudes sacrifices, beaucoup de gloire et de considération. Au témoignage de tous ceux qui ont servi en
Espagne et dans l'Inde, Wellington fut véritablement un
bon chef. Sévère et rude dans le service, simple et gai
dans les relations privées, il aimait que ses officiers se
créassent des distractions, et se mêlait souvent lui-même
à leurs parties de plaisir. » (*Histoire du duc de Wellington,*
t. III, p. 134, 135.)

sans le mépriser cependant, ne fut moins ébloui de sa fausse grandeur, moins intimidé par ses coups de foudre et ses fantaisies.

Aussi Wellington, peu artiste, point homme de génie, point grand homme, faisant peu d'évolution, homme sans prestige, mais fort lutteur, était-il souverainement dédaigné par Napoléon et son entourage de maréchalerie. On l'appelait le *général des Indiens;* on le traitait de présomptueux, de maladroit; on disait qu'il avait du bonheur, plus de bonheur que d'habileté; qu'il était destiné à d'*épouvantables catastrophes.*

En attendant, ce général heureux bat successivement Junot, Masséna, Victor, Soult, Marmont, Jourdan, Ney, Montbrun, les héros de l'Empire, chasse les Français d'Espagne et finit par écraser Napoléon lui-même à Waterloo.

Aussi simple toute sa vie, fidèle au devoir et au droit, l'*alter ego* de Washington, il éclipse par sa pure lumière tout le clinquant de Napoléon.

TRAITÉS DE 1814-1815

Cinq grandes puissances[1] forment aujourd'hui le Conseil suprême de la politique européenne, et se partagent l'influence. Je les classe par ordre de rang et d'importance, en marquant, à côté du nom de chaque Etat, ce qui fait sa prépondérance *actuelle :*

Russie, par la population et surtout l'étendue du territoire ;

(Environ 70 millions d'habitants : de la Vistule au Kamtchatka, et au fleuve Amour ; tient déjà l'Amour-Déria et une partie de l'ancienne Bactriane, s'avance sur l'Asie occidentale par l'Arménie, et s'approche de l'Indus.)

Angleterre : la mer, les colonies, la puissance industrielle et commerciale, 28 millions d'habitants, 200 millions de sujets ;

Autriche : Clé de voûte du système européen, arc-boutée aux Alpes et aux Karpathes, contient à la fois la France, la Russie, la Turquie. Depuis que la Turquie et la Grèce, la Moldo-Valachie sont entrées dans le système européen, l'Autriche est plus

---

1. Extraits de l'ouvrage de Schœll, conseiller d'ambassade du roi de Prusse, près la cour de France. — Bruxelles, Malines. Notes prises dans diverses brochures, articles, etc. Cf. *Appendice.*

que jamais la puissance médiatrice, rôle qui, jusqu'en 89, sembla dévolu à la France. — 40 millions d'habitants ;

FRANCE : État militaire, force de centralisation, littérature. — 36 millions ;

PRUSSE ET CONFÉDÉRATION GERMANIQUE : 32 millions ; esprit philosophique, self-government.

Sous Louis XIV, la France occupait le premier rang[1]. La Russie ne comptait pas ; l'Angleterre

---

1. Dans un livre extraordinaire, *l'Humanité, son développement et sa durée*, au milieu des idées les plus complexes, des aperçus les plus imprévus, le capitaine Brück dit :

« Malplaquet a terminé le maximum de l'expansion la plus énergique, la plus étendue et la plus prolongée du grand éclat de Louis XIV, et Waterloo a ramené l'irruption brusque, vive, puissante, immense, mais éphémère, du dernier grand éclat français qui, comme tous les grands éclats, fut le résultat d'une perturbation et d'une explosion. Waterloo termina l'extension la plus étendue qui ait été jamais ramenée immédiatement et vivement dans ses limites naturelles. La date de 1815 de Waterloo termine rigoureusement le dernier grand éclat. La réaction *pélasgique* d'Alexandre contre l'Asie, qui ne fut qu'un dernier grand éclat prématuré, est la seule qui dépasse en vivacité, en puissance et en étendue celui de la période française.

« Les courses d'Alexandre clôturent en effet les expansions grecques qui furent les plus vives, les moins étendues et les plus puissantes. Aussi la réaction contre ces courses et la démolition de ces résultats fut-elle immédiate. » (*L'Humanité, son développement et son avenir*, t. I, p. 442. Bruxelles, A. Lacroix, 1865.)

« ... La Belgique, comme l'Angleterre, subit la domination et la macération de la catholicité monacale. » (*Id.*, t. II, p. 916.)

On ne peut suivre ni comprendre toutes les théories du capitaine Brück. Mais il émet des opinions, il fait des prévisions, qu'on doit méditer, quant à l'avenir et à la vie des peuples :

n'était pas ce qu'elle est devenue ; la monarchie de Charles-Quint s'était disloquée ; le Saint-Empire était une abstraction changeante ; l'Autriche seule lui faisait équilibre, contrariée et balancée elle-même par l'Allemagne du Nord, protestante, à peine réconciliée par le traité de Westphalie, et qui allait bientôt donner naissance à la Prusse. Elle était dans les langes.

« Le point de départ constitutif du peuple belge sur le résultat définitif, *résumé ou quintessence du gallicanisme ;* sa marche doit être anglicane, et il doit aboutir au *teutonisme ;* cela est forcé. Tout ce qui est contraire à cette mort lui sera fatal... Région féodale de séparation des Celtes et des Germains, jonction des trois premiers peuples actifs de la période actuelle, Prusse, Angleterre, France, sympathique à tous les trois, appartenant à l'une par l'origine et par la race, à l'autre par le tempérament, et à la troisième par l'éducation et la reconnaissance ; ne portant ombrage à personne, jamais aucun coin de terre ne fut dans des conditions plus favorables d'impartialité, de justice et de neutralité, de conciliation et de paix vis-à-vis de tout le monde, ainsi que d'abstention dans les luttes.

« La Belgique, politiquement et territorialement, est le *nœud de la paix,* et, pour cette raison, *déclarée providentiellement neutre,* dès son apparition. » (T. II, p. 918.)

Enfin :

« Aucune coalition, même universelle, aucune puissance humaine ne peut rien de définitif contre l'Angleterre. Toutes les expansions contre elle ne feront que développer ses forces et constater sa supériorité...

« La France, encore aujourd'hui l'égale et la supérieure de l'Angleterre, en beaucoup de points, est et restera, si elle le veut, la première nation du continent. L'union, franche et loyale, de ces deux nations-chefs, assure la paix du monde. Celle-ci ne peut être troublée sérieusement que par : 1° l'orgueil britannique ; 2° l'ambition française ; 3° l'obstination et l'immobilisme catholico-monacaux ; 4° et par l'impatience inquiète, hardie, agressive et peu scrupuleuse de la Prusse. » (*Id.*, t. II, p. 1216.)

Cette préséance, la France l'a perdue, en partie par le développement accéléré de la Russie et de l'Angleterre, en partie par sa faute.

A partir de Pierre le Grand, la Russie se trouve tout à coup être l'Etat le plus vaste par le territoire, bientôt par ses populations ; depuis les guerres de la République et de l'Empire, il est l'égal de la France, sinon supérieur, par la puissance militaire ; et chaque jour il s'approche du niveau des autres, par l'industrie, le commerce et la civilisation. — Peu importent ses exportations ; il est assez vaste.

L'Angleterre, depuis cent cinquante ans, est devenue, par son développement intérieur, commercial et industriel, la première des nations. Elle l'emporterait sur la Russie même, si le progrès de chaque Etat ne lui faisait perdre chaque jour quelque chose de sa prépotence économique. Ce nivellement allant toujours, il est clair que la suprématie doit rester à la fin à l'Etat qui possède le plus d'hommes et de terre.

L'Autriche a gagné sa place, par le fait de l'agrandissement de la puissance russe, de la formation de la monarchie prussienne, et de la grandeur de l'Angleterre qui, déplaçant le centre de gravité, ont fait d'elle l'Etat médiateur.

La France, depuis 1815, a reçu aussi des accroissements, surtout dans l'ordre intellectuel et moral. La période si courte de la Restauration a donné un déploiement nouveau au génie français. La richesse intérieure s'est accrue ; l'industrie s'est perfectionnée ; le commerce extérieur est resté faible, im-

portation, exportation ; — la marine marchande
pauvre[1].

Par contre, la France a conservé un grand état
militaire : ce qui nous rend redoutables.

Mais les traités de 1815 nous font une position
détestable.

Car, si l'équilibre des États, ou le *statu quo* fait
loi, cet état militaire devient inutile ; c'est une
charge sans compensation, sans objet, sans emploi,
qui, loin de nous fortifier, nous affaiblit, et dans la
comparaison à faire de la force et de l'importance
des nations, compte comme zéro.

La tendance générale étant que la force se mesure
à la production, par conséquent à la population, au
territoire, à l'industrie et au commerce, la France

---

1. « Si j'avais eu l'honneur de faire partie, en 93, du Comité
de Salut public et *d'organiser la nation*, je n'aurais pas accepté
une place de tribun.

« Je n'aurais pas chanté l'empereur, comme Béranger,
Victor Hugo, E. Quinet ; après avoir chanté le *Grand*, je n'aurais pas sifflé le *Petit*.

« Je n'aurais pas, comme Vaulabelle, dit que Napoléon était
le Marcellus ou l'Annibal de la Révolution ; j'aurais osé penser
et dire non seulement en 1815, mais en 1830, en 1840, que la
journée de Waterloo était l'affranchissement de la France...
Le peuple ou la nation, enfin, n'est ni chauvinique, ni conquérante ; pas même colonisatrice. Les inclinations du peuple
sont simples : *Travail, Justice, Liberté, Instruction* avec ou
sans *Culte*.

« Le peuple, ayant perdu son roi, se serait arrêté dans la
République ; ce n'est pas lui qui a fait Vendémiaire, ni Germinal, ni Prairial. Au contraire, il luttait pour le maintien de
la République.

« Le peuple concevait que la République devait tourner à
l'amélioration de son sort. La popularité de Babeuf le
prouve. » (P.-J. PROUDHON, *inédit : Critique des Idées*.)

tend à la baisse, tandis que les autres Etats sont à la hausse.

L'Empire, dans cette situation, c'est-à-dire le régime du commandement militaire, est donc un mensonge, une mystification ; il faut qu'il conquière ou qu'il abdique ; qu'il se batte ou qu'il travaille, hors de là il y aurait, de la part du prince régnant, trahison, et indignité. Chose ridicule, dérisoire.

Mais l'Empire, seul contre tous, ne peut sérieusement songer à la lutte, sans motif plausible d'ailleurs et sans droit : comment sortir de là ?

La France ne peut se résigner à cet abaissement. Comment se relèvera-t-elle, dans la condition qui lui est faite et qui, d'ailleurs, est la loi de la civilisation moderne ?

La France a pour elle le principe de la Révolution, de la Révolution transportée de l'ordre politique dans l'ordre économique. C'est là sa force, son patrimoine, sa gloire. Par là elle ne devient pas maîtresse des nations ; elle fait cesser le régime d'Etat, elle lui substitue le plein régime de la liberté individuelle, communale, départementale, de la solidarité économique et de la garantie du travail et du salaire ; c'est une nation Christ, dont l'esprit remplace la Bible, et toutes les religions.

31 mars 1814. — *Déclaration des Alliés.* — Ils séparent la cause de Bonaparte de celle de la France ; déclarent qu'ils ne traiteront pas avec Bonaparte, ni avec aucun membre de sa famille ;

Qu'ils maintiendront l'intégrité de la France ;

Qu'ils reconnaîtront et garantiront la Constitution qu'elle se donnera.

1er avril. — *Dernier bulletin* de Bonaparte.

4 avril. — *Ordre du jour de l'armée*, du même.
Récrimination contre le Sénat.

11 avril. — *Traité de renonciation de Bonaparte.*
— ARTICLE PREMIER : « L'empereur Napoléon renonce,
« pour lui, ses successeurs et descendants, ainsi que
« pour chacun des membres de sa famille, à tout
« droit de souveraineté et de domination tant sur
« l'*Empire français* et le *Royaume d'Italie* que sur
« tous autres pays. »

On lui accorde le titre d'empereur, l'île d'Elbe,
quatre cents hommes, 2 millions de revenus ; les
duchés de Parme, Plaisance et Guastalla, à l'impératrice ; 2 millions et demi de revenus, à la famille
Buonaparte ; 1 million à Joseph (outre leurs biens),
un établissement convenable à Eugène Beauharnais.

23 avril 1814. — *Convention de Paris*, entre la
France et les Alliés.

Cessation des hostilités[1] ;

---

1. Dès le 4 avril, sir Charles Stewart, rendant compte à
lord Liverpool de la révolution qui s'accomplissait, disait :
« Il est évident que la politique de l'empereur de Russie a
été plutôt de coqueter avec la nation française que de
faire une déclaration publique et manifeste au sujet de
Louis XVIII... Il s'est conduit avec tant d'adresse depuis
son arrivée ici qu'on ne saurait calculer le degré d'influence
qu'il a obtenu sur la population parisienne... » Et il regret-
tait l'absence de lord Castlereagh, qui laissait le champ libre
aux combinaisons les plus dangereuses pour l'Angleterre ; il
croyait à des arrangements commerciaux favorables aux
intérêts réciproques de la France et de la Russie ; il exprimait
surtout la crainte que M. de Nesselrode et le général Pozzo,
malgré son habileté consommée, ne fussent pas de taille à tenir

Évacuation du territoire, tel qu'en 1792, 1ᵉʳ janvier ;

Retour des troupes françaises, en garnison hors de ces limites ;

Levée de blocus, de toutes les places ;

Reddition des prisonniers de guerre, sans rançon ;

Remise de l'administration aux magistrats nommés par le lieutenant général du royaume, Monsieur, frère du roi.

Italie. — En Italie, Murat est accepté par la coalition ; Eugène Beauharnais, apprenant l'abdication de l'empereur, cherche à se faire accepter à son tour pour roi de la Lombardie ; une émeute déjoue le projet (20 avril).

Convention militaire de Mantoue du 23 avril entre le prince Eugène de Beauharnais, vice-roi d'Italie, et les généraux autrichiens.

Remise des places fortes aux troupes autrichiennes ou troupes alliées.

Il est clair que les Alliés, ayant seuls brisé la puissance de Napoléon en Italie, la question étant remise à la décision des armées, les insurgés de Milan, qui jusque-là n'avaient bougé, ne pouvaient être accueillis.

De même pour le Piémont. — Ce fut gracieuseté pure des Alliés, si cet État fut rétabli.

28 mai 1814. — *Convention militaire de Paris.*

tête à M. de Talleyrand. — Cf. une étude très complète de M. L. de Viel-Castel sur *Lord Castlereagh et la Politique intérieure de l'Angleterre* de 1812 à 1822. — Tome IV, *Revue des Deux Mondes,* 15 mai 1854.

— Affaire de subsistances, de restitutions et indemnités. · ·

30 mai 1814. — *Paix de Paris* (Talleyrand, Metternich, Castlereagh, Hardenberg, Nesselrode).

Le traité a pour but :

1° « De mettre fin aux longues agitations de « l'Europe et aux malheurs des peuples par une « paix solide, fondée sur une juste répartition des « forces entre les puissances et portant dans ses sti- « pulations la garantie de la durée. »

Insensiblement les puissances sont amenées, par leurs traités, à s'occuper des choses d'intérieur : c'est une idée que je dois à une discussion que je viens d'avoir avec M. Jourand.

Voici d'abord l'idée d'une paix perpétuelle qui s'infiltre.

Puis, voici l'idée de Gouvernement *libéral* qui fait l'objet d'une garantie internationale ; bientôt ce sera celle d'un *équilibre économique*.

Sous ce rapport, si le futur Congrès peut assurer quelque amélioration aux Italiens, on peut dire jusqu'à certain point qu'ils en seront redevables à Napoléon III.

Napoléon III, par son étourderie, aura fait œuvre utile aux Italiens ; il ne sera pas amoindri ; mais, vis-à-vis de la France, il demeure coupable.

ARTICLE PREMIER : « Les grandes puissances con- « tractantes promettent de maintenir non seule- « ment entre elles, mais encore, autant qu'il dépend « d'elles, entre tous les Etats de l'Europe, l'har- « monie et la bonne intelligence. »

Suite, ART. 2 à 4. — Détail de rectification de limites.

Liberté de navigation du Rhin, art. 5.

Royaume des Pays-Bas accru (21 juillet 1814, réunion de la Belgique).

Indépendance et confédération des États de l'Allemagne.

Indépendance de la Russie.

Indépendance et organisation, en États souverains, de la partie de l'Italie qui n'écherra pas à l'Autriche.

Ile de Malte, à l'Angleterre.

Restitution à la France de quelques-unes de ses colonies.

Règlement de comptes sur divers objets; abandon de dettes, liquidations et amnisties, etc.; nomination de commissaires.

Articles additionnels :

Abolition de la traite des noirs.

La Prusse rentre dans la souveraineté de Neuchâtel.

Duché de Varsovie reconnu à la Russie.

Article secret :

La France promet de reconnaître le partage que les Alliés feront des contrées conquises ou cédées.

20 juillet 1814. — *Convention de Paris.* — Règlement entre la France et l'Espagne.

Convention de Londres, entre les quatre puissances alliées. — Elle a pour but d'entretenir une force militaire, jusqu'à ce que le futur Congrès ait réglé toutes choses.

3 juin. — *Convention entre l'Autriche et la Bavière.* — Cessions réciproques.

5 juillet. — *Traité de Madrid*, entre l'Espagne et la Grande-Bretagne, relatif à la traite des noirs.

13 août 1814. — *Convention de Londres entre la Grande-Bretagne et les Pays-Bas*. — Règlement d'affaires et cessions réciproques.

13 août 1814. — *Convention de Londres, entre la Grande-Bretagne et la Suède*. — Compensations.

14 août. — *Traité de Londres, entre l'Espagne et le Danemark*. — Paix.

Congrès de Vienne.

1er novembre 1814. — *Ouverture du Congrès*. Elle avait été d'abord fixée au 1er octobre; elle fut ajournée par des questions de forme et d'intérieur.

On y distingue d'abord : les affaires *européennes* et les affaires *allemandes*.

Le Congrès se divise en *Comités* et *Commissions*

Première question. — Reconstitution de la monarchie prussienne.

De cette question allait dépendre le sort de la *Pologne* et de la *Saxe*, qui avaient suivi la cause de l'empereur. L'animosité que ces débats excitèrent provoqua le retour de l'île d'Elbe. — Mais Napoléon fit sa sortie quelques mois trop tôt : les puissances n'étaient pas brouillées; la coalition se reforma; aussi a-t-on dit que ces longs débats avaient sauvé l'Europe.

Quoi qu'il en soit, c'est de là qu'est sortie la Constitution actuelle de la Prusse, et l'amoindrissement plus ou moins mérité de la Saxe.

6 janvier 1815. — *Triple alliance de Vienne* entre la France, l'Autriche et l'Angleterre. — Garantie mutuelle de leurs possessions.

18 mai 1815. — *Traité de Vienne entre la Saxe et les Alliés*.

Décision du sort de la Pologne.

Par la solution des deux questions, polonaise et saxonne, celle de la reconstitution de la Prusse se trouvait résolue.

3 mai 1815. — *Traité de Vienne, entre l'Autriche, la Prusse et la Russie*, relatif à la ville de Krakovie, reconnue libre.

20 mai 1815. — *Traité de Vienne, entre les cinq puissances et la Sardaigne.* — Reconstitution de cet État, avec adjonction de la ville de Gênes.

Beaucoup d'autres petits traités particuliers, préparatoires, supplémentaires, explicatifs et applicatifs, entre la Prusse, les Pays-Bas, le Piémont, la Suisse, le Hanovre, etc., les cinq puissances.

Puis l'Espagne, le Portugal, Parme, Naples, etc.

13 mars 1815. — *Déclaration contre Bonaparte.* — En rompant, par son entrée en France à main armée, la convention qui l'avait établi à l'île d'Elbe, Bonaparte avait détruit le seul titre légal auquel son existence se trouvait attachée, et s'était placé hors des relations civiles et sociales. Ennemi et perturbateur du repos public, il s'était livré à la vindicte publique.

25 mars. — *Traité d'alliance de Vienne*, contre Bonaparte.

ARTICLE PREMIER. — Les puissances alliées pro-
« mettent solennellement de réunir toutes les forces
« de leurs États respectifs, pour maintenir intactes
« les dispositions du traité du 30 mai et les stipu-
« lations arrêtées par le Congrès de Vienne, et *pour*
« *les garantir contre toute attaque*, nommément
« contre les plans de Napoléon Bonaparte. Elles

« promettent d'agir en commun et dans le plus
« parfait accord, contre lui et contre tous ceux
« qui se seraient déjà joints ou pourraient se joindre
« plus tard à sa faction, afin de le mettre hors d'état
« de troubler à l'avenir le repos de l'Europe. »

Au traité des quatre grandes puissances accédèrent Hanovre, Portugal, Sardaigne, Bavière, tous les princes souverains et villes libres d'Allemagne, les Pays-Bas, Bade, Suisse, Saxe, Wurtemberg, Danemark. — Traités spéciaux pour la guerre.

8 juin 1814. — *Acte de la Constitution fédérative de l'Allemagne.* A pour but la sûreté intérieure et extérieure de l'Allemagne.

9 juin 1815. — Cela n'a aucun intérêt pour moi. Le même acte, signé le 9 juin 1815, constitue, avec la Confédération germanique, le royaume des Pays-Bas, la Suisse, l'Italie et le Portugal.

15-18 juin 1815. — Campagne de Waterloo.

3 juillet. — *Convention de Saint-Cloud.* — Suspension d'armes; l'armée française se retire derrière la Loire.

21 septembre, 2 et 13 octobre 1815. — *Conférences sur la paix.*

3 novembre. *Protocole.* — Cessions de territoire et de places fortes. Indemnité de 755 millions.

20 novembre. *Traité de Paris.* — Le premier but n'est plus seulement, comme en 1814, de mettre fin aux longues agitations de l'Europe, par le rétablissement d'un juste équilibre de forces entre les puissances; les puissances alliées proposent en outre, et surtout après avoir préservé la France et l'Europe des bouleversements dont elles étaient

menacées par l'attentat de Bonaparte, et par le système révolutionnaire qui avait' été reproduit en France pour faire réussir cet attentat, de *consolider l'ordre rétabli par leurs armes.*

Elles en trouvent le moyen dans le maintien inviolable de l'*autorité royale*, et dans la remise en vigueur de la *Charte constitutionnelle.*

Deuxième but. — Ramener la confiance entre la France et ses voisins, au moyen d'un arrangement d'indemnités et de garanties d'exécution.

ART. 1er, 2, 3. — Nouvelle frontière française.

ART. 4. — Indemnité fixée à 700 millions.

ART. 5. — Occupation militaire, pendant cinq ans au plus.

Règlements de comptes divers, suite de l'occupation des autres Etats par la France et de la promiscuité des intérêts.

Je crois avoir lu quelque part dans le recueil de Schœll, que les traités de 1815 avaient aussi pour but de maintenir, nominativement, avec l'autorité royale et la Charte constitutionnelle, la famille des Bourbons : je n'ai pas retrouvé ce texte.

Au reste, lord Castlereagh déclara, après le retour de l'Ile d'Elbe et les premiers succès de Napoléon, que son Gouvernement ne pouvait s'engager qu'à maintenir le nouvel ordre de choses européen, non à imposer à la France une forme de Gouvernement.

TRAITÉ DE LA SAINTE-ALLIANCE, 14/26 septembre 1815 — *entre l'empereur de Russie, l'empereur d'Autriche, et le roi de Prusse.*

« Au nom de la Très Sainte et Indivisible Trinité,

« LL. MM. l'empereur d'Autriche, le roi de
« Prusse et l'empereur de Russie, par suite des
« grands événements qui ont signalé en Europe le
« cours des trois dernières années, et principale-
« ment des bienfaits qu'il a plu à la divine Provi-
« dence de répandre sur les Etats dont les Gouver-
« nements ont placé leur confiance et leur espoir
« en elle seule, ayant conquis la conviction intime
« qu'il est nécessaire d'asseoir la marche à adopter
« par les puissances dans leurs rapports mutuels
« sur les vérités sublimes que nous enseigne l'éter-
« nelle religion du Dieu Sauveur ;

« Déclarent solennellement que le présent acte
« n'a pour objet que de manifester à la face de
« l'univers leur détermination inébranlable de ne
« prendre pour règle de leur conduite, soit dans
« l'administration de leurs Etats respectifs, soit
« dans leurs relations politiques avec tout autre
« Gouvernement, que les préceptes de cette religion
« sainte, préceptes de justice, de charité et de paix,
« qui, loin d'être uniquement applicables à la vie
« privée, doivent, au contraire, influer directement
« sur les résolutions des princes, et guider toutes
« leurs démarches, comme étant le seul moyen
« de consolider les institutions humaines et de
« remédier à leurs imperfections.

« En conséquence, LL. MM. sont convenues des
« articles suivants :

« ARTICLE PREMIER. — Conformément aux paroles
« des saintes Ecritures, qui ordonnent à tous les
« hommes de se regarder comme frères, les trois
« monarques contractants demeureront unis par les

« liens d'une fraternité véritable et indissoluble ; et,
« se considérant comme compatriotes, ils se prête-
« ront en toute occasion et en tout lieu assistance,
« aide et secours ; se regardant envers leurs sujets et
« armées comme pères de famille, ils les dirigeront
« dans le même esprit de fraternité dont ils sont ani-
« més, pour protéger la religion, la paix et la justice.

« ART. 2. — En conséquence, le seul principe en
« vigueur, soit entre les Gouvernements, soit entre
« leurs sujets, sera celui de se rendre réciproque-
« ment service, de se témoigner par une bienveillance
« inaltérable l'affection mutuelle dont ils doivent
« être animés, de ne se considérer tous que comme
« membres d'une même nation chrétienne, les trois
« princes alliés ne s'envisageant eux-mêmes que
« comme délégués par la Providence pour gou-
« verner trois branches d'une même famille. savoir
« l'Autriche, la Prusse et la Russie, confessant ainsi
« que la nation chrétienne, dont eux et leurs peuples
« font partie, n'a réellement d'autre souverain que
« celui à qui seul appartient en propriété la puis-
« sance, parce qu'en lui seul se trouvent tous les
« trésors de l'amour, de la sagesse et de la science
« infinie, c'est-à-dire Dieu. notre divin Sauveur
« Jésus-Christ, le Verbe du Très-Haut, la parole de
« vie. LL. MM. recommandent en conséquence,
« avec la plus tendre sollicitude, à leurs peuples,
« comme unique moyen de jouir de cette paix qui
« naît de la bonne conscience et qui seule est
« durable, de se fortifier chaque jour davantage
« dans les principes et l'exercice des devoirs que le
« divin Sauveur a enseignés aux hommes.

« ART. 3. — Toutes les puissances qui voudront
« solennellement avouer les principes sacrés qui
« ont dicté le présent acte, et reconnaîtront combien
« il est important au bonheur des nations trop
« longtemps agitées que ces vérités exercent désor-
« mais, sur les destinées humaines, toute l'influence
« qui leur appartient, seront reçues avec autant
« d'empressement que d'affection dans cette Sainte-
« Alliance.

« Fait triple et signé à Paris, l'an de grâce 1815,
« le 14/26 septembre.

« *Signé :* FRANÇOIS, FRÉDÉRIC-GUILLAUME,
« ALEXANDRE [1]. »

La publication de ce traité eut lieu à Pétersbourg,
le jour de Noël (6 janvier 1816) par l'empereur
Alexandre, qui l'accompagna de ce manifeste :

« Nous, Alexandre Iᵉʳ, empereur et autocrate de
« toutes les Russies, etc., savoir faisons :

« Ayant reconnu par l'expérience, et des suites
« funestes pour le monde entier, qu'antérieurement
« les relations politiques entre les différentes puis-
« sances de l'Europe, n'ont pas eu pour bases les
« véritables principes sur lesquels la sagesse divine
« a, dans la Révélation, fondé la tranquillité et le
« bien-être des peuples, nous avons, conjointement
« avec LL. MM. l'empereur d'Autriche Fran-
« çois Iᵉʳ et le roi de Prusse Frédéric-Guillaume,
« formé entre nous une alliance à laquelle les autres
« puissances sont aussi invitées à accéder. Par cette

---

1. Ce pacte mystique avait été inspiré par Mᵐᵉ de Krudner
à l'empereur Alexandre.

« alliance, nous nous engageons mutuellement à
« adopter dans nos relations, soit entre nous, soit
« pour nos sujets, comme le seul moyen propre à
« la consolider, le principe puisé dans la parole et
« la doctrine de notre Sauveur Jésus-Christ, qui a
« enseigné aux hommes qu'ils devaient vivre comme
« frères, non dans la disposition d'inimitié et de
« vengeance, mais dans un esprit de paix et de
« charité. Nous prions le Très-Haut d'accorder à
« nos vœux sa bénédiction. Puisse cette alliance
« sacrée entre toutes les puissances s'affermir pour
« leur bien-être général, et qu'aucune de celles qui
« sont unies avec toutes les autres n'ait la témérité
« de s'en détacher!

« En conséquence, nous joignons ici une copie
« de cette alliance, et nous ordonnons qu'elle soit
« publiée dans tous nos Etats et lue dans les églises.

> « Saint-Pétersbourg, le jour de la naissance
> « du Sauveur, le 25 décembre 1815. »

Suivant Schœll, la plupart des Etats chrétiens,
peut-être tous, à l'exception de la Grande-Bretagne,
ont successivement accédé à ce traité. — Le prince
régent (anglais) a dit qu'il adhérait aux principes
de cet acte, mais que les formes constitutionnelles
de son pays ne lui permettaient pas de signer un
acte quelconque sous le contre-seing d'un ministre.

Il est à remarquer d'abord que cet acte mystique
ne parle pas de la Révolution, et ne rappelle que
les trois dernières années 1813, 1814 et 1815.

En second lieu, ce qui est beaucoup plus grave,
Alexandre constate que, jusque-là, les nations

dans leurs rapports n'ont pas été dirigées par des
principes de justice et de morale. — C'est justement la grande vérité que je constate à mon tour.

Aujourd'hui comme au moyen âge [1], et malgré
les divisions qui agitent l'Etat et l'Eglise, tout s'in-
cline devant l'autorité, tout cède à la raison d'Etat.
La justice et la morale sont suspendues; les lois
n'ont plus cours; la distinction des pouvoirs est
abolie; les tribunaux jugent à discrétion; l'état de
guerre devient l'état normal; la guerre elle-même
est considérée comme un jugement de Dieu.

Devant l'autorité centrale, représentant de la
raison d'Etat, la liberté communale est annihilée,
la liberté personnelle sacrifiée, la liberté des opinions suspecte, la liberté de réunion interdite.
Devant la raison-d'Etat, le domicile perd son invio-
labilité, l'autorité paternelle s'abdique, le lit con-
jugal est forcé d'ouvrir ses rideaux, le travail se
croise les bras, le malade n'a pas le droit d'avoir
un avis sur son traitement.

Je remplirais un volume si je voulais citer tous
les faits parvenus à ma connaissance, et qui prouvent
qu'entre le Gouvernement du Pape, tant décrié, et
le Gouvernement impérial, tel que l'a refait le
2 Décembre, il n'y a de différence que le nom. Il
suffirait de quelques citations pour établir la thèse.

Le peuple, de nos jours, est loin d'être blasphé-
mateur; mais il est profondément indévot. L'adoration est sortie de ses habitudes. Séparant la
religion de la justice, il est convaincu que celle-ci

1. Cf. *De la Justice dans la Révolution et dans l'Eglise*,
pp. 69, 86. et suiv.

suffit à l'homme, que la première est de surérogation, et il a inventé un mot pour traduire cette pensée de haute indifférence, *la foi du charbonnier*.

Le peuple a compris, du reste, l'alliance naturelle, dogmatique, de l'autel et du trône, du prêtre et du noble. Aussi laisse-t-il l'église au bourgeois, se méfiant de la bigoterie autant que de la prêtraille.

Le peuple aspire à un Gouvernement égalitaire, fondé sur des lois absolues, immanentes, comme celles que la science découvre tous les jours dans l'univers. La science, la vérité positive, objective, juridique, en tout et partout, tel est son idéal. La Providence, le bon plaisir dans le Gouvernement de l'univers et de la société lui répugne.

La résignation, aussi bien que la foi, est morte dans son cœur ; il veut le droit, le travail, la liberté, n'attendant son bien-être que de ses efforts, et prêt à se faire justice du pouvoir comme de la religion.

Tous ces sentiments, obscurs encore et mal définis, pénètrent les âmes ; elles en sont imbues, et, si j'ose ainsi dire, transnaturées. Et plus la réaction sévit et fait d'efforts pour conjurer le péril, plus la révolte gagne, sans journaux, sans docteurs, sans missionnaires.

Que l'empereur, là-dessus, ait demandé à la religion ce principe sacré, cela n'a rien d'étonnant et ne doit pas nous arrêter une minute. Mais ce qui importe, c'est la pensée de soumettre, à l'avenir, la diplomatie à des principes de morale ; en un mot, de créer un droit international, appuyé sur l'alliance des Etats.

Il est remarquable que lord Wellington, pendant

le séjour qu'il fit à Paris, après la campagne de Waterloo, était frappé de la même idée. Le peuple français, disait-il, *n'a pas de principes*[1].

1. A propos de la traite des noirs, il écrivait à son frère, sir Henry Wellesley, alors ambassadeur à Madrid : « Il m'a fallu quelque temps de séjour ici pour comprendre — et je suis hors d'état de vous faire concevoir — le degré d'exaltation frénétique, qui existe au sujet de la traite... » Par le traité de Paris, la France devait unir ses efforts, dans le futur Congrès, à ceux de Sa Majesté Britannique, pour faire prononcer par toutes les puissances de la chrétienté l'abolition d'un genre de commerce que repoussent les principes de la justice naturelle et les lumières du temps... Wellington devait obtenir la cessation immédiate de la traite. Sur ce point spécial, qui donne bien l'opinion du moment, il écrit encore à Wilberforce qui le pressait :

« Il n'y a dans ce pays, disait-il, que très peu de personnes qui aient porté leur attention sur la traite des esclaves, et ces personnes sont des colons ou des spéculateurs en fait de traite, qui ont tout intérêt à la maintenir. Je suis fâché d'être obligé de dire que la première de ces deux classes d'hommes est très puissamment représentée dans la Chambre des pairs, et c'est une chose vraiment incroyable que l'influence exercée par les propriétaires de Saint-Domingue sur toutes les mesures que prend le Gouvernement. On veut assez sottement établir une liaison entre la proposition d'abolir la traite et certains souvenirs des jours révolutionnaires de 1789 et 1790, et cette proposition est généralement impopulaire. On ne croit pas que nous soyons de bonne foi à ce sujet, et que nous soyons décidés à supprimer ce trafic à raison de son inhumanité. On pense que ce n'a été de notre part qu'une spéculation commerciale...

« Il est impossible d'obtenir l'insertion dans un journal français, quel qu'il soit, d'un article favorable à l'abolition, ou simplement qui ait pour objet de faire voir qu'en la décrétant l'Angleterre a été déterminée par des motifs d'humanité... On ne saurait donner une idée des préjugés de toute espèce qui règnent ici sur cette question, et surtout parmi les principaux employés des administrations publiques, qui sont nos adversaires les plus prononcés... Le désir de

Or, où trouver ces principes de justice? L'empereur Alexandre les demande au christianisme, qui depuis dix-huit siècles pourrit le monde!... Il faut les demander à la conscience, à la Révolution.

20 novembre 1815. — *Traité d'alliance*, entre les grandes puissances, ou quadruple alliance entre l'Angleterre, la Russie, la Prusse et l'Autriche.

Elles promettent réciproquement l'une à l'autre de maintenir dans sa force et vigueur le traité du 25 mars 1815, signé avec le roi de France, et de veiller à ce que les stipulations de ce traité, ainsi que celles des conventions particulières, qui s'y rapportent, soient strictement et fidèlement exécutées dans toute leur étendue[1].

s'assurer le gain qu'on attend de ce commerce n'est surpassé que par celui de dénaturer nos vues et nos mesures, et de déprécier le mérite que nous avons eu en décrétant l'abolition. Le directeur de la Marine me disait gravement qu'un des buts que nous avions en vue était de nous procurer des recrues pour notre guerre d'Amérique, et il m'a donné à entendre qu'entre un esclave destiné pour toute sa vie aux travaux agricoles et un soldat engagé pour sa vie la différence ne valait pas la peine qu'on s'en occupât...

« Vous verrez par les journaux, écrivait encore le duc de Wellington, à quel point cette affaire agite l'opinion. M. Lainé, président de la Chambre des députés, dans un discours qu'il a prononcé sur une proposition du général Desfourneaux, s'est attaché à donner au sentiment public une direction violente et à accréditer les préjugés existant contre l'Angleterre. Le roi m'a dit qu'il serait heureux de pouvoir faire quelque chose d'agréable au prince régent et à la nation britannique, et que, sans nul doute, il tiendrait ses engagements, mais qu'il était obligé de tenir compte des opinions de son propre peuple, opinions qui, sur ce point, n'étaient nullement celles de l'Angleterre. »

1. La déclaration des puissances du 13 mars 1815, le traité du 25 du même mois, combiné avec les dispositions du

ARTICLE PREMIER. — « Cet article, dit Schœll, a donné
« naissance à une *institution nouvelle en politique*,
« et qui a eu et pourra avoir encore les consé-
« quences les plus heureuses pour la tranquillité
« du monde. Les Ministres des quatre cours rési-
« dant à Paris, appelés à remplir les fonctions de
« gardiens des traités, ont établi des conférences
« régulières où sont portées et discutées toutes les
« affaires qui tiennent à l'exécution des traités et
« au repos de l'Europe. L'habitude de ces commu-
« nications fréquentes et les instructions de leurs
« cours ont produit entre ces Ministres une har-
« monie et une uniformité de principes et de vues,
« qui ne peuvent que produire les plus heureux
« résultats. Plus d'une fois déjà (l'auteur écrit
« en 1837), les plus graves intérêts des puissances
« européennes ont été portés devant *le Conseil
« amphictyonique*. Ainsi la question de la réversi-
« bilité de l'État de Parme, sur laquelle ni le
« Congrès de Vienne ni le second Congrès de Paris
« n'avaient pu accorder les parties intéressées, a
« été terminée sous la médiation des Ministres de
« France, de Grande-Bretagne, de Prusse et de
« Russie. Elle a été réclamée également par
« l'Espagne et le Portugal pour l'arrangement des
« différends qui partagent encore ces deux États ;
« et, pour citer un cas moins important, une *sen-*

traité de Paris de 1814 (30 mai), impliquaient, selon Schœll,
la promesse du maintien des Bourbons.

Mais cela ne s'entend qu'autant que la dynastie et la nation
sont *unies*, comme l'explique la convention supplémentaire
du 23 avril, à la demande de l'Angleterre.

« *tence arbitrale* de ces Ministres a prononcé entre
« le roi de Sardaigne et le prince Borghèse, sur la
« propriété du domaine de Lucédio. »

ART. 2. — Il renouvelle et confirme particulièrement l'exclusion *à perpétuité de Napoléon Bonaparte
et de sa famille du pouvoir suprême en France*,
qu'elles s'engagent à maintenir en vigueur, et, s'il
était nécessaire, avec toutes leurs forces. — « Si les
« principes révolutionnaires (équivoque pour dire
« les rébellions) venaient de nouveau déchirer la
« France et menacer le repos des autres États, elles
« concerteront entre elles et avec le roi de France
« les mesures à prendre pour la sûreté de leurs
« États et la tranquillité générale de l'Europe. »

L'expression de *principes révolutionnaires*, qui ne
dit pas du tout ce qu'elle veut dire, est une de
celles qui ont donné lieu de prendre en un sens
faux et contre-révolutionnaire les traités de 1815,
et fait le plus de mal aux Bourbons et plus tard à
Louis-Philippe. On a cru généralement, en France,
que, par *principes révolutionnaires*, les puissances
entendaient les principes de droit public, civil et
international de 89, tandis qu'au contraire ils
garantissaient la *Charte*, expression de ces principes. Pour comble, le parti prêtre, le parti de l'émigration et finalement la couronne ont interprété
les traités dans ce sens, si bien qu'en 1830 c'était
Charles X et sa faction qui violaient les traités, et
l'insurrection parisienne qui les défendait.

ART. 3, 4, 5, relatifs à l'occupation.

ART. 6. — « On renouvellera, à des époques
« déterminées, soit sous les auspices immédiats

« des souverains, soit par leurs Ministres respec-
« tifs, des réunions consacrées aux grands intérêts
« communs et à l'examen des mesures qui, dans
« chacune de ces époques, seront jugées les plus
« salutaires pour le repos et la prospérité des
« peuples, et pour le maintien de la paix de l'Eu-
« rope. »

Les monarques convinrent que la première de
ces réunions aurait lieu en 1818.

A ce propos, les Ministres des quatre puissances
écrivirent une lettre au Ministre des Affaires étrangères de France, M. de Richelieu[1], laquelle lettre
contient les recommandations les plus formelles de
respecter la Constitution, comme le moyen le plus
sûr de maintenir l'ordre en France et, par suite, la
paix en Europe.

Ils disent entre autres :

« Les cabinets alliés considèrent la stabilité de
« l'ordre de choses heureusement rétabli dans le
« pays, comme une des bases essentielles d'une
« tranquillité solide et durable ; c'est vers ce but
« que leurs efforts ont été constamment dirigés...
« ... S. M. T. C. a reconnu avec eux que, dans un
« Etat déchiré pendant un quart de siècle par des
« convulsions révolutionnaires, *ce n'est pas à la*
« *force* seule à ramener le calme dans les esprits,
« la confiance dans les âmes et l'équilibre dans les
« différentes parties du corps social. »

Ainsi les puissances font appel aux *principes*,
comme Alexandre et Wellington ; ainsi, par *principes*

1. Cf. *Le duc de Richelieu* (1818-1821), par M. Raoul DE CIS-
TERNES. Calmann-Lévy, 1898.

révolutionnaires on entend la négation de tout principe, l'appel à la révolte et à la force !

Ce qui suit, de même que ce qui précède et ce que j'ai supprimé démontre que, dans la pensée des Alliés, le salut du roi est attaché au respect de la Charte.

« Loin de craindre que S. M. prêtât jamais l'oreille
« à des conseils imprudents ou passionnés, tendant
« à nourrir les mécontentements, à renouveler les
« alarmes, à ranimer les haines et les divisions,
« les cabinets alliés sont complètement rassurés
« par les dispositions aussi sages que généreuses
« que le roi a annoncées dans toutes les époques
« de son règne, et notamment à celle de son retour,
« après le dernier attentat criminel. Ils savent que
« S. M. opposera à tous les ennemis du bien public
« et de la tranquillité de son royaume, sous quelque
« forme qu'ils puissent se présenter, son atta-
« chement aux lois constitutionnelles promulguées
« sous ses propres auspices ; sa volonté bien pro-
« noncée d'être le père de tous ses sujets, sans dis-
« tinction de classe ni de religion, d'effacer jusqu'au
« souvenir des maux qu'ils ont soufferts, et de ne
« conserver des temps passés que le bien que la
« Providence a fait partir du sein même des cala-
« mités publiques. Ce n'est qu'ainsi que les vœux
« formés par les cabinets alliés pour la conservation
« de l'autorité constitutionnelle de S. M. T. C.,
« pour le bonheur de son pays et pour le maintien
« de la paix du monde, seront couronnés d'un
« succès complet, et que la France, rétablie sur ses
« anciennes bases, reprendra la place éminente à

« laquelle elle est appelée dans le système euro-
« péen. »

Ainsi, voici, en résultat, ce que contiennent les
traités :

Appel à des principes de morale et de droit ;

Équilibre européen ;

Fondements d'une autorité amphictyonique ;

*Respect, de la part des Gouvernements français,
de la Charte conventionnelle,* c'est-à-dire des principes de la Révolution de 1789.

Les principes qu'on cherche, hors desquels point
de salut, ce sont donc les nôtres, les principes purs
de la Révolution.

Que ces principes soient respectés par les chefs
d'État, et peu à peu sortira cet *équilibre* économique, sans lequel, en définitive, l'équilibre politique international est toujours instable.

C'est à dater de cette époque[1], en effet, que l'idée
d'un Gouvernement rationnel, régulier, s'empare
décidément des esprits et entre dans l'application.

Qui dit rationnalité dit naturellement science : ce
qui jusqu'alors avait été parmi les peuples le produit
de l'instinct allait donc devenir l'œuvre exclusive
du savoir confirmé par l'expérience. Or la science
est une, comme la vérité et la justice; de là, par
conséquent, tendance des nations modernes, dans
les deux hémisphères, à se constituer sur un type

---

1. Cf. *Contradictions politiques,* pp. 27 et suiv. « J'ai observé,
dit Proudhon, chose à laquelle peu de personnes avaient
fait attention, que l'année 1814 formait dans l'histoire moderne le point de départ d'une ère politique que j'ai nommée
l'ère des constitutions... »

uniforme, comme si, plus tard, l'humanité tout entière devait se rallier dans une seule et même constitution.

Parmi les innombrables systèmes dont l'histoire et la philosophie suggéraient l'essai, celui qui obtint le plus de faveur, que l'on jugea le plus conforme à la raison scientifique, qui parut le mieux concilier toutes les divergences, offrir le plus de garanties aux intérêts et aux libertés en même temps qu'à l'ordre, fut la monarchie constitutionnelle, représentative et parlementaire.

Sur notre demande, et sous l'empire de la nécessité, le Congrès de Vienne avait fait de la Charte une condition expresse de rentrée pour la dynastie légitime, et de la paix pour l'Europe. C'était l'équilibre intérieur appelé à faire pendant et à servir de gage à l'équilibre international.

Bientôt, des deux côtés de l'Atlantique, tous les États, anciens et nouveaux, suivant notre exemple, opérèrent successivement leur conversion. Si bien qu'en moins d'un demi-siècle le constitutionnalisme, sous des formes diverses, embrassait la presque totalité du monde civilisé, et que les peuples, en conservant respectivement leur liberté et leur autonomie, pouvaient néanmoins se dire plus unis dans le temporel qu'ils ne l'avaient jamais été dans la foi.

La fraternité universelle, saluée en 93, était en pleine réalisation.

Pourtant ce n'était là qu'un début, attendant la sanction de l'expérience. Naturellement, le Congrès de Vienne n'avait pas entendu garantir la perfec-

tion du système, et il serait tout aussi absurde de
lui reprocher les mécomptes du constitutionnalisme que de lui imputer à crime la délimination
plus ou moins malencontreuse des Etats.

L'objet des traités, on ne saurait trop le redire,
était double : 1° poser en loi l'équilibre international, réserve faite des remaniements territoriaux
que le temps ferait juger nécessaires ; 2° fonder le
rationalisme gouvernemental, la science politique,
en donnant aux peuples les garanties que le progrès des idées réclamait, garanties dont la principale était de changer, après essai, leur propre
constitution.

Jadis la stabilité de l'Etat, son immobilité, était
posée *a priori*, comme un dogme ; maintenant cette
stabilité, devenant objet de science, de recherches.
d'expérimentation, n'apparaissait plus que comme
le dernier terme du perfectionnement politique.

On avait cru, par les traités de Vienne et par
la Charte, la Révolution finie ; on n'avait fait, en
réalité, que de la mettre à l'ordre du jour, à perpétuité. C'était à nous d'apprendre à faire de cet
état révolutionnaire notre vie, à peine d'en périr.

Le développement des idées libérales fut rapide.
Le peuple français, entre tous, se passionna pour la
Charte, dans laquelle il eut d'abord une foi impli-
cite, absolue..

Comme l'antique droit divin avait été article de
foi, le droit constitutionnel, tel quel, exclut à son
tour jusqu'à l'ombre du doute. Avec la Charte, fer-
mement voulue, loyalement exécutée, toutes les
difficultés disparaissaient. Pendant quelque temps,

la France, engouée de la Charte, se crut royaliste, réconciliée avec elle-même, revenue de vingt-cinq ans de folie et de crime.

On bénit les princes légitimes, martyrs de funestes erreurs ; on maudit le despote, dont le règne de fer avait retardé de quinze ans ces garanties précieuses ; on détesta la Révolution, dont les excès avaient pu les faire méconnaître. La religion profita de cette résipiscence politique ; elle refleurit comme aux beaux jours de l'Eglise ; et la RESTAURATION, comme on disait alors, sembla fondée à jamais.

L'illusion, hélas ! fut de courte durée.

Nous devions bientôt apprendre, à nos dépens, que, si le Créateur a livré le monde, œuvre de ses mains, et la Révélation elle-même, expression de son Verbe, aux disputes des hommes, il n'a pas fait de réserve en faveur des conceptions de notre pauvre intelligence.

Peu à peu l'on s'aperçut, mais sans vouloir se l'avouer, que la Charte immortelle offrait matière à interprétation ; que chacun de ses articles soulevait un océan de doutes et de commentaires ; bref, que ce rationalisme si conciliant, si libéral, si philosophique, était une arène de divisions. Des tiraillements pénibles se faisaient partout sentir ; un redoutable antagonisme se révélait ; au lieu d'examiner, comme on aurait dû faire, rationnellement la machine, d'en rechercher l'erreur scientifique, la contradiction, on commença de se soupçonner, de s'accuser les uns les autres. Se mesurant du regard, on criait, de la droite, à la conspiration et au régicide ; de la gauche, à la tyrannie et au privilége.

Ceux qui, d'accord avec la royauté, la noblesse, l'Église, toujours émigrées, rejetaient le principe scientifique, libéral, purement humain, de la Révolution et se retranchaient dans la conception transcendante de l'autorité et de la foi, ceux-là naturellement ne pouvaient voir dans la Charte, expression imparfaite, ambiguë, du droit révolutionnaire, qu'une machine infernale ; comment, dès lors, en eussent-ils fait la critique? Comment, ne faisant pas même à la Charte l'honneur d'un examen philosophique, puisqu'ils en niaient les données, n'eussent-ils pas été tenus pour suspects et considérés comme des ennemis de l'ordre et des libertés publiques ?

Quant aux autres, qui allaient bientôt se trouver en majorité immense, placés au point de vue contraire, ils n'admettaient pas davantage la discussion ; nier la Charte, monument de la philosophie moderne et de l'expérience des siècles, c'était le comble de l'aberration.

La Charte n'avait-elle pas pour fondement la *raison* humaine, émanée de Dieu antérieurement à la révélation elle-même, et dont l'Eglise rajeunie proclamait tous les jours l'accord avec la *foi*?

En posant la souveraineté de la nation, cette même Charte ne reconnaissait-elle pas la légitimité et l'autorité du roi?

A côté de la philosophie libre, ne déclarait-elle pas la religion du Christ religion de l'Etat?

La Charte, enfin, considérée dans son esprit et

dans toutes ses parties, n'était-elle pas, comme le Concordat de 1802, comme l'alliance du Pape et de Charlemagne, comme l'Evangile lui-même, le renouvellement du pacte éternel entre l'homme et Dieu?...

Voilà ce que disaient, en 1820, les partisans de la Charte, ce qu'ils disent encore aujourd'hui. Comment ces libéraux, s'élevant au-dessus du contrôle parlementaire, auraient-ils eu l'idée d'une critique constitutionnelle? Est-ce qu'aujourd'hui même, MM. Thiers, Guizot et tant d'autres, en sont arrivés là?

Plutôt que de supposer le moindre défaut dans un système d'invention si récente, on préféra accuser exclusivement les passions rétrogrades, l'obstination des princes, l'intolérance de l'Eglise, les fausses maximes du droit divin, etc.

Chose singulière, les hommes n'en ont pas moins de foi aux idoles de leur raison qu'à celle de leur instinct : on jurait sur la Charte, une hypothèse politique, comme autrefois sur l'Evangile ; on appelait le roi légitime, auteur de cette Charte, traître et félon!... Certes, il y eut, dans ces temps d'agitation, de la faute des hommes ; mais qui donc, parmi les générations venues à la suite, oserait dire aujourd'hui qu'il n'y a pas eu bien davantage de la faute du système?

On sait comment finit la lutte.

La majorité dans la Chambre s'étant déplacée, le centre de gravité du Gouvernement ayant reculé de deux degrés vers la gauche (221 contre 219), Charles X crut, en vertu de l'article 14 de la Charte, qu'il lui était permis, à l'aide de sa prérogative, de compenser la différence ; il voulut gouverner contre la majorité. Les fatales ordonnances furent rendues ; aussitôt Paris de se soulever, au cri de *Vive la Charte!*

Puis, comme la victoire ne perd jamais ses droits, la dynastie fut changée, l'article 14 modifié, la religion catholique déclarée simplement religion de la majorité des Français ; le cens électoral abaissé ; bref, la Constitution purgée des équivoques, contradictions et exorbitances qui, au jugement de ses dévots défenseurs, en embarrassaient la marche.

Rien ne fait mieux ressortir ce fétichisme constitutionnel que l'acharnement avec lequel on poursuivait les princes et tous ceux que l'on soupçonnait de lui être hostiles. Sans doute, en 1814, on demandait avant tout la consécration des principes de 1789. Mais, en ce qui touche l'organisation du Gouvernement, l'on ne s'était pas moins accordé à regarder la monarchie comme étant la forme et la condition essentielle.

C'est ce qui a fait le triomphe de la légitimité.

Pourquoi donc cette haine violente, injurieuse, contre le vieux Charles X ? Était-il sûr que le principe monarchique fût compatible avec les données du système parlementaire ? Et quand le monarque essayait de parer le coup d'une opposition à moitié factieuse, n'y avait-il pas autant de raisons de croire qu'il agissait d'après la logique de son principe, que de l'accuser d'un abominable parjure ? Pourquoi ensuite, le roi et le dauphin ayant signé leurs abdications, la proscription s'étendait-elle jusqu'au duc de Bordeaux, leur neveu, un enfant de huit ans, et à la duchesse de Berry, sa mère, favorable au parti libéral?

Ce n'était pas haine de la royauté, puisque la dynastie de Bourbon fut aussitôt remplacée par celle d'Orléans. Supposait-on que la branche aînée portait dans le sang, comme un virus indélébile, l'horreur de la Charte? N'oublions pas qu'en 1793, Louis XVI et Louis XVII; en 1815, après le désastre de Waterloo, Napoléon 1er et Napoléon II avaient été victimes de cette frénésie à la fois politique et mystique.

Le système constitutionnel était considéré à l'égal d'une religion et toute atteinte qui lui était portée était punie comme un sacrilège.

Ainsi l'on sacrifiait une race royale; on créait une compétition dynastique; on soufflctait l'Eglise, épouse du Christ; on abaissait la royauté; on diminuait l'importance de la classe élevée, conservatrice par nature, pour faire appel aux entraînements de la moyenne, le tout pour la glorification et sur la garantie d'une formule métaphysique!...

Ainsi Napoléon III est l'incarnation d'une double violation des traités de 1815, et cela au préjudice du peuple français, autant qu'au péril des puissances; il est le chef d'une dynastie proscrite, et l'ennemi des libertés constitutionnelles.

Or, tant que le Congrès n'aura pas obtenu le rétablissement du régime constitutionnel en France, il n'aura rien fait; la France sera en révolution et l'esprit révolutionnaire sera d'autant plus redoutable et contagieux qu'il aura été plus comprimé, et que les intérêts populaires, outrageusement méconnus, auront le droit de confondre, dans leur haine et leur vengeance, les dynasties, les religions et les trônes.

La même cause qui a fait cesser l'esclavage et le servage, le progrès de la civilisation et de l'élément économique, rapproche les peuples et fait naître les nouvelles hypothèses.

Ce n'est pas le sentiment de fraternité nationale qui a fait abolir le servage.

Plus on y réfléchit, plus on trouve que le principe *fusionniste*, le contraire de celui des nationalités, posé, en fait, par la manière dont le Congrès de Vienne a délimité les Etats, est supérieur, plus humain, plus moral, plus progressif, plus civilisateur, plus efficace. L'Allemagne de 1848 a eu raison de soutenir ce principe : c'est un engrenage indissoluble, et, aujourd'hui même, la plus forte garantie de paix que l'Europe possède.

Que la Suède civilise ses Lapons, le Danemark ses Esquimaux, la France ses Arabes, l'Angleterre ses Hindous. Que l'Ecossais, l'Irlandais et l'Anglo-Saxon ne fassent plus qu'un, comme le Bourguignon et l'Alsacien, le Breton, le Provençal ; que les petites nations de l'Autriche se civilisent sous une loi commune, etc. ; voilà la vraie loi.

Sans doute, il ne faut pas qu'un des deux principes détruise l'autre : la nationalité est donnée par la nature ; elle doit être en ce sens respectée ; mais la fusion des races est le fait de la liberté humaine, plus respectable mille fois que la fatalité de nature, et c'est le libre arbitre qui, par l'organe du Congrès de Vienne, a posé la première pierre de l'union des races, en les engrenant les unes dans les autres.

Il n'a pas su peut-être ce qu'il faisait, ce Congrès ; mais il a agi sous la pression des circonstances, et ces circonstances ne l'ont pas trompé ; elles étaient infaillibles.

C'est donc bien à tort qu'on ne cesse de déclamer contre ces traités, comme le fait Ch. Edm...

« En 1815, à la chute du premier empire, un
« groupe d'hommes, en habits brodés, appartenant
« tous à cette classe d'hommes qu'on appelle
« diplomates, se réunit à Vienne autour d'une table,
« s'intitula Congrès européen, et procéda à une
« revision de la carte politique de notre vieux
« continent. La besogne marcha vivement (péni-
« blement), on TAILLA EN PLEIN PEUPLE (peut-on
« montrer moins d'intelligence?). On traça des
« frontières au gré du caprice des plus forts (à qui la
« faute? ne se défendait-on pas contre la force ?)...
« Ce fut un assaut de trahisons réciproques, d'ar-
« bitraire, de violences, et en même temps d'inep-
« ties dont rien ne peut donner l'idée... »

Assez comme cela. Les traités de 1815 n'ont pas pu tout prévoir ; à coup sûr, ils ont fait naître plus d'une contradiction, témoin celle qui a donné lieu à la question du Slesvig-Holstein, en 1848. Quel est donc le contrat humain qui ne soit pas sujet à ces inconvénients? Mais ce sont là des difficultés à résoudre ultérieurement, à fur et mesure du progrès de la raison publique, non des reproches qu'on puisse adresser aux auteurs de ces traités.

Ces reproches sont analogues à ceux qu'on fait aujourd'hui à l'Autriche, sur son administration intérieure. — Que l'Autriche gouverne bien ou mal ses peuples, c'est une question qui appartient à la raison publique, au libre examen et à l'opinion ; mais qui, au moins dans l'état de choses, ne peut être tranchée par le droit international.

De même, les questions que suscitent à chaque instant les délimitations du Congrès de Vienne peuvent bien donner lieu à des arbitrages, peut-être à de nouveaux congrès ; ils ne touchent en rien à l'esprit des traités.

APPENDICE

Mettre toute la France en fief, et l'attacher à son domaine par des redevances annuelles, était aussi une des idées favorites de Napoléon.

Quel régime magnifique de spoliations martiales, d'une part, de dons et de prodigalités, de l'autre! Où allait-il nous conduire? A verser tout notre sang pour mettre en dotation le monde entier. Et encore, il n'y avait guère d'espoir de rassasier la voracité des favoris et des familiers d'un conquérant insatiable.

De pareilles supputations, sorties de ma plume, et les réflexions qui les accompagnent, feront sourire et rechigner certains lecteurs. Eh quoi! diront-ils, ce ministre si chagrin, parce qu'il fut disgracié, a-t-il donc été si étranger à l'abus des distributions lucratives contre lesquelles il se récrie peut-être, par la seule raison que la source en est tarie? N'a-t-il pas été comblé aussi d'honneurs et de richesses? Et qui vous dit le contraire? Quoi! parce qu'on aurait eu sa part aux avantages individuels d'un système outré, pernicieux, insoutenable, faudrait-il cesser d'être vrai quand on a promis de tout dire? Le temps des réticences est passé. Il s'agit d'ailleurs ici d'assigner les causes de la chute du plus grand Empire qui ait désolé et orné l'univers.

On va voir comment, dans un très court délai, Napoléon se précipita volontairement au-delà des bornes de la modération et de la prudence.

---

1. Cf. notre Observ. (*Commentaires sur les Mémoires de Fouché*, p. 93.)

Quand je sus, par mes correspondants de Paris [1], les inquiétudes que la réunion des villes hanséatiques causait à la Russie, à la Prusse et même à l'Autriche, je fus confirmé dans
l'idée qu'il y avait là non seulement le germe d'une nouvelle
guerre générale, mais d'un conflit qui devait décider en dernier ressort si on aurait la monarchie universelle dans les
mains de Napoléon Bonaparte, ou si nous verrions le retour
de tout ce qu'avait dispersé ou détruit la Révolution.

**

Passons à l'année 1811, pendant laquelle s'accumulèrent
tous les éléments d'une effroyable tempête, à travers un
labeur trompeur, dont je découvrais toutes les illusions et les
mensonges [2]. De jour en jour, mes bulletins de Paris et mes
correspondances privées devenaient d'un intérêt plus vif,
plus soutenu.

**

Le premier événement qui se présente est celui de la naissance d'un enfant proclamé roi de Rome au sortir du sein
de sa mère, comme si le fils de Bonaparte n'avait pu naître
autre chose que roi. Ce renouvellement subit du royaume de
Tarquin le Superbe parut de mauvais augure à quelques
personnes; il rappelait trop la spoliation récente du Saint-
Siège et l'oppression exercée contre le Souverain Pontife.
Des bruits ridicules furent propagés et accrédités dans Paris
au sujet de la naissance de cet enfant-roi [3]. Si ces bruits,
sortis à la fois des classes vulgaires et des classes élevées, ne
constataient pas l'état hostile de l'opinion à cette époque
contre la perpétuité de la dynastie nouvelle, je me serais
dispensé d'en parler comme étant indignes de la gravité de
l'histoire.

1. Après avoir remis au prince de Neufchâtel, envoyé par Napoléon, la correspondance et les ordres échangés durant son ministère, contre un reçu motivé, Fouché avait pu quitter la Toscane.
Il s'était retiré à Aix, chef-lieu de sa trésorerie.

2. « D'ailleurs, dit Fouché, pressé d'arriver moi-même aux temps
de ma rentrée dans les hauts emplois, ce qui me convient le plus
c'est une transition historique abrégée qui nous mène aux catastrophes de 1814 et 1815. »

3. 20 mars 1811.

La malignité se montra ingénieusement crédule. On supposa d'abord une grossesse simulée; comme si jamais une archiduchesse, cessant d'être féconde, eût pu faire mentir le distique latin. La conséquence de cette supposition annonce une autre fable, d'après laquelle on aurait reconnu roi de Rome un enfant né récemment de Napoléon et de la duchesse de R... Ce qu'il y a de vrai, c'est que l'accouchement de Marie-Louise fut horriblement laborieux, que l'accoucheur perdit la tête, que l'on crut mort l'enfant, et qu'il ne sortit de sa léthargie que par l'effet de la détonation répétée de cent un coups de canon.

Quant au ravissement de l'empereur, il était bien naturel[1]. Quelques flatteurs en inférèrent tout d'abord que, plus heureux que César, il n'aurait point à redouter les idées de Mars, puisque le 20 mars était pour lui et pour l'Empire un jour de félicité.

Napoléon croyait aux horoscopes et aux présages. Quel mécompte pour lui en mars 1814 et 1815!

* *

A la vérité, dans tous les départements on organisait, pour rendre la misère moins importune, des dépôts de mendicité, où une partie de la population était successivement parquée et substancée au moyen de soupes économiques. Mais le peuple, qui s'obstinait à rester panivore, accusait l'empereur de vendre lui-même nos grains aux Anglais. Il est certain que le monopole exercé par Napoléon sur les blés produisait en partie la disette. L'esprit qui régnait dans les salons n'était pas plus favorable à l'empereur; on y redevenait hostile. Voilà comment se formait l'opinion depuis que Savary dirigeait l'esprit public...

---

1. Des préparatifs magnifiques annoncèrent la cérémonie du baptême de l'héritier présomptif de Napoléon, et petit-fils de l'empereur d'Autriche. « Je ne parle de cette circonstance si connue que pour rappeler une plaisanterie que l'on imagina. On disait que le maire de Rome et celui de Hambourg se trouvèrent placés l'un près de l'autre et qu'en s'abordant ils s'étaient dit : *Bonjour, voisin.* Cette plaisanterie renfermait le plus bel éloge du gouvernement... » (*Mémoires sur l'intérieur du palais impérial*, par L. DE BAUSSET t. II, p. 37. — Bruxelles, 1827.)

J'avais respecté la propriété des journaux[1]; Savary l'envahit avec audace et en partagea les actions à ses familiers et à ses suppôts. C'est ainsi que, par la dégradation des journaux, il se priva d'un des principaux leviers de l'opinion. De même que Napoléon, il prit en haine Mme de Staël et s'acharna contre elle de concert avec Esmenard[2]: persécution impolitique, en ce qu'elle fit de. la nombreuse coterie de cette femme célèbre un foyer d'opposition contre le régime impérial et d'animosité contre l'empereur.

* *

Si, depuis ma disgrâce, la police avait dégénéré dans ses attributions les plus essentielles, il en était de même dans un autre Ministère qui était aussi l'asile du secret. Je veux parler des Relations extérieures où, depuis la retraite de Talleyrand, l'esprit de conquête, de violence et d'oppression ne connaissait plus ni adoucissement, ni frein... Mais Napoléon ne pouvait pardonner à Talleyrand d'avoir toujours parlé de la guerre d'Espagne avec une liberté désapprobatrice. Bientôt les salons et les boudoirs de Paris devinrent le théâtre d'une guerre sourde entre les adhérents de Napoléon d'une part, Talleyrand et ses amis de l'autre, guerre dont l'épigramme et le bas mot étaient l'artillerie, et dans laquelle le dominateur de l'Europe était presque toujours battu.

De leur côté, M. et Mme de Talleyrand n'en prenaient que plus d'intérêt aux princes de la maison d'Espagne, relégués à leur château de.Valençay par un petit rallinement de vengeance de la part de Napoléon. Piqué de plus en plus contre Talleyrand, il l'aperçoit un jour à son lever au milieu de courtisans, et croyant tirer avantage, pour l'humilier, d'une aventure de galanterie qu'on prétendait s'être passée à Valençay, il lui fit une interrogation qui, pour un mari, est le plus sanglant

1. Cf. nos Notes dans *Napoléon Ier*, de P.-J. Proudhon, pp. 92-93. Montgrédien et Cie, Paris, 1898.
2. Esmenard était un poète de service officiel. Il était chargé par Savary, à la police, de la direction *morale* des fameux déjeuners « à la fourchette » qui avaient lieu au Ministère de la Police. Fouché dit : « Esmenard était un écrivain de talent, mais si décrié que j'avais cru devoir le tenir bride en main tout le temps que je l'avais mis en œuvre. »

des outrages. Sans laisser paraître aucune émotion dans ses traits, Talleyrand lui répondit avec dignité : « Pour la gloire de Votre Majesté et pour la mienne, il serait à désirer qu'il ne fût jamais question des princes de la maison d'Espagne. »

*
* *

Dans les affaires étrangères, on s'habituait à voir les traités comme des trêves ou des expédients pour arriver à de nouvelles guerres. On finit même par ne plus rougir d'y faire les plus scandaleux aveux. « Nous ne voulons plus des principes, disait Champagny-Cadore, successeur de Talleyrand... »

La connaissance que j'avais du caractère de Bernadotte [1] me faisait assez pressentir qu'il finirait par se jeter dans les bras de la Russie et de l'Angleterre, soit pour garantir l'in-

---

1. On connait les succès remportés par Bernadotte sur les champs de bataille ; on sait moins les immenses services qu'il a rendus à la France comme ambassadeur à Vienne et surtout comme Ministre de la Guerre. M. Thiers lui-même n'a eu à cet égard que des renseignements incomplets. M. Casati de Casalis a reconstitué, d'après les témoignages de Barras, de Gohier, de Moulins et de Dubois-Crancé, cette période importante de la vie publique du roi de Suède. Dès son arrivée à Vienne, alors que les Autrichiens, fort excités contre la France, se livraient à tout propos à des manifestations hostiles et insultantes, Bernadotte sut, à force d'audace, imposer silence à la foule et obtenir de l'empereur François les excuses les plus satisfaisantes. Au Ministère de la Guerre, il fit rendre à Championnet, injustement révoqué, le commandement de l'armée des Alpes. C'est lui encore qui, à la veille de la grande bataille de Zurich, empêcha le Directoire de destituer Masséna. Levé chaque matin à trois heures, il travaillait seize heures par jour, s'occupant de tout par lui-même, déployant une activité fébrile et une indomptable énergie, au milieu des catastrophes qui accablaient alors les armées françaises. Lorsque l'ombrageuse jalousie des Directeurs l'obligea de résigner ses fonctions, il allait enfin recueillir le fruit de ses travaux. De tous côtés nos troupes, réorganisées et dirigées par lui, touchaient à la victoire. Il quitta le pouvoir, sinon sans chagrin, au moins avec abnégation, et quand son successeur Dubois-Crancé vint apprendre au Directoire les succès de nos armes, il ne fit qu'un acte de justice en déclarant avec loyauté que tout le mérite en revenait à son prédécesseur. De son cabinet ministériel, Bernadotte avait tout fait, tout préparé ; on peut dire de lui, comme de Carnot, qu'il « organisa la victoire ». (Cf. les *Débats* du 23 novembre 1898.)

dépendance de la Suède, soit pour s'assurer l'héritage d'une couronne dont Napoléon se montrait envieux.

* *

Ainsi, au lieu de marcher en personne à la tête d'une armée formidable pour chasser Wellington du Portugal (la situation du continent le lui permettait), il y envoya Masséna, le plus habile de ses lieutenants, sans doute, d'un rare courage, d'une ténacité remarquable, dont le talent croissait par l'excès du péril, et qui, vaincu, était toujours prêt à recommencer, comme s'il eût été vainqueur. Mais Masséna, déprédateur intrépide, était l'ennemi secret de l'empereur, qui lui avait fait rendre gorge de 3 millions. De même que Soult, il se berça de l'idée qu'il pourrait aussi gagner à la pointe de l'épée une couronne; ils étaient d'ailleurs si séduisants les exemples de Napoléon, de Murat et de Bernadotte ! Le cœur de Masséna s'ouvrit aisément à l'ambition de régner aussi à son tour. Plein d'espérance, il se met en marche à la tête de soixante mille soldats; mais, au milieu même des premières difficultés de son expédition, il reçoit l'avis certain que l'empereur est disposé à restituer le Portugal à la maison de Bragance, si l'Angleterre consent à lui laisser l'Espagne, et qu'une négociation secrète est ouverte à cet effet. Masséna, piqué, découragé, laisse s'éteindre le feu de son génie militaire. D'ailleurs, dans une opération si décisive, nul ne pouvait suppléer Napoléon; lui seul eût pu sacrifier trente à quarante mille hommes pour emporter les lignes formidables de Torrès-Vedras, vraie ceinture d'acier qui couvrait Lisbonne. Tout allait dépendre pourtant de l'issue de cette campagne de 1810, et pour Napoléon et pour l'Europe entière. Ne pas apercevoir cette corrélation intime, c'était manquer de tact et de génie...

... Soult, qui n'avait pu se faire roi de Portugal, tranchait du souverain en Andalousie, et Marmont, ralliant les débris de l'armée du Portugal, agissait à part sur le Douro et sur le Tormès; en un mot, les lieutenants de Bonaparte gouvernaient militairement, et Joseph n'était qu'un roi fictif...

Je pose en fait que tous les revers subséquents de la péninsule se rattachent aux fautes de la campagne de 1810, si faussement conçue et si légèrement entreprise. Vers la fin

de 1811, Joseph fit partir le marquis d'Almenara, muni de
pleins pouvoirs pour signer à Paris son abdication formelle,
ou pour faire reconnaître l'indépendance de l'Espagne. Mais
Napoléon, ne songeant plus qu'à la Russie, ajourna ses déci-
sions sur l'Espagne après l'issue de la grande expédition
lointaine où il allait s'abîmer.

La guerre de Russie n'a pas été une guerre entreprise pour
du sucre et du café, comme l'a d'abord vu le vulgaire, mais
une guerre purement politique. Si les causes n'en ont pas été
bien comprises, c'est que, voilées par les mystères de la diplomatie, elles ne pouvaient être aperçues que par des observateurs éclairés ou des hommes d'État. Les germes de la guerre
de Russie furent renfermés dans le traité même de Tilsitt...

Déjà même le czar avait jugé qu'il était temps de pénétrer
les projets de Napoléon[1], et, voulant une autre garantie que
celle de son ambassadeur Kourakin, trop cajolé à Saint-Cloud,
et partisan du système continental, il avait dépêché à Paris,
dès le mois de janvier, avec une mission diplomatique, le
comte de Czernitscheff. Ce jeune seigneur, colonel d'un
régiment de cosaques de la Garde impériale russe, se fit
d'abord remarquer à la cour de Napoléon par sa politesse
et par ses manières chevaleresques... Toutes les femmes
aspiraient à recevoir les hommages de l'aimable et sémillant
envoyé d'Alexandre ; il parut d'abord hésiter ; enfin, ce fut à la
duchesse de R... que le Pâris de la Néva donna la pomme.
Cette intrigue fit d'autant plus de bruit que l'empereur, et
non son Ministre de la Police, soupçonna le premier que,
sous le voile de la galanterie, sous des dehors aimables
et légers, l'envoyé masquait une mission d'investigation
politique... Confus d'avoir été prévenu et averti par son
maître, Savary, pour lui complaire, charge son faiseur,
Esmenard, de décocher quelques traits piquants, mais
détournés, à l'émissaire du czar...

Cependant Napoléon et ses ministres ne cessaient de se
plaindre, à Saint-Pétersbourg, de l'effet produit par l'ukase
du 31 décembre, qui servait les intérêts de l'Angleterre en

---

1. Des mystères du cabinet, le ton insolite de quelques-unes des
notes de 1811, l'indice des grands préparatifs ordonnés, dans le
secret, de manœuvres, d'intrigues au dehors, auraient donné l'éveil
à la Russie.

permettant l'introduction de ses denrées coloniales... Dans
l'automne de 1811, cette guerre fut regardée, en Angleterre
même, comme imminente, et le cabinet de Londres fut dès
lors persuadé que Napoléon ne pourrait envoyer à ses armées
d'Espagne les renforts que réclamait son frère Joseph...

J'en étais absorbé au point que, dès le commencement de
l'été, j'avais éprouvé le plus vif désir de me rapprocher de
la capitale; j'espérais y faire changer ma position, et par là
me trouver en mesure de présenter à l'empereur, s'il en
était temps encore, quelques réflexions capables de le faire
changer de dessein ou de le porter à modifier ses projets,
car un secret pressentiment semblait m'avertir que, cette
fois, il courait à sa perte.

... Je partis de cette donnée pour fonder le succès de la
demande directe que j'adressai à l'empereur par l'intermédiaire de Duroc[1]; je la fis adroitement appuyer par le
comte de Narbonne, dont la faveur était croissante...

* *

Là[2] (à Ferrières) il fallut user d'abord de précautions
infinies, pour recevoir de Paris, dont j'étais si rapproché, les
informations secrètes dont je m'étais fait une habitude invincible. Je sentis bientôt que, vu la gravité de conjoncture,
rien ne pouvait suppléer aux conversations expansives que
j'avais l'art de provoquer sans avoir jamais eu à me reprocher aucun abus de confiance; mais ici ce n'était plus qu'à

---

1. Duroc était la *conscience de Napoléon*, qui lui exposait ses
motifs de mécontentement comme un plaideur désireux d'obtenir le suffrage de son juge. (Cf. *Mémoires sur l'intérieur du
Palais impérial*, t. II, p. 136.)

2. Fouché était alors à Ferrières. Le château de Ferrières est à
trois quarts de lieue de la terre de Pont-Carré, bien d'émigré;
Fouché l'avait acquis de l'État, mais on assure qu'il avait payé
l'exacte valeur à son propriétaire. Le château de Ferrières était en
ruines; il paraît que Fouché le fit démolir, et fit construire sur son
emplacement des bergeries. Ferrières et Pont-Carré, réunis à d'immenses bois, formaient, en 1810, un des plus magnifiques domaines
du royaume, embrassant une étendue de quatre lieues. C'est au château de Ferrières que Fouché se retira après sa disgrâce, et, plus
tard, après son retour de la sénatorerie d'Aix.

la dérobée et de loin que je pouvais me procurer quelques entretiens furtifs, avec des personnes sûres et dévouées. Quand il m'en venait, elles ne pénétraient jamais chez moi qu'à l'insu de mes gens, par une petite porte dont j'avais seul la clef, et protégées par les ombres de la nuit. C'était dans un coin de mon château que je les recevais, et où nous ne pouvions être entendus ni surpris.

De tous les hommes qui tenaient au gouvernement, où qui en faisaient partie, l'estimable et digne Malouet fut le seul qui eut le courage de venir me visiter à découvert et sans aucun mystère[1].

Tout en regardant comme inutiles et impuissantes les représentations que je me proposais d'adresser à Napoléon dans un Mémoire sur le danger de cette nouvelle guerre, Malouet ne chercha point à m'en dissuader... Je lui en montrai l'ébauche, qu'il approuva...

On a vu comment l'adulation s'était emparée de sa cour, de ses grands, de ses Ministres et de son Conseil. L'éloge était devenu si outré que l'adoration fut de commande et, dès ce moment, devint honteuse.

« Sire, disais-je à Napoléon, vous êtes en possession de la « plus belle monarchie de la terre; voudrez-vous sans cesse « en étendre les limites pour laisser à un bras moins fort que « le vôtre un héritage de guerre interminable? Les leçons de « l'histoire rejettent la pensée d'une monarchie universelle. « Prenez garde que trop de confiance dans votre génie « militaire ne vous fasse franchir les bornes de la nature et « heurter tous les préceptes de la sagesse. Il est temps de vous « arrêter. Vous avez atteint, Sire, ce point de votre carrière où « tout ce que vous avez acquis devient plus désirable que tout « ce que de nouveaux efforts pourraient vous faire acquérir « encore. Toute nouvelle extension de votre domination, « qui déjà passe toute mesure, est liée à un danger évident, « non seulement pour la France, déjà peut-être accablée « sous le poids de vos conquêtes, mais encore pour l'intérêt « bien entendu de votre gloire et de votre sûreté. Tout ce « que votre domination pourrait gagner en étendue, elle le « perdrait en solidité. Arrêtez-vous, il en est temps; jouissez « enfin d'une destinée qui est sans aucun doute la plus bril-

1. Fouché et Malouet avaient étudié ensemble à l'Oratoire.

« lante de toutes celles que, dans nos temps modernes, l'ordre
« de la civilisation ait permis à une imagination hardie de
« désirer et de posséder.

« Et quel Empire voulez-vous aller subjuguer? L'Empire
« russe qui est assis sur le pôle et adossé à des glaces éter-
« nelles; qui n'est attaquable qu'un quart de l'année; qui
« n'offre aux assaillants que les rigueurs, les souffrances,
« les privations d'un sol désert, d'une nature morte et
« engourdie? C'est l'Antée de la fable dont on ne saurait
« triompher qu'en l'étouffant dans ses bras. Quoi! Sire, vous
« vous enfonceriez dans les profondeurs de cette moderne
« Scythie sans tenir compte ni de la dureté et de l'inclé-
« mence du climat, ni de la pauvreté du pays qu'il vous
« faudra traverser, ni des chemins, des lacs, des forêts qui
« suffisent seuls pour arrêter votre marche, ni de l'énorme
« fatigue et des dangers de toute espèce qui épuiseront
« votre armée, telle formidable qu'elle puisse être? Aucun fort
« au monde sans doute ne pourra vous empêcher de passer le
« Niémen, de vous enfoncer dans les déserts, dans les forêts
« de la Lithuanie; mais vous trouverez la Dwina bien plus
« difficile à surmonter que le Niémen, et vous serez encore
« à cent lieues de Pétersbourg. Là il vous faudra choisir
« entre Pétersbourg et Moscou. Quelle balance, grand
« Dieu! que celle qui vous fera pencher pour l'une de ces
« deux capitales!

« Dans l'une ou dans l'autre se trouvera le destin de
« l'univers.

« Quels que soient vos succès, les Russes vous disputeront
« pied à pied ces contrées difficiles où vous ne trouverez
« rien de ce qui alimente la guerre. Il vous faudra tout tirer
« de deux cents lieues. Tandis que vous aurez à combattre,
« que vous aurez à livrer trente batailles, peut-être, la moi-
« tié de votre armée sera employée à couvrir les communi-
« cations trop faibles, interrompues, menacées, coupées par
« des nuées de cosaques. Craignez que tout votre génie ne
« soit impuissant pour conjurer la perte de votre armée, en
« proie aux fatigues, à la faim, à la nudité, à la dureté du
« climat; craignez d'être réduit ensuite à venir combattre
« entre l'Elbe et le Rhin! Sire, je vous en conjure, au nom
« de la France, au nom de votre gloire, au nom de votre
« sûreté et de la nôtre, mettez l'épée dans le fourreau; son-

« gez à Charles XII[1]. Ce prince, il est vrai, ne pouvait pas
« disposer, comme vous, des deux tiers de l'Europe conti-
« nentale et d'une armée de six cent mille hommes ; mais,
« de son côté, le czar Pierre n'avait pas quatre cent mille
« hommes et cinquante mille cosaques. Il avait, direz-vous,
« une âme de fer, et la nature a départi le caractère le plus
« doux à l'empereur Alexandre ; mais ne vous y méprenez pas,
« la douceur n'exclut pas la fermeté de l'âme, surtout quand
« il s'agit d'intérêts si puissants. D'ailleurs, n'aurez-vous pas
« contre vous son Sénat, la majorité des grands, la famille impé-
« riale, un peuple fanatisé, des soldats endurcis, et les intrigues
« du Cabinet de Saint-James ? Déjà, si la Suède vous échappe,
« c'est par la seule influence de son or. Craignez que cette
« île irréconciliable n'ébranle la fidélité de vos alliés ; crai-
« gnez, Sire, que vos peuples ne vous taxent d'une ambition
« irréfléchie et ne se préoccupent trop de la possibilité d'une
« grande infortune. Votre puissance et votre gloire ont
« assoupi bien des passions hostiles ; un revers inattendu
« pourrait ébranler tous les fondements de votre Empire. »

Ce mémoire terminé, je fis demander à l'empereur une
audience. On m'introduisit dans son cabinet, aux Tuileries.

A peine m'aperçoit-il, que, prenant un air aisé : « Vous
« voilà, Monsieur le duc ; je sais ce qui vous amène. —
« Comment, Sire ? — Oui, je sais que vous avez un mémoire
« à me présenter. — Cela n'est pas possible. — Je le sais ;
« n'importe, donnez, je le lirai ; je n'ignore cependant pas
« que la guerre de Russie n'est pas plus de votre goût que la
« guerre d'Espagne. — Sire, je ne pense pas que celle-ci soit
« tellement heureuse qu'on puisse se battre à la fois sans
« danger au-delà des Pyrénées et au-delà du Niémen ; le
« désir et le besoin de voir s'affermir à jamais la puissance
« de Votre Majesté m'ont donné le courage de lui soumettre
« quelques observations sur la crise présente. — Il n'y a pas
« de crise ; c'est ici une guerre toute politique ; vous ne pou-

---

1. Cette lettre authentique est à retenir. Il faut rapprocher cette
recommandation de Fouché de ce fait, rapporté par M. de Bausset : « L'empereur lut plusieurs fois. pendant son séjour à Mâcon,
l'*Histoire de Charles XII*, de Voltaire. Ce livre était constamment
sur son bureau, et même sur sa table de nuit. » — (M. DE BAUSSET,
Mémoires sur l'intérieur du Palais impérial, t. II, p. 119.)

« vez pas juger de ma position ni de l'ensemble de l'Europe.
« Depuis mon mariage, on a cru que le lion sommeillait ; on
« verra s'il sommeille. L'Espagne tombera dès que j'aurai
« anéanti l'influence anglaise à Saint-Pétersbourg ; il me
« fallait huit cent mille hommes, et je les ai ; je traîne toute
« l'Europe avec moi, et l'Europe n'est plus qu'une vieille
« p... pourrie dont je ferai tout ce qui me plaira avec huit
« cent mille hommes. Ne m'avez-vous pas dit autrefois que
« vous faisiez consister le génie à ne rien trouver d'impos-
« sible ? Eh bien, dans six ou huit mois vous verrez ce que
« peuvent les plus vastes combinaisons réunies à la force qui
« sait mettre en œuvre. Je me règle d'après l'opinion de
« l'armée et du peuple plus que par la vôtre, Messieurs, qui
« êtes trop riches, et qui ne tremblez pour moi que parce
« que vous craignez la débâcle. Soyez sans inquiétude ;
« regardez la guerre de Russie comme celle du bon sens, des
« vrais intérêts, du repos et de la sécurité de tous. D'ailleurs,
« qu'y puis-je, si un excès de puissance m'entraîne à la dic-
« tature du monde ? N'y avez-vous pas contribué, vous et
« tant d'autres qui me blâmez aujourd'hui, et qui voudriez
« faire de moi un roi débonnaire ? Ma destinée n'est pas
« accomplie ; je veux achever ce qui n'est qu'ébauché. Il
« nous faut un Code européen, une Cour de Cassation euro-
« péenne, une même monnaie, les mêmes poids et mesures,
« les mêmes lois ; il faut que je fasse de tous les peuples de
« l'Europe le même peuple, et de Paris la capitale du monde.
« Voilà, Monsieur le duc, le seul dénouement qui me con-
« vienne. Aujourd'hui vous ne me serviriez pas bien, parce
« que vous vous imaginez que tout va être remis en question ;
« mais avant un an vous me servirez avec le même zèle et la
« même ardeur qu'aux époques de Marengo et d'Austerlitz.
« Vous verrez encore mieux que tout cela ; c'est moi qui
« vous le dis. Adieu, Monsieur le duc, ne faites ni le dis-
« gracié, ni le frondeur, et mettez en moi un peu plus de
« confiance[1]. »

---

1. Fouché se retira « stupéfait, après avoir fait une révérence
profonde à l'empereur ». Il était tout étourdi de *ce singulier entretien*. Mais ce qu'il voulait savoir surtout c'était comment l'empereur avait pu être informé de l'objet de sa démarche.
Savary faisait surveiller Fouché à Ferrières. Il employait un

Je savais que dans un conseil du cabinet, où l'empereur n'avait appelé que Berthier, Cambacérès et Duroc, on avait agité la question de savoir s'il était de l'intérêt du gouvernement qu'on s'assurât, par l'arrestation ou par un exil sévère, de M. de Talleyrand et de moi ; et que, tout bien considéré, l'idée de ce coup d'État avait été abandonnée comme impolitique et inutile, en ce qu'il aurait trop ébranlé l'opinion et inquiété l'avenir des hauts fonctionnaires et dignitaires ; inutile, en ce qu'on ne pouvait citer aucun acte de notre part ni aucun fait à notre charge, qui pût motiver une telle mesure...

La France souffrait de plus en plus de la disette des grains. Il y eut des soulèvements en divers lieux ; on les comprima par la force, et des Commissions militaires firent passer par les armes un grand nombre de malheureux que le désespoir avait égarés. Ce ne fut pas sans horreur qu'on apprit que parmi les victimes de ces exécutions sanglantes il s'était trouvé, dans la ville de Caen, une femme.

* * *

L'empereur Alexandre avait toujours son ambassadeur à Paris, et Napoléon son ambassadeur à Saint-Pétersbourg ;

sieur B... émigré rentré, ancien agent chargé de l'espionnage des Bourbons, qui avait acheté, près du château de Ferrières, un petit domaine, et qui était devenu maire de la commune. L'ex-ministre était invisible, défiant, soupçonneux, sur ses gardes ; personne, même les gens du pays, n'avaient accès près de lui. Cependant B..., sachant que l'un des fermiers de Fouché était poursuivi par son homme d'affaires, put forcer la porte : « Monseigneur, lui dit il, je viens solliciter auprès de vous une grâce, un acte de justice et d'humanité très urgent ; je viens vous supplier de sauver d'une ruine totale un malheureux père de famille. » Et Fouché donne des détails, explique, insiste. Il s'en veut beaucoup d'avoir été dupé.

L'homme, durant l'entretien, avait pu surprendre sur la table de Fouché le mémoire, lire les lettres V, M, I et R, etc. « J'avoue, dit le duc d'Otrante, que, lorsque les détails de cette espèce de mystification me furent connus, j'en fus piqué au vif. J'avais de la peine à me pardonner d'avoir été ainsi joué par un drôle, de qui, pendant longtemps, j'avais reçu de Londres les rapports secrets, et au profit de qui j'ordonnançais, chaque année, une somme de 20.000 francs. On verra, plus tard, que je ne me laissai point dominer par trop de ressentiment. »

mais, de plus, Alexandre entretenait à Paris le comte de Czernitscheff, son diplomate de confiance. Cet aimable Russe, au milieu des dissipations d'une cour brillante et des mystères de plus d'une intrigue amoureuse maladroitement voilée à dessein, ne négligeait pas une mission plus secrète, voilée, plus utile à son maître...

On trouva chez lui[1] la preuve qu'il avait régné une grande intimité entre ce seigneur russe et plusieurs dames de la cour de Napoléon, entre autres la duchesse de R... Elle s'en tira, dit-on, en alléguant qu'elle avait agi de concert avec son mari pour tâcher de pénétrer l'objet secret de la mission de Czernitscheff...

Les circonstances de la fuite de Czernitscheff, bientôt connue dans les salons, firent grand bruit, et cette affaire accéléra la rupture. Déjà l'empereur, dont le départ était résolu, cherchant à obtenir quelque popularité, visitait les divers quartiers de Paris, examinant les travaux publics et jouant des scènes préparées, soit avec le préfet de Paris, soit avec le préfet de police, M. Pasquier. Il allait fréquemment aussi à la chasse, affectant de paraître plus occupé des plaisirs que de la grande entreprise qu'il méditait.

Je le vis à Saint-Cloud[2] où j'allai lui faire ma cour, sans

---

1. Czernitscheff avait dû quitter précipitamment Paris. Il avait oublié de brûler sa correspondance furtive. On fit une perquisition, qui la fit découvrir sur le tapis de sa chambre. La procédure fit ressortir que le cabinet russe prévoyait la rupture avec la France depuis l'entrevue d'Erfurt. C'est alors que Romanzoff disait, en parlant de Napoléon : *Il faut l'user.*

2. Après l'abdication, M. de Bausset, préfet de police, nous fait ce portrait de l'empereur :

« A cette époque de sa vie, Napoléon avait quarante-six ans ; sa taille était de cinq pieds deux pouces et quelques lignes ; sa tête était grosse ; ses yeux bleu clair ; ses cheveux châtain foncé ; les cils de ses paupières étaient plus clairs que ses sourcils, qui étaient, comme ses cheveux, châtain foncé ; il avait le nez bien fait, et la forme de la bouche gracieuse et d'une extrême mobilité ; ses mains étaient remarquablement belles et éclatantes de blancheur ; il avait le pied petit ; mais, en général, ses chaussures ne faisaient point valoir cet avantage, parce que la moindre gêne lui était insupportable. Du reste, il était bien fait et bien proportionné. Une de ses habitudes physiques que j'ai le plus remarquée c'était celle qu'il avait d'incliner, par un mouvement subit et rapide, le haut du corps et sa tête sur son côté droit, et d'y appuyer son coude et aucune intention de solliciter ni d'épier une audience. L'aspect morne de cette cour, l'air soucieux des courtisans me parurent contraster avec l'assurance du chef de l'État.

Jamais il n'avait joui d'une santé plus parfaite ; jamais je n'avais vu briller sur son front, sur ses traits, dont les contours dessinaient l'antique, les signes d'une plus grande vigueur d'esprit, d'une plus sûre confiance en lui-même, puisée dans le sentiment profond de sa force. J'en éprouvai une impression de tristesse involontaire, que je n'aurais pu définir, si les plus fâcheux pressentiments n'avaient assiégé mon esprit.

..

Le sort en est jeté ; le Niémen est franchi par six cent mille hommes, par la plus belle armée, la plus formidable qu'ait jamais pu rassembler aucun des conquérants de la terre. Maintenant laissons Napoléon, laissons cet illustre fou courir à sa perte ; ce n'est pas son histoire militaire que je raconte.

Constatons l'état de l'opinion, au moment où, traversan l'Allemagne et s'arrêtant à Dresde, il attirait à lui les regards inquiets de vingt peuples. Voyons d'abord ce qu'on en pensait dans ces mêmes salons de Paris, dont il désirait tant le suffrage : on y laissait échapper des vœux pour son abaissement et même pour sa chute, tant son agression semblait inspirée par une ambition en délire. Dans les classes intermédiaires et parmi le peuple, l'esprit public ne lui était pas plus favorable. Toutefois le mécontentement n'y était point hostile. On aurait voulu garantir Napoléon de ses propres excès, et le contenir dans de plus petites bornes.

Il y avait d'ailleurs, au fond de tout cet esprit désapprobateur, un sentiment qui prévalait : celui d'une vive attente, d'une curiosité inquiète sur l'issue de l'expédition gigantesque de l'homme extraordinaire dont l'ambition dévorait les siècles.

son bras, comme s'il voulait élever sa taille. Ce mouvement machinal était fort léger, et n'était remarquable que lorsqu'il causait en se promenant. Lorsque la sérénité de son humeur n'était point altérée, le sourire le plus aimable venait éclairer cette belle physionomie et lui donnait un charme indéfinissable, que je n'ai jamais vu qu'à lui seul. »

On admettait assez généralement qu'il resterait vainqueur et maître de la terre [1]...

En proclamant la guerre, en s'élançant au-delà du Niémen, il s'écrie par une inspiration feinte : « La fatalité entraîne les Russes, que les destins s'accomplissent! » Plus calme, son adversaire, qui n'ose l'attendre à Wilna, recommande à ses peuples de défendre la *Patrie et la Liberté*...

Enflé du gain de la plus sanglante bataille [2] de nos temps modernes, où cent mille soldats sont sacrifiés à l'ambition d'un seul homme et nullement ému du pénible et douloureux aspect de ses bivouacs, Napoléon croit enfin pouvoir opérer la destruction d'un vaste et puissant empire, comme il a improvisé jadis la chute des républiques de Gênes, de Venise et de Lucques.

Il ignorait peut-être que la Russie, sans un seul allié à

1. Dans *la Révolution*, confirmant cette opinion, Proudhon dit : « Toute l'armée française, toute la nation, a été certainement d'accord avec son chef; elle a applaudi aux campagnes d'Austerlitz, d'Iéna, d'Eylau, de Friedland ; elle n'a point protesté contre la guerre d'Espagne et de Portugal ; ni contre celle de Russie ; bien moins encore contre celle de Saxe, et de 1811 et de 1814, en France.

« Cependant, aujourd'hui, la plupart des critiques blâment cette politique de Napoléon, avec M. Thiers. Ils eussent voulu un terme à l'*ambition* de l'homme. »

2. Bataille de la Moskova ou de Borodino, livrée le 7 septembre, à vingt-cinq lieues en avant de Moscou, dont chaque parti s'attribue le succès. Les temples de Saint-Pétersbourg retentirent de chants de triomphe, de *Te Deum*; la Bourse de Londres fut en jubilation pendant vingt-quatre heures; en Autriche, il fut ordonné à tout officier porteur de nouvelles de l'armée de réunir tous les postillons de Vienne, munis de leur petit cornet, en façon de cor de chasse, et d'entrer, avec tous les *turlututus* d'étiquette, aux sons des fanfares les plus aiguës et les plus bruyantes, dans la capitale.

Il fut tiré par les Français plus de cinquante-cinq mille coups de canon et au moins autant par les Russes. Voici une anecdote, rapportée par M. de Bausset : « Il se mêle souvent, dit-il, des choses ridicules dans les affaires les plus sérieuses. Quelques jeunes soldats mettaient à profit les circonstances pour quitter leurs rangs périlleux... Plusieurs s'étaient réunis pour sortir un des leurs, assez légèrement blessé. Ils vinrent à passer près du maréchal Lefèvre, qui commandait la garde et était près de nous...

« Qui m'a vu ces sacrés c... de *cognats*, qui se sont mis à quatre pour porter *Malbrouk* ?..... A vos rangs!... » leur dit-il l'ouverture de la campagne, venait de signer coup sur coup trois traités d'union : avec la Suède, l'Angleterre et la régence de Cadix...

Aveugle en Espagne, Napoléon resta tel à Moscou. Des dispositions prudentes rentraient trop dans un ordre méthodique dont il avait horreur.

.·.

La conspiration Malet n'a pas été comprise : Malet n'était pas un fou, c'était un audacieux.

Mais toute la conspiration n'était pas dans la tête de Malet [1]. La pensée en était royaliste, et l'exécution républicaine.

Et d'abord, voyons dans quelles mains le pouvoir était délégué durant l'absence de l'empereur. Sans aucun doute l'archichancelier Cambacérès en était le dépositaire : homme lâche et flétri, vrai sycophante. Parmi les Ministres, un seul se gonflait parce qu'il tenait la police, qui, pour lui, restait muette de révélations. Mais cet homme, roide officier de gendarmerie, était nul en politique et en affaires d'État.

avec quelques épithètes encore plus énergiques. Ils obéirent ; et ce qu'il y eut de plus risible, c'est que le héros blessé trouva assez de forces pour se relever et gagner tout seul l'ambulance. Contre son ordinaire, Napoléon avait « le teint échauffé, les cheveux en désordre et l'air fatigué ».

M. de Bausset ajoute :

« A midi, je demandai à Napoléon s'il voulait déjeuner. La bataille n'était pas encore gagnée, il me fit un geste négatif ; je commis l'imprudence de lui dire qu'il n'y avait aucune raison dans le monde qui dût empêcher le déjeuner quand on le pouvait ; alors il me congédia d'une façon assez brusque... Plus tard il mangea un morceau de pain et but un verre de chambertin, sans y mettre de l'eau. Il avait pris un verre de punch à dix heures du matin, parce qu'il souffrait d'un gros rhume. » (L. DE BAUSSET, *Mémoires anecdotiques sur l'intérieur du Palais*, t. II, p. 63, 64.)

1. L'éditeur des *Mémoires* met en note : *Ceci mérite attention.* Aujourd'hui on a dévoilé tous les secrets de cette conspiration. Malet, en 1802, avait déjà été compromis dans la conspiration dite du *Sénal* ; Bernadotte en était l'âme, Mᵐᵉ de Staël le foyer, et lui l'agent principal. Fouché lui-même avait été dénoncé, comme faisant partie du complot, par le préfet de police Dubois.

Venait, en seconde ligne, Pasquier, préfet de police, excellent magistrat, pour statuer sur les boues et les lanternes, pour régler la police des marchés, des prix, des courtisans, mais vide de sens et chargé de paroles; nul quant au tact et à l'investigation : voilà pour le civil. Passons au militaire : le pouvoir du sabre résidait dans la personne d'Hullin, commandant de Paris, épais soldat, mais ferme, quoique tout aussi engourdi, tout aussi gauche en politique. Ajoutons que l'exercice de l'autorité étant devenu, pour les principaux fonctionnaires, une sorte de mécanisme, hors de là ils n'apercevaient plus rien que l'obéissance passive; ajoutons que l'impératrice Marie-Louise résidait à Saint-Cloud; qu'il n'y avait alors, dans la garnison de Paris, aucune de ces vieilles troupes fanatisées, qui, au nom de l'empereur, auraient mis tout à feu et à sang... Or, Paris, comme on le voit, pouvait, à la suite d'un habile et vigoureux coup de main, rester au premier occupant... Je pose en fait que, sur cent trente sénateurs, près de soixante, qui, d'ordinaire, marchaient sous la direction de M. de Talleyrand, de M. de Semonville *et sous la mienne, auraient secondé toute révolution, dans un but salutaire, à la seule manifestation de l'accord de cette triple influence. Or, une telle condition n'était ni improbable, ni impraticable* [1].

Cette possibilité explique la création d'un Gouvernement provisoire éventuel, composé de MM. Mathieu de Montmorency, Alexis de Noailles, le général Moreau, le comte Frochot, préfet de la Seine, et un cinquième qu'on n'a pas nommé. Eh bien! ce cinquième c'était M. de Talleyrand, et je devais moi-même remplacer le général Moreau absent, dont le nom était là, soit comme pierre d'attente, soit pour satisfaire ou diviser l'armée.

Quant à Malet, instrument précieux, il eût cédé de son propre mouvement le commandement de Paris à Masséna, qui, ainsi que moi, vivait alors dans la retraite et dans la disgrâce...

Soupçonneux à l'excès de tout ce qui menace son trône,

----

1. Cette opinion a été confirmée. Au Sénat, Malet comptait, en effet, sur des concours à peu près certains. Ce sont les mêmes qui, dix-huit mois plus tard, le 2 avril 1814, eurent le *courage*, sous la protection de deux cent mille baïonnettes, de déclarer *Napoléon déchu du trône.*

Napoléon songe bien plus à le garantir qu'à sauver les débris de son armée, dont il précipite la retraite. Grâce à l'inhabile poursuite de Kutusow, il dérobe trois marches aux Russes, trompe les généraux de l'armée de Moldavie, et, sous la protection d'un désastre immense, gagne la rive opposée... A Varsovie, lui-même révèle à son ambassadeur sa position et l'état de son âme par ces paroles si connues : « Du sublime au ridicule, il n'y a qu'un pas. »

De quatre cent mille soldats qui ont franchi le Niémen, à peine, cinq mois après, trente mille repassent le fleuve, parmi lesquels les deux tiers n'ont pas vu le Kremlin...

Furieux contre le préfet de la Seine, adepte du tribun Mirabeau, et qu'on a vu fléchir devant les conjurés, il éclate contre les *magistrats pusillanimes*, qui, dit-il, « détruisent « l'empire des lois et les droits du trône. Nos pères avaient « pour cri de ralliement : *Le roi est mort : vive le roi !* Ce peu « de mots, ajoute Napoléon, contient les principaux avan- « tages de la monarchie... »

Ney, en me racontant les désastres de la retraite, et faisant ressortir la fermeté de sa conduite militaire en opposition avec l'imprévoyance et la stupeur de Napoléon, ajouta qu'il avait remarqué en lui une sorte d'égarement. « Je le crus « fou, me dit Ney, quand, frappé de son désastre, au mo- « ment de nous quitter, il nous dit, comme un homme qui « se croyait sans ressources : *Les Bourbons s'en tireraient* », propos dont le sens échappait à Ney, incapable de combiner deux idées politiques.

Or il s'agissait, pour Napoléon, de faire prévaloir la *qua- trième dynastie* sur *la troisième*, et de surmonter la crise... Voilà sur quel mobile prétendait s'appuyer l'homme qui, redevable à la Révolution d'une vaste puissance dont il venait de détruire la magie, reniait cette même Révolution et s'isolait d'elle. Il sentait pourtant toute l'instabilité d'un trône qui ne s'appuyait que sur l'épée... Ne pouvant m'at- teindre, il me frappa dans mon ami, M. Malouet...

Plein de confiance, Napoléon fait parler officiellement son *Moniteur ;* à l'en croire : « L'Autriche et la France sont insé- « parables ; aucune puissance du continent ne s'éloignera de « lui ; d'ailleurs, quarante millions de Français ne craignent « rien... »

Arrive la nouvelle de la défection du corps prussien

d'York : « Ce qui suffisait hier ne suffit plus aujourd'hui ! » s'écrie Napoléon...

On convoque le Corps législatif pour qu'il vote les impôts. « La paix, dit Napoléon, dans son discours d'ouverture, est nécessaire au monde ; mais je ne ferai jamais qu'une paix honorable et conforme à la *grandeur* de mon Empire [1]. »

Voulant faire face à tout, Napoléon ordonne de mettre en disponibilité la conscription de 1814. Le voilà, comme le dissipateur, dévorant d'avance son revenu d'hommes. Il rêve encore, avec ses familiers, une armée de mille bataillons, offrant un effectif de huit cent mille hommes et de quatre cents escadrons ou cent mille chevaux ; en tout un million de soldats à défrayer. Il se berce de cette imposante chimère, et déjà ses ministres demandent un supplément de trois cents millions [2].

1. L'exposé pompeux de la situation fut présenté par M. Montalivet, ministre de l'Intérieur, et le budget par le comte Molé : « Il suffit, dit le conseiller d'Etat, pour produire tant de merveilles, de douze ans de guerre et d'un seul homme. » Et aussitôt onze cent cinquante millions sont mis à la disposition, sans discussion, de ce seul homme.

2. A cette époque de 1813 le mobilier de la couronne fut porté au grand complet ; il fut évalué 60 millions. Tous les palais impériaux furent réparés et meublés.

Il avait été dépensé, l'année précédente, en construction, au Louvre, 21 millions, et 7 millions en achats de maisons pour en opérer le déblaiement ;

2.500 000 francs avaient servi aux fondations et aux achats de terrain pour la construction du palais du roi de Rome ;

5 200.000 francs pour le palais de Versailles ;

10.800.000 francs pour constructions, restaurations, embellissements, créations de nouveaux jardins à Saint-Cloud, Trianon, Rambouillet, Laeken, Strasbourg, Rome, etc. ;

10.600.000 francs à Fontainebleau et Compiègne ;

2.450.000 francs pour les premiers travaux de la nouvelle machine de Marly.

Les diamants de la couronne, mis en gages par les précédents gouvernements, furent retirés et augmentés, et il fut ajouté à la collection du Museum pour 30 millions de tableaux, de statues, d'objets d'art, d'antiquités, etc. ; en tout 116.850.000 francs dépensés par la liste civile et par le domaine extraordinaire, sans aucune surcharge pour l'Etat. La France comptait 42.738.377 habitants. Sa superficie était de 75.957.301 hectares, en y comprenant les nouveaux départements réunis.

J'étais piqué de voir M. de Talleyrand rentré, sinon en grâce, du moins rappelé dans les conseils, tandis que je restais dans l'oubli et dans la défaveur... Persuadé pourtant que tôt ou tard mes conseils seraient réclamés, je crus en hâter le terme par une nouvelle démarche...

Napoléon crut parer à tout par la formation d'une nouvelle armée de trois cent mille hommes et en organisant une régence pour le cas même de sa mort.

Coup sur coup, il gagna deux batailles, l'une à Bautzen, en Saxe ; l'autre à Wurtchen, au-delà de la Sprée, rétablissant ainsi la renommée de ses armes.

Joachim Murat, franc et brave général, mais roi sans aucune fermeté dans les résolutions, s'était créé à Naples une sorte de popularité et de puissance militaire ; il en était ébloui au point de vouloir secouer le joug de Napoléon, qui ne voyait en lui qu'un vassal à ses ordres.

Murat, voyant qu'il aurait à craindre le sort de son beau-frère Louis, si l'empereur, réparant son désastre, ressaisissait tout son pouvoir, rechercha l'alliance de l'Autriche, qui ne s'était point encore détachée de Napoléon.

La garde de Mayence, notre principale clef du Rhin, était confiée à Augereau, avec qui je désirais m'aboucher, et qui était chargé en outre de rassembler un corps d'observation sur le Mein. Je le trouvai croyant peu à la paix... « Nos « beaux jours sont passés ! me dit-il. Ah ! que ces deux vic- « toires qu'enfle Napoléon, qu'il fait sonner si haut dans Paris, « ressemblent peu aux victoires de nos belles campagnes « d'Italie, où j'apprenais à Bonaparte la guerre, dont il ne « sait plus faire que l'abus. Que de peines maintenant pour « avancer de quelques marches ! A Lutzen, notre centre avait « fléchi ; plusieurs bataillons se débandaient ; en vain, nos « deux ailes se prolongeant, menaçaient d'envelopper les « forces que l'ennemi accumulait au centre ; nous étions « perdus, sans seize bataillons de la jeune garde et quatre- « vingts pièces de canon. Il ne peut plus compter, vous dis-je, « que sur la supériorité de son artillerie ; *nous leur avons* « *appris à se battre.* Après Bautzen, il a pressé le passage de « l'Elbe et a fait une trouée dans le nord ; mais il a fallu « s'arrêter devant Wurtchen, au-delà de la Sprée ; là, nous « n'avons emporté la position et le camp retranché qu'à « force de sang. J'ai des lettres du quartier général ; et,

15

« encore. après cette horrible boucherie, point de résultat,
« point de canons, point de prisonniers. Dans un pays entre-
« coupé, on trouvait l'ennemi retranché partout, et disputant
« le terrain avec avantage ; nous avons même été maltraités
« au combat de Reichembach. Et notez que, dans ce court
« début de la campagne, un boulet a emporté Bessières en deçà
« de l'Elbe ; et un autre boulet a renversé Duroc à Reichem-
« bach ; Duroc, le seul ami qu'il eût ! Le même jour, Bruyères
« et Kirgener tombent aussi sous des boulets perdus. Quelle
« guerre ! ajoutait Augereau en continuant ses réflexions
« décourageantes. *Quelle guerre ! nous y passerons tous !* Que
« veut-il faire maintenant à Dresde ? Il ne fera pas la paix ;
« vous le connaissez encore mieux que moi ; il se fait cerner
« par cinq cent mille hommes ; car croyez bien que l'Au-
« triche ne lui sera pas plus fidèle que la Prusse. *Oui, s'il*
« *s'obstine, s'il n'est pas tué, et il ne le sera pas, nous y passe-*
« *rons tous !...*

Instruit que l'empereur était de retour au palais Marcolini,
dans Friederichstadt, je m'empressai d'aller me présenter à
son audience. Il me fit entrer dans son cabinet ; je l'y trouvai soucieux. « — Vous venez tard, Monsieur le duc, me dit-il.
« — Sire, j'ai fait toute la diligence possible pour me rendre
« aux ordres de Votre Majesté. — Que n'étiez-vous ici avant
« mon grand débat avec Metternich ; vous l'auriez pénétré. —
« Sire, ce n'est pas ma faute. — Ces gens-là, sans tirer l'épée,
« voudraient me dicter des lois ; et savez-vous qui sont ceux
« qui me tracassent le plus aujourd'hui ? Vos deux amis,
« Bernadotte et Metternich : l'un me fait une guerre ouverte,
« l'autre une guerre sourde. — Mais, Sire !... — Voyez Ber-
« thier ; il vous communiquera les résumés de ma chancelle-
« rie et vous mettra au fait de tout ; vous viendrez ensuite
« me donner vos idées sur cette *maudite négociation autri-*
« *chienne qui m'échappe ; il nous faut toute votre habileté pour*
« *la retenir.* Je ne veux pourtant rien qui compromette ma
« puissance ni ma gloire. Ces gens-là sont si âpres ! Ils vou-
« draient, sans se battre, de l'argent et des provinces que je
« n'ai acquises qu'à la pointe de l'épée. J'y ai mis bon ordre,
« quant au premier point ; Narbonne nous a éclairé ; vous
« verrez ce qu'il en pense. Abouchez-vous avec Berthier le
« plus tôt possible, mûrissez vos idées ; je vous attends sous
« deux jours... »

Ce fut Narbonne qui, le premier, écrivit de Vienne, vers la fin d'avril [1], qu'il fallait peu compter sur l'Autriche, ayant arraché à M. de Metternich l'aveu que le traité d'alliance, du 14 mars 1812, cessait de paraître applicable à la conjoncture... C'était, sans contredit, le Ministre qui avait le mieux sondé le gouvernement et la cour de Napoléon. Il y était parvenu sans effort, en offrant successivement des hommages intéressés à Hortense, à Pauline, et, avec plus de prédilection, à la femme de Murat, devenue depuis reine de Naples. L'empereur jugea superficiellement un diplomate qui, sous le dehors d'un homme du monde, aimable, galant, livré aux plaisirs, cachait une des plus fortes têtes de l'Allemagne, un esprit essentiellement européen et monarchique...

Dès lors, on parla de la réunion d'un Congrès à Prague [2]. Narbonne y suivit la cour d'Autriche ; à peine fut-il dans le voisinage de Dresde qu'il vint y prendre de nouvelles instructions. « Eh bien ! lui dit l'empereur, que disent-ils de Lutzen ? — Ah ! Sire, répond le courtisan spirituel, les uns disent que vous êtes un dieu, les autres que vous êtes un démon ; mais tout le monde convient que vous êtes plus qu'un homme. » Narbonne, observateur profond, ne s'abusait pas, du reste, sur le pouvoir surnaturel de celui dont il comparait la tête à un volcan...

Tel était, à mon arrivée à Dresde, l'état des affaires. Je ne dissimulai pas à Berthier, dont le jugement était sain et les

---

1. On avait appris, à Prague, le désastre de notre armée à Vittoria, qui laissait Wellington maître de la péninsule. Napoléon enjoignit à Soult d'aller rallier les troupes. Mais la femme du général s'y opposait, refusant de partir : « Madame, s'écrie Napoléon en colère je ne vous ai point mandée pour entendre vos algarades ; je ne suis point votre mari ; et, si je l'étais, vous vous comporteriez autrement. Songez que les femmes doivent obéir ; retournez à votre mari et ne le tourmentez plus ! » Cette scène fit diversion aux malins propos circulant sur Mⁿᵉ Bourgoin, l'une des plus belles actrices des Français. Elle avait été invitée à un déjeuner de l'empereur, avec Berthier et Caulaincourt ; elle avait pris tour à tour « en quittant le rôle de Melpomène, le masque d'Hébé, de Terpsicore et de Thaïs ».

2. Le Congrès de Prague ne fut qu'une fantasmagorie diplomatique. Les véritables discussions se passèrent à Dresde, où le prince de Metternich et le comte de Bubna se rendirent. (Cf. M. DE BAUSSET, *Mémoires sur l'intérieur du Palais impérial*, t. II, p. 155.)

opinions raisonnables, que je ne formais plus aucun doute que l'Autriche n'entrât dans la coalition, si l'empereur n'abandonnait pas au moins l'Allemagne et l'Illyrie... Berthier partagea ma manière de voir. « Mais, me dit-il, vous ne sau- « riez croire combien il me faut user de circonspection avec « l'empereur ; je l'irriterais sans le ramener par une contra- « diction ouverte ; je suis forcé d'employer des biais, à moins « qu'il ne m'interpelle. Par exemple, depuis que l'Autriche « semble vouloir nous faire la loi, nous discutons souvent « des plans de campagne dans l'hypothèse de la rupture ; « c'est là mon terrain. Eh bien ! le croiriez-vous ? Je n'ai pas « osé le presser d'abandonner la ligne de l'Elbe pour se rap- « procher méthodiquement de celle du Rhin, ce qui nous « mettrait à couvert avec toutes mes forces disponibles. « Qu'ai-je fait ? J'ai appuyé, sous main, le plan d'un officier « général très capable[1] ; plan qui consiste à rappeler tout ce « que nous avons par-delà l'Elbe, à réunir tous les corps « détachés, et à se retirer en masse sur la Saale et de là sur « le Rhin. Une considération décisive milite en faveur de ce « plan. Admettons que l'Autriche se déclare : elle ouvrira « aussitôt les portes de la Bohème ; elle permettra aux alliés « de tourner toutes nos positions, en un mot, de nous couper « de la France. Rien n'a pu faire impression sur l'empereur. « Eh ! bon Dieu, s'est-il écrié, dix batailles perdues pour- « raient à peine me réduire à la position où vous voulez me « placer tout d'abord !... Au surplus, j'ai tout calculé ; le sort « fera le reste. Quant à votre plan de défense rétrograde, il « ne peut me convenir ; d'ailleurs, je ne vous demande pas « des plans de campagne ; n'en faites pas ; contentez-vous « d'entrer dans ma pensée pour exécuter les ordres que je « vous donne ! »

... Je me prémunis, et me présentai aux jardins Marcolini. Introduit presque aussitôt, je trouvai l'empereur environné de cartes et de plans. A peine m'aperçoit-il que, se levant, il me parle en ces termes : « Eh bien ! Monsieur le duc, con- naissez-vous notre position ? — Oui, Sire. — Allons-nous être entre deux feux : entre les obus de votre ami Berna-

---

1. Il est très vraisemblable qu'il s'agit ici du lieutenant-général Rogniat, qui commandait l'armée du génie à la campagne de Saxe.

dotte et les bombes de mon grand ami Swartzemberg? —
Selon moi, il n'y a pas là-dessus le moindre doute, à moins
de satisfaire l'Autriche. — Je ne le ferai pas; je ne me lais-
serai pas dépouiller sans combattre. Je le sais, on soulève
contre moi toutes les ambitions et beaucoup de passions.
Votre Bernadotte, par exemple, peut nous faire beaucoup de
mal en donnant la clef de notre politique et la tactique de
nos armées à nos ennemis. — Mais, Sire, votre cabinet n'a-
t-il pas essayé de le ramener à un système moins habile? —
Quel moyen? il est à la solde anglaise[1]; je lui ai pourtant
fait écrire, et j'ai près de lui un homme sûr; mais la tête lui
tourne de se voir recherché et encensé par les légitimes. —
Sire, tout ceci me paraît si grave que j'ai pris aussi la plume
pour tâcher d'ouvrir les yeux au prince de Suède, qui peut
bien venir parader en Allemagne, mais qui, dans aucun cas,
ne doit faire la guerre à la France. — *Bah! la France, la
France... c'est moi!...* — Que Votre Majesté daigne me dire si
elle approuve ma lettre; j'y démontre au prince de Suède
qu'il se fait l'instrument de la Russie et de l'Angleterre pour
le renversement de votre puissance et pour faire revivre la
cause des Bourbons. (Je remets ma lettre à l'empereur, qui
la lit attentivement.) — C'est bien; mais par quelle voie la lui
ferez-vous parvenir? — Je pense que Votre Majesté pourrait
se servir de l'intermédiaire du maréchal Ney, longtemps
l'ami et le compagnon d'armes du prince de Suède, et qui
pourrait y joindre ses instances personnelles dans le même
but politique, en l'autorisant à choisir pour émissaire le
colonel T... — *Non, cet officier a été jacobin.* — Sire, on pourrait y employer le lieutenant de la gendarmerie, L..., dont
Votre Majesté connaît le dévouement et l'intelligence. — A
la bonne heure; je lui ferai remettre des instructions et je
le dépêcherai à Ney. »

Après un silence de deux minutes, l'empereur reprenant
tout à coup la parole : « Avez-vous réfléchi au moyen de
suivre la négociation secrète avec l'Autriche? — Oui, Sire.

---

1. Fouché rapporte qu'à l'entrevue d'Abo (septembre 1812)
l'empereur de Russie aurait dit à Bernadotte : *Si Bonaparte ne
réussit point dans son attaque contre mon Empire, et que, par
suite de sa défaite, le trône de France devienne vacant, je ne vois
personne de plus en mesure que vous d'y monter.*

— M'avez-vous préparé ma note? — Oui, Sire, la voilà. —
(L'empereur après l'avoir lue :) Quoi! tout vous paraît ineffi-
cace? Vous ne voyez, dans mes moyens, que des palliatifs,
des demi-mesures; vous vous rangez de l'avis de ceux qui
voudraient me voir désarmé, réduit à l'autorité d'un maire
de village? Croyez bien, Monsieur le duc, que vous ne trouverez pas une égide plus sûre que la mienne. — Sire, j'en
suis tellement persuadé que c'est précisément l'un des
principaux motifs qui me fait désirer si ardemment de ne
plus voir le trône de Votre Majesté exposé au hasard des
batailles. Mais je ne dois pas me le dissimuler, la réaction
de l'Europe, arrêtée longtemps par vos glorieux triomphes,
ne saurait plus l'être aujourd'hui que par d'autres triomphes
plus difficiles à obtenir. Les mêmes Ministres, qui étaient
toujours prêts à négocier avec votre cabinet, qu'il vous était
si facile autrefois de diviser et d'intimider, se vantent aujour-
d'hui que leur voix ne sera plus étouffée dans les conseils
des rois par une politique étroite et imprévoyante; ils prétendent qu'il s'agit pour eux du salut de l'Europe. — *Eh bien,
il s'agit pour moi du salut de l'Empire, et, certes, je ne me char-
gerai pas du rôle dont ils ne veulent plus!* — Mais enfin, il faut
une solution; si vous ne désarmez pas l'Autriche, ou si elle
ne passe pas dans votre camp, vous aurez contre vous toute
l'Europe, cette fois unie invariablement. Le mieux serait
l'œuvre de la paix; elle est possible en abandonnant l'Allemagne pour conserver l'Italie, ou en cédant l'Italie pour
conserver un pied en Allemagne. De fâcheux pressentiments,
Sire, me préoccupent; au nom du ciel, pour la gloire et
l'affermissement de ce bel Empire que je vous aidai à organiser, évitez, je vous en supplie, la rupture, et conjurez, il
en est temps encore, une croisade générale contre votre
puissance. Songez que, cette fois, au moindre revers de vos
armes, tout changerait de face, et que vous perdriez le reste
de vos alliés qui chancèlent; qu'en vous refusant à une
défense nationale, seul abri contre les revers, vos ennemis
se prévaudraient de cette force d'inertie fatale au pouvoir
qui s'isole; c'est alors qu'on verrait se réveiller de vieilles
espérances assoupies, et que l'Angleterre aux aguets verse-
rait à Bordeaux, dans la Vendée, en Normandie et dans le
Morbihan, ses émissaires chargés d'y relever, au moindre
événement favorable, la cause des Bourbons. Je vous adjure,

Sire, au nom de notre sûreté et de votre gloire, de ne pas en venir à jouer dans un va-tout et votre couronne et votre puissance. Qu'arriverait-il ? Que cinq cent mille soldats, soutenus en seconde ligne par toute une population insurgée, vous forceraient à déserter l'Allemagne sans vous donner le temps de renouer des négociations... »

A ces mots, l'empereur relevant la tête, et prenant une attitude guerrière : « Je puis encore, me dit-il, leur livrer dix batailles, et une seule me suffit pour les désorganiser et les écraser. Il est fâcheux, Monsieur le duc, qu'une fatale disposition de découragement domine ainsi les meilleurs esprits; la question n'est plus dans l'abandon de telles ou telles provinces; il s'agit de notre suprématie politique, et pour nous l'existence en dépend. *Si ma puissance matérielle est grande, ma puissance d'opinion l'est bien davantage; c'est de la magie : n'en brisons pas le charme!* Pourquoi tant d'alarmes? Laissons se produire les événements. Quant à l'Autriche, personne ne doit s'y tromper; elle veut profiter de ma position pour m'arracher de grands avantages; au fond, j'y suis presque décidé; mais je ne me persuaderai pas qu'elle consente à m'abattre tout à fait, et se livrer ainsi elle-même à la toute-puissance de la Russie. Voilà ma politique, et j'entends que vous me serviez de tous vos moyens. Je vous ai nommé gouverneur général de l'Illyrie ; et c'est vous, vraisemblablement, qui en ferez la remise à l'Autriche. Partez; passez à Prague; nouez-y vos fils pour la négociation secrète; et de là dirigez-vous à Gratz et sur le Laybach, d'où vous suivrez les affaires; allez vite, car ce pauvre Junot, que vous remplacez, est décidément fou à lier; et l'Illyrie a besoin d'une main sage et ferme. — Je suis tout prêt, Sire, à répondre à la confiance dont vous m'honorez; mais, si j'osais, je vous ferais observer que l'un des principaux mobiles de la négociation secrète serait, sans aucun doute, indépendamment de la rétrocession des provinces, la perspective de la régence, telle que l'a organisée Votre Majesté dans toute sa latitude. — Je vous entends; eh bien! dites tout ce que voudrez là-dessus, je vous donne carte blanche. »

Or, ma mission n'était, à l'égard de l'Autriche, qu'un leurre, et envers moi qu'un prétexte pour m'éloigner, pendant la crise, du centre des affaires.

Napoléon s'était expliqué avec Narbonne dans le même

sens qu'avec moi... La seule instruction positive qu'eût reçu Narbonne, c'était de chercher à ne pas mettre l'Autriche dans une position ennemie. Je lui communiquai les intentions de l'empereur, relatives à la négociation secrète, et il n'en augura pas mieux que moi.

A peine arrivé dans mon gouvernement, je pus juger par moi-même que le temps des idées hardies était passé; qu'il ne fallait plus songer aux opérations offensives qui devaient jeter de puissantes divisions au centre même des États héréditaires...

On me mandait que les intrigues royalistes recommençaient dans la Vendée et à Bordeaux, et qu'on se disait tout bas, dans les cercles et les salons de la capitale : *C'est le commencement de la fin...*

J'allai conférer de l'état de choses avec le prince vice-roi, que je trouvai lui-même inquiet, mais toujours dévoué à l'empereur. « Il eût mieux valu, me dit-il, qu'il eût perdu, sans trop de dommage, les deux premières batailles dans le début de la campagne; il se serait retiré à temps derrière le Rhin... »

Tout à coup, vers les derniers jours d'octobre, je reçois du quartier général du vice-roi un billet ainsi conçu : « Pour ne vouloir rien céder, il a tout perdu. »

Murat, se déclarant pour l'indépendance italienne, trouvait un parti dans les États romains, parmi les *carbonari* et les *crivellari*, espèces d'illuminés politiques qui se recrutaient parmi les grands seigneurs, les jurisconsultes et les prélats romains.

Dans ces entrefaites, je reçus de l'empereur la mission de me rendre à Naples, pour tâcher de détourner Murat de se déclarer contre lui; mes instructions portaient de le ménager et d'user de beaucoup d'adresse dans cette négociation ; de le flatter même de la perspective qu'on lui abandonnerait les marches de Fermo et d'Ancône, dépouilles de l'État romain dont il ambitionnait depuis longtemps la possession. Je fus précédé à Naples par trois lettres de l'empereur adressées à Joachim, l'une d'elles annonçant ma prochaine arrivée comme chargé de ses pouvoirs. Je fis mon entrée à la cour de Naples vers la mi-décembre...

.·.

« J'ai pris congé du roi de Naples : je ne dois dissimuler
« à Votre Majesté [1] aucune des causes qui ont arrêté l'activité
« naturelle de ce prince.

« 1° C'est l'incertitude où vous l'avez laissé sur le com-
« mandement des armées d'Italie. Le roi, dans ces deux
« dernières campagnes, vous a donné tant de preuves de son
« dévouement et de ses qualités militaires qu'il s'attendait
« à recevoir de vous cette marque de confiance. Il se sent
« humilié à la fois et de vos soupçons, et de l'idée de se
« trouver placé sur la même ligne que vos généraux.

« 2° On dit sans cesse au roi : Si, pour conserver l'Italie
« à l'empereur, vous désorganisez votre royaume de troupes,
« les Anglais vont y opérer des débarquements et y exciter
« des séditions d'autant plus dangereuses que les Napolitains
« se plaignent hautement de l'influence de la France. — Dans
« quel état, ajouta-t-on, se trouve cet Empire ? Sans armée,
« découragé par une campagne que ses ennemis ne regardent
« pas comme le terme de ses maux, puisque le Rhin n'est
« plus une barrière, et que l'empereur, loin de pouvoir
« garantir l'Italie, a peine à s'opposer à l'envahissement de
« ses frontières d'Allemagne, de Suisse et d'Espagne. Songez
« à vous, lui écrit-on de Paris, ne comptez que sur vous-
« même. L'empereur ne peut plus rien, même pour la France ;
« comment garantirait-il vos États ? Si, dans le temps de sa
« toute-puissance, il eut la pensée de réunir Naples à l'Em-
« pire, quel sacrifice serait-il porté à faire pour vous ? Il vous
« sacrifierait aujourd'hui à une place forte.

« 3° D'un autre côté, vos ennemis opposent au tableau de
« la situation de la France celui des avantages immenses
« que présente au roi son accession à la coalition : ce prince
« consolide son trône, agrandit ses États ; au lieu de faire à

1. C'est en apprenant que Napoléon, sourd aux conseils de Talleyrand et de Cambacérès, méditait de se faire proclamer *dictateur*,
que Fouché lui écrivit cette lettre.

« l'empereur le sacrifice inutile de sa gloire et de sa cou-
« ronne, il va répandre sur l'un et l'autre l'éclat le plus
« brillant en se proclamant le défenseur de l'Italie, le garant
« de son indépendance. Se déclare-t-il pour Votre Majesté,
« son armée l'abandonne, son peuple se soulève. Sépare-t-il
« sa cause de celle de la France, l'Italie tout entière accourt
« sous ses drapeaux. Tel est le langage que parlent au roi
« des hommes qui tiennent de près à votre Gouvernement.
« Peut-être, ne fait-on en cela que s'abuser sur les moyens
« de servir Votre Majesté. La paix est nécessaire à tout le
« monde : déterminer le roi à se mettre à la tête de l'Italie
« est, à leurs yeux, le plus sûr moyen de vous forcer à faire
« la paix.

« Je suis arrivé à Rome le 18. Ici, comme dans toute
« l'Italie, le mot d'*indépendance* a acquis une vertu magique.
« Sous cette bannière se rangent sans doute des intérêts
« divers ; mais tous les pays veulent un Gouvernement local ;
« chacun se plaint d'être obligé d'aller à Paris pour des
« réclamations de la moindre importance. Le Gouvernement
« de la France, à une distance aussi considérable de la
« capitale, ne leur présente que des charges pesantes sans
« aucune compensation. Conscriptions, impôts, vexations,
« privations, sacrifices, voilà, se disent les Romains, ce que
« nous connaissons du Gouvernement de la France. Ajoutons
« que nous n'avons aucune espèce de commerce, ni intérieur
« ni extérieur ; que nos produits sont sans débouchés, et
« que le peu qui nous vient du dehors, nous le payons un
« prix excessif.

« Sire, lorsque Votre Majesté était au plus haut degré de la
« gloire et de la naissance, j'avais le courage de lui dire la
« vérité, parce que c'était la seule chose qui lui manquait.
« Aujourd'hui je la lui dois également, mais avec plus de
« ménagement, puisqu'elle est dans le malheur. Son discours
« au Corps législatif aurait fait une profonde impression sur
« l'Europe et aurait touché tous les cœurs, si Votre Majesté
« eût ajouté au désir qu'elle a manifesté pour la paix une
« renonciation magnanime à son ancien système de monar-
« chie universelle. Tant qu'elle ne se prononcera pas sur ce
« point, les puissances croiront ou diront que ce système
« n'est qu'ajourné, que vous profiterez des événements pour
« y revenir. La nation française elle-même restera dans les

« mêmes alarmes. Il me semble que si, dans cette circons-
« tance, vous concentriez toutes vos forces entre les Alpes,
« les Pyrénées et le Rhin ; si vous faisiez une déclaration
« franche de ne pas dépasser ces frontières naturelles, vous
« auriez tous les vœux et tous les bras de la nation pour
« défendre votre Empire, et certes cet Empire serait encore
« le plus beau et le plus puissant du monde ; il suffirait à votre
« gloire et à la prospérité de la France. Je suis convaincu que
« vous ne pouvez avoir de véritable paix qu'à ce prix. Je
« crains d'être seul à vous parler ce langage ; défiez-vous des
« mensonges des courtisans ; l'expérience a dû vous les faire
« connaître. Ce sont eux qui ont poussé vos armées en
« Espagne, en Pologne et en Russie, qui vous ont fait
« éloigner de vous vos plus fidèles amis, et qui, dernièrement
« encore, vous ont détourné de signer la paix à Dresde. Ce
« sont eux qui vous trompent aujourd'hui et qui vous
« exagèrent votre puissance. Il vous en reste assez pour
« être heureux et pour rendre la France paisible et prospère ;
« mais vous n'avez rien de plus, et toute l'Europe en est
« persuadée ; il serait même inutile de lui faire illusion ; on ne
« la tromperait plus.

« Je conjure Votre Majesté de ne pas rejeter ces conseils, ils
« partent d'un cœur qui n'a cessé de vous être attaché. Je n'ai
« point le sot amour-propre de voir mieux qu'un autre ; si
« chacun avait la même franchise, il vous tiendrait le même
« langage. Il vous aurait parlé comme moi après la paix de
« Tilsitt, après la paix de Vienne, avant la guerre contre la
« Russie, et, en dernier lieu, à Dresde.

« Il est affligeant, pour la dignité de l'homme, que je sois
« le seul qui vous dise ce qu'il pense. Si Votre Majesté
« éprouve de nouveaux malheurs, je n'aurai pas de reproche
« d'avoir cessé de lui dire la vérité. Au nom du ciel, mettez
« un terme à la guerre ; faites que les âmes puissent trouver
« un moment pour se reposer. »

*Ma lettre était à peine partie que Napoléon frappait son dernier
coup d'Etat : la dissolution du Corps législatif.*

.

Pour continuer d'en imposer à l'Autriche, et se croyant
maître de la détacher, à son gré, de la coalition, l'empereur,

au début de cette campagne définitive, y conserva la régence à Marie-Louise...

Joseph n'était que le contrepoids de l'archichancelier Cambacérès, qui l'était de l'impératrice et de Joseph, et l'impératrice n'était là que pour la forme...

Il est pourtant vrai de dire que toutes les autorités se trouvaient d'accord sur un point, l'impossibilité de conserver le Gouvernement dans les mains de Napoléon...

O vous qui m'avez dit depuis et après coup : Pourquoi n'étiez-vous pas là? Combien cette sorte de regret ne révèle-t-il pas votre lâcheté ! Je n'étais pas là, précisément parce que j'aurais dû y être, et qu'on avait pressenti que, par la seule force des choses, tous les intérêts de la Révolution, que je représentais à moi seul, auraient prévalu et paré à la catastrophe.

.*.

Ce fut au milieu de ces circonstances que je me présentai à la cour de la grande-duchesse, où je fus parfaitement accueilli; je trouvai en elle une femme singulière, que pour cette fois j'eus le temps d'étudier. Dépourvue de beauté et de charmes, Elisa n'était pas sans esprit, et les premiers mouvements de son cœur étaient bons; mais un défaut incurable de jugement et ses penchants à la lubricité la jetaient dans des écarts et dans l'extravagance. Son tic consistait à se modeler par imitation sur les habitudes de son frère, affectant sa brusquerie, recherchant le faste, l'appareil militaire, et négligeant les arts de la paix, les lettres mêmes, dont jadis elle s'était érigée en protectrice par enjouement. Dans un pays où avait tant fleuri l'agriculture et le commerce, elle ne s'était occupée qu'à se former une cour splendide et servile, organisant des bataillons de conscrits, faisant et défaisant les généraux ; là où jadis les Universités de Pise et de Florence, les Académies de la Crusca, del Cimento et del Disegno avaient jeté tant d'éclat, elle avait laissé dépérir les études, n'accordant de protection qu'à des histrions, des baladins et des joueurs de luth. En un mot, Elisa était redoutée et non point aimée. Quant à moi, loin d'avoir à m'en plaindre, je la trouvai prévenante, affectueuse, résignée même à toutes les traverses dont elle était menacée, et déférant volontiers à mon expérience et à mes conseils. Dès ce moment, je devins le directeur de la politique. Elle laissa percer devant moi son dépit de ce que Napoléon était à la veille, non seulement de perdre peut-être l'Empire par son obstination, mais encore de sacrifier sans hésiter les établissements dont sa famille était en possession. Je devinai alors toutes ses craintes, et je compris combien elle était alarmée de l'état précaire de la Toscane, qu'elle s'attendait avec douleur à voir échapper de ses mains. Je ne lui dissimulai pas qu'à Dresde j'avais donné à Napoléon les avis les plus sincères et les plus à propos ; que je l'avais averti qu'il allait pour sa couronne, seul, contre toute l'Europe ; qu'il devait céder l'Allemagne et se tenir ensuite derrière le Rhin, en appelant la nation à son aide ; qu'il serait forcé malgré lui d'en venir là, mais qu'alors il prendrait trop tard un parti commandé par la nécessité...

Mais bientôt Murat lui-même, qui était parti de Naples le 23 janvier, fit son entrée à Rome avec cette pompe qu'il recherchait avec tant d'empressement ; il fut reçu avec de grands témoignages de satisfaction par les indépendants...

Par exemple, le Bacciochi, en changeant de fortune, avait cru devoir changer de nom ; il s'était fait appeler *Félix* (l'heureux) au lieu de *Pascal*, nom aussi ridicule en Italie que celui de Jocrisse en France. De là ce jeu de mots des Florentins qui lui disaient au moment de sa déconfiture : *Quando eri Felice, eravamo Pasquali ; adesso che sei ritornato Pasquale, saremo felici.*

.·.

La grande-duchesse désirait également voir la Toscane délivrée des troupes françaises dans l'espoir d'un arrangement avec Murat, dont la fortune lui paraissait offrir plus de chances que celle de Napoléon...

Je jugeai, d'après la gravité des événements, devoir m'aboucher encore avec Murat, et j'allai conférer avec lui secrètement à Modène...

Il hésitait encore : je lui communiquai mes nouvelles de Paris les plus récentes. Déterminé par leur contenu, il me confia son projet de proclamation, ou plutôt de déclaration de guerre, pour lequel j'indiquai quelques changements qu'il adopta. Cette proclamation, datée de Bologne, était conçue en ces termes :

« Soldats ! aussi longtemps que j'ai pu croire que l'empe-
« reur Napoléon combattait pour la paix et le bonheur de la
« France, j'ai combattu à ses côtés ; mais aujourd'hui il ne
« m'est plus permis de conserver aucune illusion ; l'empe-
« reur ne veut que la guerre. Je trahirais les intérêts de
« mon ancienne patrie, ceux de nos États et les vôtres, si je
« ne séparais pas sur-le-champ mes armes des siennes, pour
« les joindre à celles des puissances alliées, dont les inten-
« tions magnanimes sont de rétablir la dignité des trônes et
« l'indépendance des nations.

« Je sais qu'on cherche à égarer le patriotisme des Fran-
« çais qui sont dans mon armée par de faux sentiments
« d'honneur et de fidélité ; comme s'il y avait de l'honneur
« et de la fidélité à assujettir le monde à la folle ambition
« de l'empereur Napoléon.

« Soldats ! il n'y a plus que deux bannières en Europe ;
« sur l'une vous lisez : religion, morale, justice, modération,
« lois, paix et bonheur ; sur l'autre : persécutions, artifices,
« violences, tyrannie, guerre et deuil dans toutes les fa-
« milles : choisissez. »

... Avant de partir d'Italie, je pus dire que je n'y avais
pas fait la guerre à mes dépens [1].

.·.

« Retournez auprès d'Eugène, racontez-lui comment j'ai
« arrangé tous ces gens-là ; c'est de la canaille que je chas-
« serai à coups de fouet [2]. »

.·.

... En se séparant de la nation, l'empereur, par son despotisme, avait tué l'esprit public.

1. Fouché se fit rembourser par Murat un arriéré de traitement,
comme gouverneur des États romains et ensuite de l'Illyrie,
s'élevant à la somme de 170.000 francs.
2. Paroles de Napoléon au comte Tacher, aide de camp d'Eugène,
à propos des succès récents obtenus dans la Brie et à Montereau.
L'empereur exagérait à dessein ces avantages pour soutenir l'espoir
d'Eugène, d'une part, et pour ralentir le zèle de Murat dans la
cause des alliés.

∴

La nuit même de mon arrivée, je fus admis aux conférences des principaux fonctionnaires publics, qui avaient lieu tous les soirs chez le maréchal Augereau...

Ce fut à Valence que j'appris l'arrivée à Vesoul de Monsieur, comte d'Artois, et les terreurs de Napoléon aux premières lueurs du royalisme, qui venaient de percer à Troyes en Champagne.

∴

J'étais à Avignon sans aucun caractère politique, et j'habitais les mêmes appartements où fut assassiné le malheureux Brune. Là, je trouvai l'esprit public monté contre Napoléon, au point que je pus faire afficher que je recevais tous les corps, toutes les autorités constituées, auxquels j'annonçai le renversement prochain du Gouvernement impérial, mais que Murat, dans la haute Italie, travaillait pour la bonne cause.

∴

J'ai entendu agiter depuis cette double question : si le duc d'Otrante se fût trouvé à Paris, eût-il fait partie du gouvernement provisoire, et, dans cette supposition, quel eût été le résultat de la révolution du 31 mars ?...

Je confesserai d'abord que, pénétré de la nécessité de prévenir la réaction de l'Europe et de sauver la France par la France, les événements de 1809, c'est-à-dire la guerre d'Autriche et l'attaque des Anglais sur Anvers, n'étaient que les premiers moyens d'exécution d'un plan de révolution, qui avait pour but le détrônement de l'empereur. Je confesserai aussi que j'avais été l'âme de ce plan, seul capable de nous réconcilier avec l'Europe, et de nous ramener à un Gouvernement raisonnable. Il demandait le concours de deux hommes d'État, l'un dirigeant le cabinet de Vienne, l'autre, le cabinet de Saint-James, je veux parler du prince de Metternich et du marquis de Wellesley, à qui j'avais envoyé, à cet effet, M. de Fagan, ancien officier au régiment irlandais de Dillon, que son caractère insinuant rendait propre à une mission si délicate.

Avant d'en venir à de pareilles ouvertures, je n'avais point négligé, dans l'intérieur, de me rapprocher du seul homme dont la coopération me fût indispensable : on devine qu'il s'agit du prince Talleyrand. Notre réconciliation avait eu lieu dans une conférence à Surênes, chez la princesse de Vaudémont. Dès les premiers épanchements, nos idées politiques s'étaient accordées, et une sorte de coïncidence s'était établie entre nos plans pour l'avenir. Pourtant, je n'avais pu échapper à la morsure épigrammatique de mon noble et nouvel allié qui, après l'entrevue, questionné par ses officiers sur ce qu'il pensait à mon égard, répondit : « Oui, oui, j'ai vu Fouché ; c'est du papier doré sur tranche... »

***

Ainsi, dans l'espace de très peu de mois, de tous mes ennemis je me fis des amis. J'avais deux Ministères dans mes mains : l'Intérieur et la Police ; j'avais la gendarmerie à ma disposition et une armée d'observateurs à mes ordres ; j'avais de plus pour lever dans l'opinion la clientèle immense des vieux républicains et des royalistes persévérants, qui trouvaient une égide dans mon crédit. Tels étaient les éléments de mon pouvoir, quand Napoléon engagea la double guerre d'Espagne et d'Autriche, et désormais, jugé perturbateur incorrigible, me parut dans une position tellement inextricable que je formai le plan que j'ai révélé plus haut. Soit que son instinct m'eût deviné, soit que des indiscrétions inhérentes au caractère français eussent éveillé ses soupçons : car, pour trahi, je ne le fus pas ; ma disgrâce presque subite, comme je l'ai raconté dans la suite des événements de 1809, reculèrent de cinq années la ruine du trône impérial.

Et c'était, protégé par de tels souvenirs, soutenu par une puissance d'opinion qui ne m'avait abandonné ni lors de ma défaveur, ni dans mon exil ; c'était, en outre, secondé par la réputation d'homme d'État qui avait prophétisé la chute de Napoléon avec la précision d'un calculateur froid et

prévoyant, que je me trouvai surpris par les événements du
31 mars. Si j'eusse été à Paris alors, sans aucun doute le
poids de mon influence et la connaissance parfaite des secrets
de tous les partis m'auraient permis d'imprimer à ces événements extraordinaires une tout autre direction. Ma prépondérance et ma décision prompte auraient prévalu sur
l'influence plus mystérieuse et plus lente de M. de Talleyrand. Cet homme si élevé n'aurait pu cheminer qu'attaché
avec moi au même char. Je lui aurais révélé toutes les
ramifications de mon plan politique ; et, en dépit de l'odieuse
police de Savary, du ridicule Gouvernement de Cambacérès,
de la lieutenance générale du mannequin Joseph et de la
lâcheté du Sénat, nous aurions redonné la vie à ce cadavre
de la Révolution ; et ces patriciens dégradés n'auraient plus
songé, comme ils l'ont fait trop tard, qu'à se conserver eux-
mêmes.

Par notre impulsion, ils auraient prononcé, avant l'intervention étrangère, la déchéance de Napoléon, et proclamé
le Conseil de régence, tel que j'en avais arrêté les bases.
*Ce dénouement était le seul qui pût mettre à couvert la Révolu-
tion et ses principes.*

Mais les destins en avaient autrement décidé. *Napoléon
lui-même conspira contre son propre sang.* Que de ruses de sa
part ; que de prétextes pour me tenir éloigné de la capitale,
où il redoutait même la présence de son fils et de sa
femme ; car, on ne doit pas s'y méprendre, l'ordre laissé à
Cambacérès de faire partir immédiatement par Blois l'impératrice et le roi de Rome, à la moindre apparition des alliés,
n'eut pas d'autre motif que de parer à une révolution qui
pouvait être opérée par l'établissement d'une régence
nationale. *Lorsqu'après s'être laissé, pour ainsi dire, escamoter
sa capitale par l'empereur Alexandre, il voulut avoir recours
à la régence pour dernier expédient, il était trop tard. Les
combinaisons de M. de Talleyrand avaient prévalu, et ce fut
lorsqu'un Gouvernement provisoire était déjà tout formé, que
je vins me présenter devant la Restauration.*

HISTOIRE

DES

CAMPAGNES DE NAPOLÉON Ier

Voici une instruction donnée par le directeur CARNOT à Moreau, 10 avril 1796[1] :

« Le Directoire[2] croit devoir placer ici une réflexion essentielle, et sur laquelle il appelle votre attention : *C'est que les attaques livrées sur toute une ligne d'armée produisent en général peu d'effet et sacrifient beaucoup d'hommes en pure perte ; parce que le disséminement des forces sur tous les points de cette ligne en écarte presque toujours le succès. Il pense donc qu'il est important de les éviter avec soin, ainsi que celles dont le but serait d'attaquer uniquement le centre de l'ennemi,*

---

1. La plupart de ces Notes ont été rédigées par Proudhon, lorsqu'il préparait *la Guerre et la Paix*. Nous ne les avons pas utilisées dans *Napoléon Ier*. Elles figurent dans les cahiers V, VI et VII (NOTES *pour la Biographie de Napoléon et l'Essai de tactique et stratégie*). M. L. de Bouteville, en les collationnant, a écrit en marge du manuscrit : « A part quelques notes que l'on pourrait rattacher peut-être à l'histoire des campagnes de Napoléon Ier, tout ceci ne se composa que d'études préparatoires à la composition du livre *la Guerre et la Paix*. »

Nous les publions aujourd'hui, pour deux raisons :

1° Pour répondre à une observation de M. Brialmont, dont les conseils nous furent très précieux; parce que des critiques militaires, aussi éminents que M. Charles Malo, s'intéressèrent à *Napoléon Ier*, et qu'ils pourront trouver ici quelques documents ; 2° parce que Proudhon, à la fin, ébauche l'idée d'un *Parallèle entre Napoléon et Louis XIV*.

Tout cela témoigne d'études patientes, de travaux énormes, et échafaude les jugements sévères, passionnés, du grand démolisseur épris de justice et de vérité.

2. Consulter *Traité des Grandes Opérations Militaires*, par JOMINI.

et qui sont presque toujours désavantageuses aux armées qui les entreprennent. Mais les attaques faites en force contre une aile des ennemis, qu'il est souvent possible de tourner, réunissent, à l'avantage de ménager les hommes, celui de déloger son adversaire de ses positions, et fournissent à l'agresseur le moyen de gêner tous ses mouvements, et de lui faire prendre les dispositions qui l'exposent à une déroute complète. »

Souligné dans Jomini, qui le cite.

Il résulte de ce texte que les militaires, à l'époque où écrivait Carnot, ne s'étaient pas encore bien rendu compte de leur propre métier ; cela est donné comme *nouveauté*, tant par le directeur, que par le citateur ; du reste, on ne voit ni le pourquoi, ni le comment de la chose. Carnot invoque ensuite l'*expérience :* « L'histoire de la guerre actuelle prouve, dit-il. » Il faut croire que, pour les théoriciens antérieurs, rien de positif n'était encore connu. Le récit des guerres de la Révolution, notamment de la première campagne d'Italie, prouve que la plupart des défaites furent dues à l'éparpillement. Les anciens généraux ne se rendaient pas compte de la force collective : ils songeaient à opposer corps à corps, bataillon à bataillon, à *envelopper*, à attaquer de flanc et de front, sans trop se méfier si l'ennemi, se formant en colonne serrée, et fondant en masse, ne les enfoncerait pas à l'aide de cette catapulte.

Carnot, et Napoléon après lui, paraissent avoir été les deux premiers qui aient nettement compris la puissance de la concentration et du grand principe de la collectivité. — Mais chez eux cette idée ne s'élève pas encore à la hauteur d'une philosophie, d'autant qu'à côté de ce principe il y a d'autres manœuvres qui ne paraissent pas s'y ramener directement. Par exemple, l'*attaque en tirailleur*, qui gagna ainsi force batailles. Il faut de l'attention pour comprendre que l'un est l'antithèse de l'autre (attaque en *masse*, attaque en *détail*) ; que, si un bataillon est opposé à un régiment, il ne peut pas l'attaquer en masse, mais il devra le disperser et le *détailler*.

Une attaque sur *tous les points* ne peut mener à rien : on se tue un nombre d'hommes égal, et rien n'est décidé. Les petits combats se compensent, et il faut recommencer.

Mais ceci fournit un des plus grands arguments contre la guerre : c'est que, la lutte des forces se neutralisant ainsi, la guerre perd son caractère de jugement de la force, ou combat judiciaire; plus elle s'étend, plus elle deviendrait insignifiante, impossible.

Jomini ajoute aux réflexions de Carnot, dans une note, cette réflexion qui prouve que lui-même est encore dans le vague des principes :

« L'attaque d'une seule aile est toujours avantageuse à
« forces égales (pourquoi? et à quelle condition?) ; cependant,
« avec une très grande supériorité, il convient mieux d'atta-
« quer les deux (pourquoi?). L'attaque sur le centre, loin
« d'être une faute, rompt et disperse souvent une armée
« ennemie : elle offre un succès certain, mais dans le cas
« seulement où la ligne ennemie serait un peu étendue. »
(Pourquoi encore?)

Or, appliquant les idées que j'ai données, il est facile de voir que l'attaque d'une aile est *avantageuse à forces égales*, parce que, si l'armée assaillante se rassemble sur un point, pour l'écraser, avant que ce point ne soit secouru, elle pourra ensuite avoir bon marché du reste, bien entendu à condition que l'ennemi ne profite pas du mouvement de concentration pour défaire l'armée.

En cas de *grande supériorité*, il vaut mieux attaquer à la fois les deux ailes; en effet, les deux ailes réunies sont, devant une force supérieure, comme une seule; agir autrement, ce sera offrir à l'adversaire inférieur le moyen de compenser son infériorité et de défaire ensuite toute l'armée ennemie.

L'attaque sur le centre est bonne quand le centre est dégarni : c'est tout simple, le centre alors est à son tour comme une aile.

En deux mots : attaquer le point faible par une force supérieure.

« L'histoire de la guerre actuelle, avait dit Carnot, nous fournit des exemples du danger d'attaquer uniquement le centre d'une armée ennemie : et nous avons vu, dans la dernière campagne, combien la méthode adoptée par les Autrichiens d'agir sur les ailes et les flancs de nos armées leur avait procuré d'avantages et de succès. Le Directoire insiste particulièrement sur l'observation rigoureuse de ces principes. »

Le Directoire n'était que l'expression de l'instinct populaire, qui demandait à *attaquer en masse*, toujours *en masse* (sous-entendez sur une partie plus faible), et sentait au plus haut degré quelle énergie donnait au courage, quelle force au choc la condensation de la succession rapide des efforts.

.*.

Armistice. — On convient de se prévenir tant de jours d'avance si l'armistice est illimité; on ne se prévient pas, s'il échoit à jour fixe. Dans le cas où des négociations sont ouvertes pendant l'armistice, on se prévient de la reprise des hostilités, ce qui veut dire qu'on n'est pas d'accord.

.*.

PREMIÈRE CAMPAGNE D'ITALIE DE BONAPARTE[1]

C'est, de l'avis unanime, la plus belle, la plus parfaite de stratégie et tactique, de toutes les campagnes; sa plus pure gloire. C'est l'époque où il a fait le plus avec le moins.

A l'aide des principes nouveaux qui nous dirigent, tant sur le *droit de la guerre* que sur les *règles de combat* qui s'en déduisent, il faut maintenant apprécier cette campagne, pour laquelle les historiens tels que Thiers n'ont pas assez d'éloges. Les opérations sont racontées par Jomini d'une manière assez concise et exacte.

Armée française, 42.400 hommes.

Sur quoi 4.000 hommes de cavalerie et 60 pièces de canon, mal attelées. Le dénûment partout.

Deux divisions de réserve : en tout 20.000 hommes, sur lesquels on ne pouvait compter de sitôt.

Beaulieu, octogénaire ; Bonaparte, vingt-sept ans.

27 mars. — Arrivée de Bonaparte à Nice.

1. Sa première pensée est d'appliquer la maxime des Romains, que la *guerre nourrit la guerre*. — SYSTÈME NOUVEAU, dit Jomini, et tout au détriment des alliés.

2. Deuxième principe. — L'armée française était dissé-

1. Cf. *Histoire des Guerres de la Révolution*, 1796. JOMINI, t. VIII, p. 59.

minée, comme celle des Austro-Sardes. Bonaparte se masse
vers le mont San-Giacomo, depuis Altore jusqu'à Montenotte.

Colli, en conséquence, propose à Beaulieu de se masser
aussi : mais celui-ci n'en fait rien et se sépare de son col-
lègue.

Ligne étendue, coupée par des montagnes, et faible au
centre. Le tout, pour appuyer Gênes, donner la main aux
Anglais, et, apparemment, envelopper les républicains.

10 avril. — Combat de Voltri. — Insignifiant. Les Français
s'en tirent en se concentrant, et grâce à l'incapacité de l'ennemi. — A chaque pas de cette campagne on va voir répéter
les mêmes fautes.

Il semble que les Autrichiens cherchent un combat en
règle, tel que le voudrait une vraie lutte de puissances anta-
gonistes, tandis que les Français ne songent purement et
simplement qu'à les détruire. On pourrait appeler cela un
malentendu. Les Autrichiens se battant d'une façon, et obéissant d'instinct à un principe de droit militaire, tandis que
les Français se battent d'une autre façon et n'obéissent qu'à
une pensée de destruction.

Aussi, de cette manière de faire la guerre, peut-on prédire
une chose, c'est qu'*en dernière analyse elle n'aboutira pas:*
les avantages obtenus de cette manière ne sont pas durables;
on le voit par l'exemple de Napoléon, dont l'empire, laborieus-
sment construit, s'écroule à la fin de la quinzième année
et n'avait même joui jamais que d'une apparence de solidité (1807).

La bataille de Montenotte, 10-15 avril, dure six jours...

« Elle fut livrée, dit Jomini, sur dix points différents, à
Voltri, etc., mais toujours, par une même masse principale
attaquant des parties morcelées. »

Le principe, si élémentaire, et pourtant si vieux, qu'il
suivait était encore si peu compris qu'on a eu de la peine à
l'apercevoir. Jomini le dit ici :

« Cette bataille, qui fut plutôt une série de combats qu'une
bataille rangée, a donné lieu à des systèmes ou à des raisonnements également faux. On a prétendu que Bonaparte,
embrassant un vaste champ de bataille, avec des divisions
isolées, *les faisait combattre par des mouvements coïncidents*
et avait étendu ainsi l'échelle des combinaisons. Il est néan-

moins facile de voir, par l'exposé rapide que nous venons d'en donner, que c'est par un système opposé que Bonaparte a triomphé tant de fois ; qu'il A CONSTAMMENT RASSEMBLÉ SES PLUS GROSSES MASSES DANS DES POSITIONS RESSERRÉES et pour frapper le grand coup. Sans doute, il les a ensuite étendues, mais c'était toujours dans une position centrale et afin de séparer de plus en plus les corps ennemis déjà vaincus. Ces engagements multipliés furent le résultat du morcellement des alliés, de la position de leurs troupes et de la nature montagneuse du pays. Il fallait bien aller chercher ces corps où ils se trouvaient, et il eût été bien difficile de livrer une bataille générale, comme celle de Iéna ou de Wagram, à une armée qui couvrait par divisions toutes les cimes de l'Apennin et n'avait pas dix mille hommes réunis sur un même point. »

Napoléon lui-même n'a jamais très bien démêlé le principe auquel il devait ses succès, d'autant que quelquefois on avait vu des batailles gagnées contre des masses par des tirailleurs.

Depuis Napoléon, quel progrès a fait l'art? Un seul. — Pour opérer ces concentrations rapides, « l'élément était le jarret du soldat : aussi, disait-il (je ne sais plus à quelle occasion) que Bonaparte gagnait les batailles *avec leurs jambes* ». Aujourd'hui, on active le jarret, et l'on fait des régiments de coureurs au *pas gymnastique*.

C'est donc en une pensée, une pensée unique, née de l'instinct révolutionnaire, entrevue, mais encore très peu comprise par Carnot, jamais complètement définie, philosophée par Bonaparte, que consiste la fortune de celui-ci : — *En masse !*...

Pensée qui devait réussir, tant que l'ennemi, s'obstinant à de vieilles pratiques, ne l'imiterait pas et n'aurait pas appris, par l'art des concentrations ou par une grande supériorité de forces, à vaincre.

Est-il possible, maintenant, de pousser plus loin l'art de la guerre? Non, il n'y a plus que la *mécanique* qui la fasse aller. La guerre ne peut pas aller longtemps dans ce système connu de tout le monde, et où la prodigalité du sang des hommes et des trésors triomphe seule.

Le secret ainsi découvert, on voit que Bonaparte, pour

tout le reste, commet sa part de fautes et subit sa part assez large d'échecs; mais on n'en parle pas.

Jamais de dispositions pour la retraite. — Une grande intempérance de langage, de plans, de combinaisons : tous les défauts qu'on a signalés dans sa campagne de Russie, on les découvre dans sa première campagne d'Italie, en 1796. Jomini les note en passant, sans presque y prendre garde, sans se douter lui-même qu'en faisant ainsi la part de l'homme il le démolit.

Résultats de la bataille de Montenotte : séparation des deux armées alliées; — 40 pièces de canon prises; 10.000 hommes perdus par l'ennemi.

12 avril. — Montenotte.

13 avril. — Millesimo, Cosseria.

Échec des Français devant Cosseria, défendu par Provera. Lenteurs de Beaulieu, fautes sur fautes; il faudrait courir, il se traîne.

Éparpillement de l'armée autrichienne, le 14.

3 avril. — Bataillement à Paretto et Aqui.

3 avril. — Bataillement en marche avec Wukassovich, par Mont-Pajole sur Sassello.

3 avril. — Bataillement sur Montalto pour soutenir Dego.

4 avril. — Bataillement à Dego.

4 avril. — Bataillement à Sassello.

Colli à Montezemolo; — son corps de bataille campé et deux divisions sous Ceva et Peraldo.

14 avril. — Bataille de Dego. — Provera se rend. — Mais en même temps, Wukassovich obtient un avantage considérable à Sassello. Par hasard, il s'y trouvait en forces. (Attaque avec ensemble et précision : cela agit comme une machine!)

15 avril. — Wukassovich écrasé à son tour par Bonaparte, plus fort que lui.

18 avril. — Échec de Sérurier à Saint-Michel. — Passage du Tanaro. — Faute du général en chef, qui va trop vite, plus vite que les jambes des soldats, et ne se donne pas la peine de reconnaître les lieux.

A cette heure, les troupes découragées, fatiguées, la position grave : conseil de guerre tenu; on décide d'attaquer Colli, qui rend à Bonaparte le service de se retirer, malgré son succès de la veille.

« Bonaparte attribue la retraite de Colli au découragement, et il se trompe en cela. »

22 *avril*. — Mondovi : — belle défense de Colli. — Perte des Piémontais, 1.000 hommes ; 8 canons ; 11 drapeaux. — Et les Français ?...

27 *avril*. — Armistice signé par le Piémont : le roi pourrait facilement mettre sur pied 40.000 hommes ; réunies à celles de Beaulieu, ces troupes auraient eu bon marché des Français, alors dans la dernière détresse. Il n'en fut rien. La peur gagne la cour de Turin. Bonaparte fut *heureux :* Jomini l'avoue.

Supposez seulement aux Autrichiens un général de trente ans, au lieu d'un de quatre-vingts ; l'idée de se concentrer toujours au lieu de se diviser, et les Français sont perdus. Provera, Colli, Argenteau, Wukassovich, dans les différents combats, où ils obtinrent l'avantage, prouvèrent que la bravoure était égale dans les deux armées.

Tout arrive à souhait pour Bonaparte : les fautes de la cour de Vienne, la vieillesse tardive de Beaulieu, la couardise de la cour Turin, le pédantisme germanique, enfin la séparation des deux armées, et l'annulation du Piémont par l'armistice. Il n'y a, du côté des alliés, que le soldat et l'officier en sous-ordre qui fassent bien leur métier. Vraiment, sans méconnaître en rien l'activité et l'intelligence de Bonaparte, je ne puis m'empêcher de faire remarquer que cette suite de chances heureuses diminue de beaucoup sa gloire. Il n'est pas vrai qu'il ait triomphé des *forces* qu'il avait devant lui ; elles se sont divisées d'elles-mêmes, et puis retirées !...

Le 15 *mai*, la *cour de Turin* signe avec le *Directoire* un traité encore plus ridicule qui montre, à nu, le peu de sens politique des deux gouvernements. Tandis que l'un *s'offre*, l'autre ne songe qu'à humilier et dépouiller : Jomini fait cette observation sensée, qui condamne la plupart des conquêtes, et subsidiairement tout le système de guerre :

« Il n'y a jamais de traité sûr, ni de neutralité parfaite
« entre des vainqueurs exigeants et le peuple auquel ils
« imposent des conditions vexatoires. »

Exténué, selon Jomini lui-même, le roi de Piémont, plus que l'habileté de Bonaparte, fit la fortune des Français.

C'est pourtant après ce début, qui aurait dû éclairer Bonaparte sur sa faiblesse réelle et l'immense part de la fortune dans ses succès, qu'il rêve de conquérir déjà l'Italie et l'Autriche. Il écrit au Directoire :

« Si vous ne vous accordez pas avec le roi de Sardaigne, « je marcherai sur Turin... En attendant, je marche sur « Beaulieu, je l'oblige à repasser le Pô, je le passe immé- « diatement après lui, je m'empare de toute la Lombardie et, « *avant un mois*, j'espère être sur les montagnes du Tyrol, « trouver l'armée du Rhin, et porter de concert la guerre « dans la Bavière... »

N'est-ce pas l'homme de 1805, 1808, 1809, 1812 et 1813 ? Les sots disent que la fortune le gâta !... Eh ! non, il était gâté d'avance, intempérant de nature, excessif d'imagination, toujours excentrique, toujours démesuré, toujours hors des bornes de la réalité et du possible, ne comptant ni avec les forces de ses soldats, ni avec les distances, ni avec l'ennemi ; au fond, imprévoyant, car des plans, des combinaisons, des spéculations stratégiques ne sont pas de la prévoyance.

Au reste, il fallait un pareil homme, avec la fougue des Français, pour rompre la vieille stratégie et montrer, au vrai, ce que c'est que la guerre.

7 mai. — Passage du Pô. — En signant l'armistice avec les Piémontais, Bonaparte s'était réservé la faculté de passer le Pô à Valence. — Beaulieu ne manqua pas de prendre cette annonce au pied de la lettre, ce qui le conduisit à une série de manœuvres fausses et le mit finalement dans une mauvaise position. Pauvre vieux !... Le Pô fut passé à Plaisance, c'est-à-dire beaucoup plus bas, et Beaulieu tourné et coupé.

Alors de nouveau l'armée autrichienne, décousue, est battue en détail.

9 mai. — Convention avec le duc de Parme. — Celui-ci fait comme le roi de Piémont : au lieu de se défendre, il s'offre, on le rançonne ; 2 millions de contribution ; — 1.700 chevaux.

10 mai. — Passage de l'Adda, à Lodi. — Le passage est mal défendu, par suite des dispositions de Beaulieu, qui ne cesse de morceler ses troupes. — « On peut, dit Jomini, embras- « ser beaucoup d'opérations et former de grands détache-

« ments, avec les innombrables armées que nous avons vues
« dans les dernières guerres ; mais avec de petites armées,
« ce système ne peut manquer d'être funeste, et les Autri-
« chiens en firent une triste expérience. »

Le passage de l'Adda, à Lodi, est très beau, très héroïque
surtout de la part des soldats ; Bonaparte fait son métier
avec précision, vigueur, à temps : une demi-heure de retard,
il ne passait pas. Déjà les Autrichiens s'occupaient à démolir
le pont. Enfin, c'était arriver juste.

Mais, comme le montre Jomini, le passage ne fut pas
sérieusement défendu...

15 mai. — Entrée à Milan.

Le duc de Modène, fugitif, rançonné : 7.500.000 francs ;
2.500.000 francs de fournitures ; 20 tableaux.

Milan, dont on avait appelé le peuple à la liberté, rançonné : 20.000.000 et l'entretien d'une garnison.

Proclamation de Milan : superbe blague, pleine de vanteries, de promesses fallacieuses ; style de 93. Beaucoup trop
vantée.

A ce moment le Directoire, qui juge très bien le jeune
général et se méfie de son intempérance, non moins que de
ses allures peu soumises, conçoit le projet de diviser le
commandement de l'armée d'Italie. (Lettre du Directoire, du
7 mai, reçue par Bonaparte le 14.) Historiens et militaires
ont condamné à l'envi cette pensée du Directoire qui, en
elle-même et stratégiquement parlant, n'était pas bonne ; mais
que la présomption et le caractère de Bonaparte justifiaient.
C'est de ceci qu'il faut tenir compte. Si le commandement
eût été divisé, possible que la conquête de l'Italie n'eût pas
été opérée aussi vite ; mais le traité de Campo-Formio, que
se permit de faire Bonaparte de son chef, n'aurait pas eu
lieu.

« Bonaparte, dit Jomini, ne voulut pas *compromettre sa
gloire*, en donnant les mains à cet arrangement ; et les Directeurs revinrent sur leur décision. » — Ils firent bien ; mais
il fallait soutenir cette sévérité.

25 mai. — La Lombardie se soulève contre les Français, —
après la proclamation du 15, où l'on parlait de refaire
l'œuvre *des Brutus, des Scipion !*...

Jomini se scandalise de voir des *nobles* et des *prêtres* y
tremper d'accord avec la *canaille* des villes et des cam-

pagnes ! Comment ! Le peuple, le clergé, les paysans, les gens des villes, mais c'est tout le peuple !... Voilà ce qui prouve que Bonaparte n'était pas un bien grand politique : disant une chose, en faisant une autre ; trompant, rusant, rançonnant et pillant...

C'est ici que Jomini pose une théorie contre laquelle tout écrivain doit protester :

« Le danger était pressant, car l'incendie pouvait devenir
« général. Dans une position semblable, il n'y a pas à balan-
« cer : une grande armée peut quelquefois mépriser ces
« soulèvements, qu'il est toujours aisé d'étouffer, quand on
« peut faire de forts détachements pour les combattre ; mais
« la perte d'une petite armée serait le résultat infaillible de
« la moindre hésitation. Le droit public moderne avait jus-
« qu'alors tiré une ligne de démarcation positive entre le
« citoyen paisible et les troupes de ligne, et partout les habi-
« tants qui prenaient part aux hostilités, sans faire partie de
« l'armée régulière, étaient traités comme des révoltés. Si
« jamais ce principe pouvait être appliqué, c'était incontes-
« tablement à cette occasion, où la plus petite faiblesse eût
« amené un soulèvement général. »

Suit le récit de la *punition* de Pavie, des fusillades et des incendies de villages, etc. — M. Thiers, dans son *Histoire de la Révolution*, approuve cela... Honte !

26 *mai*. — La municipalité de Pavie fusillée. — Les guerres de Bonaparte ne sont pas des luttes de la force, mais de vrais brigandages, des assassinats.

31 *mai*. — Passage du Mincio (toujours à la suite de l'armée de Beaulieu).

3 *juin*. — Bonaparte avec son quartier général à Vérone, ville vénitienne, et neutre. — Arrivé sur l'Adige, Bonaparte *reconnaît* l'impossibilité de pénétrer en Allemagne. En effet, il a si bien travaillé que le Pape, Naples, le Piémont, les ducs, toute l'Italie lui est hostile !... Ne voilà-t-il pas un grand politique, qui a besoin de se heurter aux difficultés, pour se convaincre qu'elles existent [1] ?...

Que faire alors ? Achever d'écraser et de piller l'Italie : marche sur Rome (Masséna en observation ; Mantoue investi).

---

1. Cf. Jomini, qui répète ici les partisans de ce projet.

5 *juin*. — Armistice avec Naples. — Celle-ci fait comme les princes et le roi de Piémont : elle s'offre. *Heureux Bonaparte!*

— Révolte à Arquata, état de Gênes : fusillades, incendies, et ce qui s'ensuit, comme en Lombardie.

19 *juin*. — Augereau à Bologne. — Prise du château d'Urbin, le 17, par Bonaparte. Le gouverneur fait comme son maître, le duc de Modène, il se rend.

20 *juin*. — Armistice avec le Pape. — Contribution de guerre de 20 millions; — pillage des musées; — occupation de Livourne.

27 *juin*. — Expulsion des Anglais.

29 *juin*. — La citadelle de Milan capitule. — Les garnisons se rendent; les armes, canons, munitions tombent en masse au pouvoir de l'ennemi. Tout cela, parce que, dès le début, on s'est fait écharper comme un troupeau de dindons; parce que les généraux alliés ne s'entendent pas; que Beaulieu est vieux, octogénaire, crédule, facile à mystifier, et tellement imbu de sa routine stratégique qu'il fait toujours juste ce qu'il faut pour se faire battre.

Fin juin. — Révolte de Lugo, traitée comme celle de Pavie et d'Arquata. Jomini, dont la conscience murmure, mais que le métier de soldat séduit, dit ici en note :

« Nous le répétons : ces exemples, quoique sévères, « étaient indispensables et *autorisés par le droit de la guerre*. « Le principe qui a décidé les gouvernements à en user ainsi « envers les habitants qui ne font pas partie de l'armée « affaiblit, à la vérité, les résistances nationales; mais il a « aussi des avantages, surtout celui de diminuer les maux « de la guerre. (Oui, en livrant ma hache j'échappe à l'as- « sassinat!...) On fait effectivement un mal pour en éviter un « plus grand, car les exemples se bornent aux premières « révoltes : lorsqu'elles continuent et deviennent générales, « alors on est forcé à suspendre une rigueur, qui dégéné- « rerait en barbarie, et la guerre se change en lutte natio- « nale. »

Tout cela est gâchis pur. Les *premières* révoltes punies ne sont que le signal de la LUTTE NATIONALE, qu'on empêche par la terreur. Ici se pose un principe que j'ai signalé ailleurs :

Toute armée se devrait nourrir elle-même; c'est par là justement que la nation montre sa force. Celle qui vit de ançonnement et de pillage fait elle-même œuvre de brigand.

Tout pays qui ne peut être conquis à cette condition succombe injustement ; il n'y a pas de raison suffisante d'incorporation.

6 *juillet*. — Siège de Mantoue. — La tranchée ouverte.

29 *juillet*. — Wurmser remplace Beaulieu.

« C'est une grande question à résoudre, si, dans le système « de la guerre actuelle, une multitude de places fortes n'est « pas plus nuisible qu'utile : je crois qu'on peut hardiment « prononcer, l'affirmer. »

Voir, dans Jomini [1], le récit de la guerre sur le Rhin, qui e faisait en même temps, par Jourdan et Moreau. Là, on vait à faire à plus forte partie, à l'archiduc Charles ; on y trouve, comme en Italie, des succès et des revers, produits les uns et les autres par les mêmes causes. Mais on s'occupe beaucoup moins de ces campagnes de Moreau et de Jourdan, qui n'ont pas le brillant et le solennel de l'armée d'Italie.

Tour à tour, les armées se battent, se repoussent, selon que les généraux réussissent à pratiquer le principe, encore confus à leurs yeux, de la supériorité de forces sur un point donné, et de la concentration. C'est dans cette campagne que Moreau eut lieu de pratiquer les instructions de Carnot.

Chose curieuse, qu'on peut affirmer hardiment, et qui prouve que l'unique idée qui constitue toute la stratégie et qui est une idée économique, n'ayant pas encore pu se dégager avec une netteté philosophique jusqu'au milieu du XIXᵉ siècle, *la guerre est opposée à la conception de l'idée, même de son idée propre, et de sa pratique.*

La guerre ne sait pas son droit ;

Elle ne SAIT *pas son métier et sa pratique.*

La guerre, par nature, est REBELLE A LA CONNAISSANCE ; elle en a horreur ; c'est pour elle de l'idéologie.

.·.

Je passe sur le récit des opérations des deux armées de Sambre et Meuse et de Rhin et Moselle, pendant les mois de juin, juillet et août ; opérations qu'il est bon de relire

1. *Opinion sur les places fortes.*

cependant, ne fût-ce que pour juger des vraies causes qui font les victoires, et par suite les réputations.

Au commencement d'août, la position de Bonaparte en Italie devenait de plus en plus mauvaise, tant par sa détestable politique que par celle du Directoire. — Le Piémont, irrité et humilié, le Pape vexé, Venise indignée, les Anglais assistant les Napolitains, les Barbets dans les Alpes détruisant les détachements, tout prouvait que l'Italie, qu'il eût été possible sans doute de soulever contre les Autrichiens, était pleine de colère contre nous. La chance était belle pour un général, qui, au lieu de rêver l'enveloppement des Français, n'eût songé qu'à les atteindre avec une masse supérieure.

.·.

État de l'armée d'Italie, fin juillet :

Armée active	26.756
Corps de blocus	15.293
Division, dans ce groupe.	10.120
	52.169

29 *juillet.* — Wurmser commence son mouvement. « Son « plan d'attaque, rédigé, dit-on, par le chef d'état-major « Weyrother, fut basé sur les principes qui caractérisent « toutes les combinaisons de cet officier ; il voulut envelop- « per l'armée française et l'engagea dans des mouvements « trop étendus. »

L'armée autrichienne, divisée en trois corps, s'avance :
1º L'aile gauche, par la rive gauche de l'Adige ;
2º Le centre, entre l'Adige et le lac de Garde ;
3º L'aile droite par le côté occidental du lac.

Jomini fait ressortir l'absurdité de ces dispositions, en face d'un adversaire concentré. Ce qui prouve que là fut toute la faute, c'est que *Bonaparte fut d'abord surpris avant d'avoir pris aucune mesure, et Masséna battu à la Corona*, par Davidowich ; Soult battu en même temps, à Salo, par Guardanowich ; tandis que, si l'armée autrichienne était arrivée en masse, après avoir complété la déroute de Masséna, elle aurait défait ensuite le général en chef.

Bonaparte, d'abord alarmé, songe à se retirer sur le Pô ; Augereau l'en empêche, et l'on prend la résolution d'attendre l'ennemi divisé, et de le battre séparément : nouvelle preuve que ce grand principe de Napoléon ne fut autre que l'inspiration du peuple de Paris, représenté alors par Augereau, enfant du faubourg.

Le reste est connu : tandis que Wurmser fait son entrée solennelle à Milan, Guardanowich est battu à l'ouest du lac de Garde, le prince de Reuss, à Lonato, par Bonaparte, etc.

A Lonato, les Autrichiens se déploient pour envelopper les Français, qui se forment en colonne serrée et les écrasent.

Multiplicité et complication de combat plus grandes encore qu'à Montenotte. Il faut en voir les détails. Voici les principaux :

29 *juillet*. — Combat de Salo et de la Corona, où les Français sont battus ;

30 *juillet*. — Levée du siège de Mantoue ;

3 *août*. — Combat de Lonato et Castiglione ; là, Bonaparte faillit être pris ;

4 *août*. — Combat de Gavardo ;

5 *août*. — Bataille de Castiglione ;

6 *août*. — Wurmser est rejeté dans le Tyrol.

La présence d'esprit de Bonaparte à Lonato est grandement admirée et louée : il s'en tire par le *mensonge* et le *toupet*, mais il montre, en même temps, la *bonhomie* de ces Allemands, qui se laissent attraper partout.

Castiglione : la bataille est gagnée de la même manière qu'à Lonato : perte, 20 canons ; 2.000 tués et blessés ; 1.000 prisonniers. Journée décisive, qui refoule Wurmser, et entraîne tous les malheurs dont son armée fut accablée peu après.

« On ne peut dissimuler, dit ici Jomini, que, si Bonaparte « combina bien ses dispositions d'attaque, il ne mit pas dans « leur exécution la vigueur déployée au début de la cam- « pagne. Wurmser ne fut point entamé sérieusement ; et le « résultat de la journée ne fut point ce que l'on était en « droit d'en attendre, vu la situation respective des deux « armées. »

17

Bonaparte est déjà au-dessous de sa propre tactique, qu'il ne saisit qu'à moitié. Il est étonné ; il est entraîné par Augereau, plus qu'il n'entraîne lui-même ; il n'échappa que par l'extrême absurdité de l'ennemi devant la force d'un principe. En réalité, Bonaparte et Wurmser ne sont ici de rien : c'est la raison française et la raison autrichienne qui sont aux prises.

Jomini signale ici une autre faute de Bonaparte de la même nature que celle qu'il reproche aux Autrichiens.

Le 6 *août*, lendemain de Castiglione, Augereau et Masséna battent de nouveau les Autrichiens à Peschiera : « Cette « affaire, dit l'historien, aurait eu les résultats les plus bril- « lants si toute l'armée française, *inutilement disséminée le* « *long du Mincio*, eût débouché de Peschiera pour accabler la « droite des Impériaux en butte à leurs coups. »

On voit qu'une part du mérite de Bonaparte, dans sa tac- tique, lui vient de ce qu'il n'en a pas d'autres : s'il avait eu le choix, il aurait fait comme les Autrichiens. Environné de toutes parts, il ne gardait plus aussi bien son sang-froid.

Le 12 *août*, tous les postes de Guardanowich attaqués et enlevés.

« Le prince de Reuss, qui les commandait, ayant dissé- « miné une brigade dans cinq ou six postes, le plus fort de « ces détachements n'était que de 7 à 800 hommes. »

Or, qui commandait, dans ces petits combats ? Bonaparte ? non. C'étaient Saint-Hilaire et Saurot, qui suivaient le mou- vement de concentration et obéissaient au principe, sans s'en inquiéter autrement.

Concentration et vitesse ! tout est là ; en 1796, c'était com- mandé. Bonaparte l'a fait : mais avec *moins de conscience* que les historiens admirateurs le racontent, et surtout *moins d'initiative.*

Retour offensif de Wurmser. — Le cabinet de Vienne envoie le général du génie Laner pour faire un nouveau plan, consistant à descendre tout à la fois par la Brenta et l'Adige, pendant que Davidowich garderait le Tyrol, prêt à descendre l'Adige à son tour. On espérait ainsi forcer les

Républicains de quitter leur position entre l'Adige et le Mincio. « Ce plan, dit Jomini, était encore plus mauvais que « le premier ; il n'aurait pas mieux réussi, *quand même les « Français n'auraient pas arrêté son exécution dès le premier « pas.* »

Bonaparte rêve une incursion sur Trieste !...
Mais il est ramené à l'ennemi.
Concentration vers l'extrémité du lac de Garde, par où doit arriver l'ennemi le long de l'Adige.

4 *septembre*. — Combats de San-Marco et Mori.
Combat de Calliano ou Roveredo.
5 *septembre*. — Masséna entre dans Trenta. Dispersion de la première moitié de l'armée autrichienne par l'armée française, celle-ci matériellement en forces supérieures. La déroute de Davidowich est achevée le 6 ou 7 de l'autre côté de la petite rivière qui se jette dans l'Adige au-dessus de Trenta.
Pendant ce temps-là, Wurmser continue de faire tout ce qui doit le perdre : il continue à s'éloigner de sa droite (Davidovich), qui, de son côté, ne songe pas du tout à se concentrer sur le Maréchal, mais fait une retraite sur Neumark. C'est à n'y pas croire.
Alors Bonaparte se rabat sur Wurmser.
7 *septembre*. — Combat sur la Brenta. Les Croates se défendent bien ; 1.200 à 1.500 hommes pris, plus cinq pièces de canon ; vingt lieues en deux jours.

Wurmser suppose que Bonaparte va en avant ; et, tout à coup, celui-ci lui tombe dessus à Bassano.

8 *septembre*. — Combat de Bassano. — On dirait un torrent qui vient des montagnes. Les Autrichiens battus.
Alors Wurmser se porte sur Vicence, avec 14.000 hommes qui lui restent. Nouvelle concentration des Français de tous les points de l'horizon pour l'enfermer.
10 *septembre*. — Wurmser se repose, pendant que, de toutes parts, on lui court sus. Toutefois, par une omission de détruire le pont de Villa-Impenta, il s'échappe et arrive dans Mantoue.

11 septembre. — Perte du général Charton avec 300 hommes qui posent les armes.

12 septembre. — Capitulation de Legnago.

14 septembre. — Combat sous Mantoue : Masséna repoussé, après avoir surpris l'ennemi.

15 septembre. — Affaires de Saint-Georges et de la Favorite. Il ne s'agit que d'un combat, quoi qu'il porte deux noms, ceux des deux forts en avant de Mantoue. En suivant attentivement le récit du combat dans toutes ses phases, sur la carte de Jomini, on voit que la victoire est constamment déterminée par la supériorité de forces, et que toute l'habileté consiste à manier le *marteau-pilon.*

D'abord, Wurmser ne connaît pas la supériorité de l'ennemi, qui tient cachée une nombreuse réserve commandée par Masséna.

Il remporte quelque avantage à l'aile droite sur Augereau, puis attaque sur sa gauche, près de la Favorite : il dégarnit son centre, qui est aussitôt enfoncé par la 32°, commandée par Rampon sous Masséna.

Ces deux journées furent coûteuses aux deux partis.

La campagne finit là : le temps, en septembre et octobre, se passe en sorties et travaux de siège.

Alors commence la propagande révolutionnaire en Italie ; c'est l'œuvre du Directoire ; Bonaparte s'y montre déjà modéré, favorable aux nobles et aux prêtres. Sans doute, il ne fallait rien brusquer ; mais il y a une manière d'attaquer les institutions vieillies par les principes nouveaux, qui est d'autant plus efficace qu'elle ménage davantage les personnes ; et Bonaparte n'entend rien à cette propagande, mais rien. Les commissaires de la République n'y entendent guère plus que lui.

Révolution de Reggio.

Révolution à Modène.

Révolution à Bologne et à Ferrare.

On trompe, on leurre la République de Venise.

Maladresse de Salicetti et Gareau, commissaires du Directoire, signalée par Jomini.

10 *octobre*. — Traité entre la République et la cour des Deux-Siciles.

Traité avec Gênes; — affaire de Cône, débarrassée des Anglais.

.·.

ALVINZI, cinquante-cinq ans, très brave capitaine, officier de mérite, dit Jomini, mais qui, pas plus que ses prédécesseurs, n'était initié *dans les grands secrets de l'art de la guerre.*

Comme si ces secrets étaient si merveilleux! Comme si quelqu'un, à cette époque, en avait eu le monopole!

Armée française, au moment où Alvinzi prend le commandement : 41.000 hommes en tout, dont 37.000 au plus pouvaient entrer en ligne.

Positions des différents corps de l'armée, à ce moment, *toutes d'avertissement.*

Le *problème*, pour Alvinzi, est d'opérer la jonction avec Wurmser, de manière à porter l'armée impériale à 60.000 hommes.

Le *problème*, pour Bonaparte, est d'empêcher cette jonction et de détruire la nouvelle armée de *secours.*

Que va-t-on faire ? Bonaparte attend ce que fera l'ennemi ; c'est à Alvinzi de commencer.

Première faute.—Rien de plus aisé que de réunir en une seule masse les troupes impériales séparées en deux corps divisés, et loin l'un de l'autre, puisqu'ils étaient loin de la portée de l'ennemi ; puis de les faire marcher ensemble sur Mantoue. Au lieu de cela, Alvinzi persiste dans le système de division et donne rendez-vous à ses lieutenants, sur le Bas-Adige l'un venant de Gorizia et Bassano, l'autre de Neumarck.

Bonaparte se concentre à Montebello.

2 *novembre*. — Vaubois attaqué le premier, victorieux à Lawis, battu à Legonzano.

4 *novembre*. — Battu de nouveau à Calliano.

6 *novembre*. — Bonaparte attaque Alvinzi à Carmignano : action meurtrière, sans résultat. — Pertes balancées : si cela continue, l'armée est perdue.

Ces deux premières actions sont donc nulles. Si Bonaparte n'en était pas sûr, il n'eût pas dû les risquer. Jomini ne le dit pas : il ne dit rien.

7 novembre. — L'armée française se replie sur Vérone.

8 novembre. — Davidowich débouche dans la furie de Roveredo ; Vaubois se retranche à droite de l'Adige, à Rivoli.

Ce même jour, les Autrichiens sont à Montebello, qu'avait quitté Bonaparte : ils se trouvaient, de fait, concentrés ou en train de se concentrer, mais ils n'en feront rien.

11 novembre. — Alvinzi marche sur Villanova, pour y attendre sa droite, arrêtée à Rivoli.

12 novembre. — Attaque de Bonaparte : combat de Caldiero. Les Français repoussés par la force supérieure d'Alvinzi. Ah ! si celui-ci se tenait toujours ainsi ramassé, et ferme !...

13, 14 novembre. — Journées perdues par les Autrichiens, qui, dans le même temps, auraient pu opérer leur jonction avec Wurmser. — Bonaparte était perdu. Au lieu de cela, Alvinzi délibère et imagine d'aller attaquer Vérone, d'une part ; et, de l'autre, d'aller, à Zevio, cinq lieues de Vérone, chercher un passage !

Cependant la position de Bonaparte n'en vaut guère mieux. Battu, repoussé partout, il réunit son conseil de guerre comme à l'arrivée de Wurmser et prend le parti qu'on sait, qu'a célébré M. Thiers.

Il se trouve qu'Alvinzi est concentré ; bien plus, qu'il s'approche de Mantoue : la question est donc de le faire *rétrograder* et, par là, de le forcer à *se diviser* de nouveau, en menaçant SES DERRIÈRES, ses communications. Un plus avisé qu'Alvinzi aurait commencé par se joindre à Wurmser et à Davidowich, négligeant tout le reste : point du tout, il donne dans le piège, mais avant d'être battu fera encore bien du mal aux Français.

Ici se place une lettre de Bonaparte au Directoire.

Prévoyant sa défaite, il prend ses mesures, comme les médecins qu'on appelle au lit d'un malade désespéré, pour que, s'il sort vainqueur, la louange soit toute à lui ; s'il succombe, on n'ait rien à lui reprocher. M. Thiers ne peut assez admirer la grandeur d'âme de cette épître, monument de blagueuse rouerie.

« Bonaparte, dit Jomini, avait démêlé le caractère d'Al-
« vinzi. Les événements venaient de lui prouver que, brave,
« ferme, et doué de toutes les qualités qui constituent un bon

« officier, son antagoniste n'entendait rien à la *stratégie*. »

Jomini se moque de ses lecteurs, en donnant le nom de stratégie au nouveau *stratagème* par lequel Bonaparte va se tirer d'embarras.

« Il supposa qu'Alvinzi ne verrait dans son mouvement
« sur San-Bonifacio que ses communications menacées et
« la nécessité de voler à leur défense.

« Du reste, ajoute-t-il, et dans la conjoncture, Bonaparte
« n'avait plus d'autre chance. »

Quand il s'agit de se sauver, j'admets que la ruse soit permise ; je dis que Bonaparte fit très bien ; mais, de grâce, ne donnons pas le nom de *science* à de telles rubriques, et n'appelons pas *génie* la tête qui les conçoit. C'est se moquer et de la science et du génie.

Jomini réfute l'opinion de ceux qui ont prétendu que le plan de Bonaparte avait été de combattre sur une chaussée, et qu'à cet effet il avait choisi à dessein les deux chaussées de Porcile et Arcole. M. Thiers a fait valoir ce thème. Il n'en est rien, dit Jomini : Bonaparte serait allé passer l'Adige plus bas que Ronco s'il n'avait tenu à ménager les heures ; d'autant que, son mouvement étant *offensif*, les marais étaient un obstacle pour cela. Puis *il ne connaissait pas le terrain*. Bref, ce fut une FAUTE, dit Jomini, qui faillit devenir fatale.

La preuve de ce que dit Jomini se trouve dans l'événement : Augereau ni Bonaparte ne purent forcer le passage d'Arcole ; il fallut battre en retraite, repasser l'Adige, et venir se reformer à Ronco.

La bataille dure trois jours, 15, 16 et 17.

Nuit du 14 au 15 *novembre*. — Départ de Vérone, rive droite de l'Adige, et arrivée à Ronco, six lieues au moins.

15 *novembre* matin. — Passage de l'Adige : Augereau prend la chaussée de droite, sur Arcole ; Masséna, celle de gauche, sur Porcile, remontant l'Adige même.

Alvinzi, comme l'avait prévu Bonaparte, avait expédié des renforts sur les mêmes points : Augereau ne peut pas passer !...

Lannes, Verdier, Bon, Verne, Vignole, blessés ; Muiron, tué ; Bonaparte jeté dans un fossé. On ne peut pas passer !...

Retraite derrière Ronco, rive droite.

Premier échec; toutefois, il y a un avantage: le théâtre de la guerre est changé; la jonction d'Avinzi et Davidowich, retardée.

Situation, du reste, plus embarrassante que le premier jour.

Pourquoi ne pas chercher un passage plus bas?

Pourquoi ne pas descendre le pont lui-même?

Jomini ne se prononce : il ne sait pas, dit-il, ce qui a déterminé le général en chef. Moi, je crois qu'il était dans un extrême embarras.

16 *novembre*. — On marche de nouveau sur les chaussées, après avoir passé sur la rive gauche. Les Autrichiens sont rejetés par Masséna dans Porcile; — Augereau ne réussit pas mieux que la veille sur Arcole.

La journée finit comme la veille : les Français reviennent derrière l'Adige; les Autrichiens se retirent derrière Arcole.

Au point où en sont les choses, le succès dépend d'un passage de l'Alpon, torrent d'Arcole, vers son confluent. Un pont fut construit, une demi-lieue plus bas que Ronco; ce qui prouve la faute de la veille.

17 *novembre*. — L'armée passe l'Alpon malgré les Autrichiens.

Alors, la position des Français est une grande concentration; ils sont à Porcile; leur centre, vers le pont de Ronco; la droite, tournant Arcole. Les Autrichiens, qui avaient enfin cédé la victoire, se trouvent pris comme dans une souricière; leur perte fut de 7 à 8.000 hommes tués, blessés, prisonniers. On n'a pas indiqué celle des Français.

A la suite de cette lutte de soixante-douze heures, Alvinzi se replie sur Vicence pour se refaire; Bonaparte force Davidowich de s'enfuir, non sans grandes pertes dans les gorges; Wurmser tente une sortie, et est repoussé. — Davidowich, après son succès contre Vaubois, était resté huit jours sans rien faire; Wurmser aussi !...

« Finalement, dit Jomini, le défaut de concert entre les
« corps partant de bases différentes, pour marcher vers un
« point central, occupé par une masse ennemie supérieure
« à chacun d'eux, fut la cause première des désastres qui
« accablèrent les Autrichiens, en fournissant à Bonaparte
« l'occasion d'employer avec succès *sa manœuvre* favorite. »

Non pas sienne ; mais française. Car il ne l'emploie que forcé et contraint.

Entre temps, le Directoire, ou Carnot, se comporte comme les Autrichiens. Il eût fallu, dit Jomini, porter l'armée d'Italie à 70.000 hommes et lui donner une réserve de 25 à 30.000 hommes dans les Alpes. Les troupes à l'intérieur ne manquaient pas : mais on voulait garder la *Hollande*, surveiller la *Vendée*, et faire une descente en *Irlande*. Dissémination ! On ne songeait qu'à conquérir, envahir, absorber, tandis qu'il eût fallu se sauver d'abord.

Fin décembre. — Alvinzi reprend l'offensive.

Armée d'Italie, à ce moment, 46.000 hommes (naturellement, on recevait toujours quelques renforts).

7 janvier 1797. — L'armée autrichienne se met en mouvement.

Le plan de cette nouvelle expédition n'est toujours pas mieux conçu : au contraire, on s'enfonce de plus en plus dans la mauvaise voie : 1° d'un côté, le centre et la droite doivent descendre entre le lac de Garde et l'Adige, sur Rivoli ; — 2° de l'autre, Provera par Padoue, et Legnago, sur Mantoue. On ne sort pas de l'idée folle d'attaquer l'ennemi *par devant* et *par derrière*, comme si, pour peu qu'il se remue, qu'il reparte d'un côté ou de l'autre, sans attendre qu'on le serre, on ne devrait pas être écrasé par lui. Mais, encore une fois, il n'y a pas besoin là ni de génie, ni de combinaisons, ni de manœuvres ; c'est du gros bon sens. Les batailles étaient gagnées d'avance, si les Français voulaient seulement courir sus à l'ennemi. Or, quand il leur arrivait de deux points, éloignés l'un de l'autre de 20 ou 25 lieues, bien placé entre deux, il est clair que, faisant la moitié du chemin, il avait le temps de se défaire d'une des armées avant que l'autre en sût rien. Il ne fallait plus que la pratique vulgaire, le *fiat secundum artem* du pharmacien.

Bonaparte et ses successeurs y ont mis beaucoup trop d'appareil ; qu'on juge tout cela de près ; et, hormis le grandiose des manœuvres et les résultats, cela ne peut qu'inspirer de la pitié.

« Donc, le 7 janvier, l'armée autrichienne part de Bassano,

« remonte la Brenta, se dirige par un long circuit sur Rove-
« redo, pour venir se faire battre, isolée à Rivoli ! »

Voilà toute l'histoire. Sont-ils bêtes, ces Autrichiens!

10 *janvier.* — Départ de Bonaparte de Bologne vers son
centre, qui est Vérone.

12 *janvier.* — Jonction d'Alvinzi à Reveredo avec Davidowich; il s'avance sur Alla. — Provera sur le Bas-Adige.

Nouvelle bataille très compliquée de Rivoli..

13-14-15-16 *janvier.* — RIVOLI et 2e *Saint-Georges.*

Il faut lire attentivement dans Jomini, carte sous les yeux,
le récit de ces combats. — On s'y convaincra, quant aux
hommes, sauf la différence des caractères, que la bravoure
fut égale des deux parts, et que l'événement dépendit toujours des mêmes causes.

Il s'en fallut de peu qu'Alvinzi ne gagnât la bataille sur le
plateau de Rivoli : cela tint à une circonstance, qu'on ne
fait pas ressortir suffisamment. Sans doute la manie autrichienne d'*envelopper* l'ennemi était vicieuse, absurde même :
cependant, en exécutant cette manœuvre, il arrivait parfois
que les corps enveloppants se rapprochaient de si près qu'ils
ne faisaient plus qu'une masse, laquelle alors agissait avec
supériorité, accablait les Français à leur tour. — C'est ce qui
eut lieu à Rivoli. — Laissant de côté les détails, on voit Joubert, d'abord refoulé de son poste de la Coronca, qui est
forcé de se retirer sur Rivoli : si les Autrichiens eussent
continué de marcher en force, ils s'emparaient du plateau,
l'armée française n'y étant pas encore réunie, et la bataille
était perdue pour les républicains.

D'autre part, si le corps de Guadanowich, chargé de débou-
cher sur le même plateau par la droite des Français et par
le ravin d'Osteria, était arrivé seulement *dix* minutes plus
tôt, ayant 20 ou 30 bataillons sur le sommet, avec de l'artillerie, au lieu de 1.000 ou 2.000 hommes, il aurait soutenu
le choc de Bonaparte, donné le temps au reste de ce corps
de se déployer, et la bataille était encore perdue.

Enfin, si un troisième corps d'Autrichiens, chargé de prendre
l'armée française en queue, après avoir fait un immense
détour, fût arrivé cinq ou six heures plus tôt, comme on y
comptait, il eût occupé une partie de l'armée française suffi-

sante pour que le centre fût retenu dans une infériorité constante ; alors encore la bataille était perdue.

Quant à l'aile gauche des Autrichiens, forcée de capituler le 16, devant Mantoue, après avoir été traquée par toute l'armée française, elle se trouva enveloppée elle-même et perdue sans ressource.

Ce n'était pas tout que de concevoir, en présence du plan d'Alvinzi, un plan contraire ; d'opposer à la tactique de l'enveloppement, celle de la concentration. Il fallait se mouvoir avec assez de rapidité, pour empêcher que la manœuvre d'enveloppement ne devînt manœuvre de concentration, ce qui faillit arriver à Rivoli, par la faute de Bonaparte, occupé à Bologne, quand Alvinzi commença son mouvement et qui ne put réunir toutes ses forces que lorsque la bataille était depuis longtemps engagée. Au défilé d'Osteria, la lenteur autrichienne faillit même le prévenir : *dix minutes* plus tôt elle était victorieuse.

Partout, dans cette bataille, on voit constamment la victoire se ranger du côté des masses, soit autrichiennes, soit françaises, et rester à l'armée qui conserve le plus longtemps cette supériorité.

Sur le mouvement concentrique d'Alvinzi, voici la réflexion de Jomini :

« Un mouvement concentrique vaut mieux sans doute que
« des opérations où les colonnes doivent agir séparément ;
« mais, exécuté devant une armée déjà rassemblée et
« occupant une position plus resserrée, il est alors décousu
« et devient une faute. Les masses centrales déjoueront
« toujours, à forces égales, toutes les opérations, concen-
« triques, à moins que celles-ci ne soient exécutées par de
« très grandes armées, et que les rayons ne soient occupés
« par des forces capables de se maintenir longtemps par elles-
« mêmes, comme les trois armées qui se réunirent concentri-
« quement à Leipsig en 1813. »

Ceci va sans dire.

La retraite d'Alvinzi fut déplorable. Les résultats de ces quatre jours de combats furent immenses : 18.000 prisonniers, toute l'artillerie prise, etc.

« La précision des mouvements, l'activité des troupes,
« furent aussi dignes d'éloges que les dispositions du géné-
« ral. Plusieurs brigades françaises surpassèrent dans cette

« occasion la rapidité tant vantée des légions de César ;
« aucune ne leur céda en bravoure. »

. Le César de Rivoli fut Joubert.

Quant à Bonaparte, je ne puis, quoique la bataille et toute
la campagne contre Alvinzi ait été admirablement menée,
m'empêcher de faire quelques réserves : *Ce n'est pas tout de
courir, il faut partir de bonne heure*, et il partit tard et faillit
ne pas arriver. Le gain de la bataille tint à quelques minutes,
à un peu plus de diligence des Autrichiens, au raccroc qui
arrêta Lusignan, etc. J'aimerais mieux que Bonaparte eût
eu vingt-quatre heures d'avance à Rivoli. Mais telle est sa
nature : il n'arrive que juste, il ne se donne jamais de marge ;
il y périra.

Voici quelques réflexions curieuses de Jomini sur la guerre,
et qui concordent singulièrement avec ma théorie.

« Une bataille décide souvent du succès d'une campagne,
« quelquefois même du sort d'un empire, tandis qu'en
« d'autres circonstances les plus beaux faits d'armes, les
« victoires les plus glorieuses, n'imposent au vainqueur que
« la nécessité de combattre de nouveau. Les forces des
« deux partis, leur position plus ou moins rapprochée de
« leur centre de puissance, la nature de leur ligne d'opéra-
« tion et de leurs ressources secondaires, enfin l'esprit et la
« puissance relative des peuples, influent plus ou moins sur
« les résultats d'un succès. Ces vérités furent complètement
« démontrées par les événements mémorables, dont les bords
« de l'Adige étaient témoins depuis six mois. »

En note : *Les causes générales décident du destin des empires
et donnent aux victoires des résultats plus ou moins importants.*

Il cite en preuve : Mont-Saint-Jean et Zama, qui anéan-
tirent en un jour la puissance de Napoléon et d'Annibal.

Mais tout cela est vague : je donne à la même pensée une
bien autre portée, ce me semble, quand je dis que *la guerre
n'est pas une vraie lutte des forces réelles*, et que des victoires
comme celles de Bonaparte, gagnées par la ruse, la sottise de
l'ennemi, ne prouvent rien.

A Waterloo, Bonaparte, déjà une fois tombé, n'a plus réellement pour lui que ses soldats : toute sa force est dans son
armée ; l'armée battue, il est fini.

Mais à Montenotte, à Castiglione, à Rivoli, à Arcole, on
ne peut pas dire que l'Autriche fut toute dans les armées ;

bien mieux, je dis que dans ces batailles *la victoire fut infidèle à la force*. L'ennemi se relevait donc toujours; en généralisant davantage encore, on trouvera que l'histoire des guerres de la Révolution et de l'Empire se dénoue par le même principe, et en l'honneur de la même vérité. *Toutes les victoires ne faisaient pas que la France ne fût plus faible que l'Europe : la lutte de la force devait donc à la fin ramener l'ordre naturel. L'empire était absurde.*

Fin janvier 1797. — Poursuites du reste de l'armée d'Alvinzi par Joubert, Augereau, Masséna. Combats heureux de Carpenedolo, Mori, Lawis.

Capitulation de Mantoue.

.•.

EXPÉDITION CONTRE ROME

2 *février*. — Bonaparte rompt l'armistice conclu le 20 juin avec le Pape, qu'il accuse de l'avoir violé.

En même temps, il rassure le peuple et le bon clergé au sujet de la *religion*.

Soit, ce n'est pas le moment de toucher à l'encensoir; j'admets également qu'après le combat du Sonio, gagné par Junot sur les soldats du Pape, le 4 ou 5, Bonaparte fit bien de sauver Faenza prise de pillage. Mais...

9 *février*. — Victor à Ancône.

10 *février*. — Marmont s'empare de Notre-Dame-de-Lorette.

12 *février*. — Un million de bijoux; et les reliques. La colonne de Victor à Macerata.

18 *février*. — Les Français sont maîtres de toute la Romagne.

19 *février*. — *Traité de Tolentino* avec le Pape.

Jomini et Thiers après lui justifient Bonaparte de n'avoir pas tout de suite renversé cette puissance. Ils allèguent différentes raisons, purement militaires. *Le but de l'expédition*, dit l'historien, *était seulement de neutraliser la mauvaise volonté du Saint-Siège.*

Je dis, moi, qu'un général, animé de l'esprit de la Révolution, devait tout faire, au contraire, pour renverser le gouvernement et mettre, coûte que coûte, une garnison à Rome.

Si, dès le commencement de 1797, on avait organisé le gouvernement séculier de Rome sous la protection de la République ; si la puissance temporelle du Pape avait été abolie, au nom de la Révolution, et remplacée pendant dix-huit ans, de 1797 à 1815, croit-on que l'état moral de l'Europe n'eût pas été profondément modifié ? Protégez le culte, si vous voulez, les curés, les vicaires ; mais à bas la puissance temporelle du Pape ; à bas l'Église ! Comment créer une Italie nouvelle, tant que cette puissance subsiste ?...

Au lieu de cela, on fait un traité de démembrement et de pillage : on enlève à l'État romain Bologne et Ferrare, la Romagne. On oblige le Pape à payer de suite 30 *millions* au lieu de 16, qui restaient dus sur les sommes imposées par l'armistice ; on dépouille les musées de Rome ; tout en affichant le respect du culte, on viole l'église de Notre-Dame-de-Lorette, on la pille, et on envoie l'idole à Paris, aux dérisions du Directoire.

Le mépris de Bonaparte pour la nation italienne, une inclination de race vers le sacerdoce et le pontificat, l'absence de tous principes, et déjà l'esprit de réaction grandissant chez lui, furent les vrais motifs de sa conduite.

« On trouve les causes premières de ces exploits dans
« une constante application des principes ; dans une habile
« *multiplication des masses agissantes ;* dans leur direction per-
« manente vers les points décisifs ; et dans l'art avec lequel
« Bonaparte conduisit les hommes et sut stimuler en eux
« leur valeur, par l'exaltation du moral. En méditant sur
« chacune des périodes de cette campagne, pourrait-on
« méconnaître l'habileté des combinaisons qui lui procu-
« rèrent la victoire à Montenotte ; la sagacité qu'il montra
« dans ses négociations avec la cour de Turin ; le coup d'œil
« rapide qui sauva son armée à Lonato et à Castiglione ;
« l'impétuosité avec laquelle il accabla Wurmser à Bassano ;
« enfin l'audace et le sang-froid avec lesquels il combattit à
« Rivoli ?

« Cette campagne, commencée avec si peu de moyens,
« amena la dissolution de l'alliance entre l'Autriche et la
« Sardaigne, Naples et le Pape, assura la conquête de l'Italie
« septentrionale et procura à l'armée française le Mincio
« pour base d'opérations.

« C'est de cette époque que date le grand développement
« de la stratégie, dont Gustave-Adolphe, Turenne, Malbo-
« rough et Frédéric II posèrent les premiers principes, mais
« dont Bonaparte et l'archiduc Charles étendirent les combi-
« naisons, en prouvant sa supériorité sur la tactique. Dès
« lors cette science a fait de grands progrès : toutes les
« armées européennes en ont fait successivement l'applica-
« tion pour leur intérêt et pour leur gloire, particulièrement
« l'armée russe, dans ses mouvements sur Smolensk et
« Kalonga en 1812, et les armées alliées dans leur mouve-
« ment sur Dresde et Leipsig en 1813. La guerre d'invasion
« naquit de ce perfectionnement dans la mobilité des
« masses... Cependant, la décadence est voisine de la per-
« fection : à la guerre d'invasion entre puissances limi-
« trophes, succédèrent bientôt ces excursions lointaines et
« gigantesques, qui ne pouvaient réussir qu'avec les soldats
« d'Alexandre contre les bandes de Darius, au temps où la
« politique bornée des gouvernements asiatiques n'établis-
« sait aucun concert d'intérêts entre les peuples. Bonaparte
« fut le premier atteint de cette fureur envahissante... »

Preuve, encore une fois, que Bonaparte ne posséda jamais
la philosophie de son propre métier. •

Au reste, cette *stratégie* qu'admet Jomini, est niée par
d'autres (Laurillart-Fallot et Lagrange) ; ce n'est qu'un développement de la tactique sur une plus vaste échelle ; il est
impossible d'y trouver un trait qui la caractérise réellement.

*S'appuyer, se couvrir, se flanquer, se diviser pour vivre, se
concentrer pour combattre :* ou ne sort pas de là, pas plus avec
100.000 hommes, qu'avec un bataillon.

1797. — 7 *février*. — Arrivée de l'archiduc Charles à Ins-
pruck.

10 *mars*. — L'armée française se met en mouvement :
renforcée du corps de Bernadotte et Dolmar, 18.000 hommes.

Etat de l'armée active.	61.500
Plus, dans les différentes places	15.300
	76.800

12 *mars*. — Mouvements inaccoutumés à Bergame, Bres-
cia, etc.

A l'instigation des Français, contre-révolution des paysans.

Les forces actives du prince Charles étaient égales en nombre, mais fort inférieures en qualité : nouvelles recrues, etc.

16 *mars*. — Passage du Tagliamento à Valvassone.

Bonaparte devance l'archiduc Charles, *qui cède* et recule, attendant ses renforts, et finalement tombe dans une complète impuissance.

Cette campagne de quelques semaines, qui commence le 10 *mars* et finit le 17 *avril*, par la signature des préliminaires de Leoben, trente-sept jours, n'a rien de remarquable.

Les Autrichiens, tant de fois battus, ne sont pas en mesure de prendre l'offensive ; le prince Charles ne reçoit pas de renforts ; les fleuves, le Tagliamento et l'Isonzo, semblent se dessécher pour laisser le passage libre aux républicains ; sans le soulèvement du Tyrol et des provinces autrichiennes, sans l'inquiétude causée à Bonaparte sur ses derrières par le Piémont et les conspirations des Italiens, il serait allé jusqu'à Vienne. Ici les populations hostiles arrêtèrent le conquérant.

Le plus beau fait d'armes de cette campagne est le passage du Tagliamento, bataillons déployés, flanqués de colonnes ; puis la marche de Joubert dans les montagnes du Tyrol.

Joubert partant pour le Tyrol, — Berthier, chargé de lui donner ses instructions, « oublie, selon Jomini, l'*objet principal*, qui devait être d'assurer sa jonction avec le gros de « l'armée par *un mouvement concentrique* ».

Preuve que la tactique n'était alors ni bien définitive, ni bien comprise.

Passage de l'Isonzo et prise de Gradixa.

21 *mars*. — Masséna entre à Ponteba, poursuivant Okskay, et lui faisant 600 prisonniers.

22 *mars*. — Il accable Gontreuil.

Lançon repoussé par Joubert. — 800 prisonniers.

Capitulation de Bayalitich : 3 à 4.000 hommes ; 25 canons ; 400 chariots de bagages.

L'archiduc n'a pu se rallier nulle part, dans ce pays de montagne ; il ne peut pas même se mouvoir.

Combat de Clausen, gagné par Joubert.

23 *mars*. — Occupation de Trieste.

28 *mars*. — Combat de Mitlenwald. — Joubert-Belliard.

31 *mars* ; 2 *avril*. — Autre combat de *Unter-tue*.

Dans cette infinité de petits combats, l'armée autrichienne est ruinée, accablée partout ; l'archiduc ne peut rien.

2 avril. — Combat de Dirnstein, gagné par Masséna.

5 avril. — Bonaparte à Judenbourg. — « *Très embarrassé,*
« dit Jomini, malgré tous ses succès, son *heureuse étoile*
« vient le tirer de cette perplexité. L'empereur demande un
« armistice. »

17 avril. — Signature des préliminaires de Leoben.

La lettre que Bonaparte avait adressée au prince Charles, à
la date du 30 mars, prouve qu'il sentait sa position, et ne se
souciait pas de la compromettre. Il tenait, au fond, beaucoup
plus à sa gloire qu'au service de la République.

La signature des préliminaires arrêta court toutes les opérations de Moreau, Hoche. Le succès se déclarait partout
devant eux, quand ils furent arrêtés dans leur essor par la
nouvelle de la signature des préliminaires. On en fait un
reproche à Bonaparte.

17 avril. — *Pâques Véronaises.* — Tous les Français égorgés.
Ils ne l'avaient pas volé. La politique du Directoire et de
Bonaparte était abominable.

Le sénat de Venise envoie 2.000 Esclavons, au secours des
Véronais insurgés ; mais l'armistice termine tout, rend la
défense inutile.

Toute la population vénitienne, nobles, prêtres, bourgeois,
paysans, était en fureur ; on profita de l'insurrection du
Tyrol pour éclater ; l'armistice termina tout. Bonaparte se
vengea, en livrant, par le traité de Campo-Formio, Venise à
l'Autriche.

18 mai. — Traité de Milan : soumission de Venise, la République dissoute ; 6 millions ; 3 vaisseaux ; 2 frégates ;
20 tableaux ; 500 canons.

20 mai. — Les Français occupent Venise.

1.800.000 francs, appartenant au duc de Modène, sont pris
par les Français [1].

Juin. — *Organisation* prétendue de la République ligurienne :

— Bonaparte est *fructidorien*, comme il a été *vendémiariste*,
et auparavant *jacobin*.

C'est la plèbe qui, d'accord avec l'armée, opère ces révolutions.

— L'armée se trouve, en fin de compte, hériter de la plèbe

1. Cf. *l'Abrégé de Chronologie*, pour les *synchronismes.*

et du terrorisme, celui-ci renversé au 9 thermidor; celle-là vaincue, en germinal-prairial.

Le coup d'État de Fructidor doit être condamné de tout point. Intrigue honteuse, dans laquelle tous les fripons se réunissent aux traîneurs de sabre contre les honnêtes gens. *Hoche*, entraîné, tout comme *Augereau*, à qui on avait promis une direction. — Bonaparte caressé pour l'appui qu'il a donné au coup de main.

La bourgeoisie, par représailles, fera le coup d'État de *Brumaire:* excellent régime pour les ambitieux de l'espèce de Bonaparte.

Jomini fait ressortir l'infamie du Gouvernement directorial, après l'expulsion de *Carnot* et de *Barthélemy.*

Au dehors, fièvre d'insolence et de pillage; au dedans, despotisme pur. — Les conseils ne sont plus que des bureaux d'enregistrement. Bonaparte rétablit l'ordre, non la légalité; il suivit Barras.

4 septembre. — 18 *fructidor.*

17 octobre. — Signature du traité de Campo-Formio, où Bonaparte biffe, d'un trait de plume, la République de Venise.

La France est démoralisée; le pouvoir pousse le despotisme jusqu'à l'impudeur.

Voici comment Jomini apprécie la conduite de Bonaparte au 18 fructidor:

« En vain on a cherché à nier sa coopération effective à
« cette journée, en alléguant la correspondance amicale
« qu'il entretenait avec Carnot, dans le sein duquel il sem-
« blait épancher des chagrins domestiques. Bonaparte avait
« envoyé à Paris son aide de camp Lavalette, avec la mission
« spéciale de l'informer de l'état des affaires; et, certes, s'il
« eût eu la moindre confiance en Carnot, aurait-il prêté les
« mains à la dissolution des Conseils? N'est-il pas probable,
« au contraire, que, *pressentant son élévation, il saisit avide-*
« *ment l'occasion d'écarter une partie des obstacles qu'il pou-*
« *vait rencontrer?* Se tenant donc derrière le rideau, il fit
« écraser un pouvoir par l'autre, se ménageant ainsi une
« excuse pour les coups que, plus tard, il devait porter au
« vainqueur. Au reste, la politique ne fut pas le seul mobile
« de sa conduite; il s'y joignit encore un profond ressenti-
« ment contre le Corps législatif, dont un membre avait for-

« mollement improuvé sa conduite à l'égard des Républiques
« de Venise et de Gênes. Idole de ses soldats, respecté par
« ses généraux dont ses grands talents avaient désarmé la
« jalousie, il n'eut pas de peine à leur faire adopter les sen-
« timents exprimés dans leurs adresses. Le choix de Berna-
« dotte pour porter à Paris les drapeaux récemment con-
« quis, la permission accordée à Augereau de s'y rendre
« vers la même époque, servent encore à fortifier cette opi-
« nion. »

Ainsi, *tout couvert de lauriers*, Bonaparte se rue dans l'intrigue et le crime. Pas un sentiment généreux ne naît en lui,
pour le salut de son peuple ; il n'y voit qu'une place à son
ambition, un trône à conquérir, un peuple à exploiter, à
dévorer.

Il méprise les nations, la canaille, le péquin, l'avocat,
l'idéologue, le moine, le prêtre ; il méprise tout.

Voilà, voilà, où il faut saisir l'homme, et se moquer de
ses *fausses victoires;* je dis fausses, car elles ne sont pas une
vraie démonstration de la force; elles sont stériles.

1ᵉʳ *décembre*. — Explosion dans la Valteline, à l'instigation
des agents de Bonaparte. — Ancienne conquête des Grisons
qui la laissaient se gouverner à sa guise ; la Valteline, appuyée
par un parti de soldats et d'officiers grisons, revenus du service et soudoyés par Bonaparte, réclame son indépendance
et son incorporation dans la *République cisalpine*. Jomini fait
ressortir cette faute, tant au point de vue politique qu'au
point de vue unitaire. « En réunissant la Valteline à un État
« ci-devant autrichien, c'était porter atteinte à la souverai-
« neté helvétique, amie de la France, préparer le retour de
« cette province à ses anciens maîtres, et accroître l'influence
« par la pression de l'Autriche sur ces vallées suisses. »

Courant décembre 1797. — Bonaparte fut chercher son
triomphe à Paris. Son hypocrisie à cette époque est remarquée
par tout le monde.

.*.

1798-1799. — CAMPAGNE D'ÉGYPTE

Cette expédition est nettement, et à plusieurs reprises, condamnée par Jomini. La honte et l'immoralité en retombent également sur Bonaparte et le Directoire.

« Excité par Talleyrand et par une foule de savants avides
« du merveilleux, il résolut enfin de se mettre lui-même à
« la tête de l'expédition d'Egypte, qu'il avait conseillée. (Cf. les
« lettres des 16 août et 13 septembre 1797 au Directoire ;
« — avant lui Magalon et Lazowski avaient fait la même pro-
« position au Directoire.) Barras la désapprouvait, pensant
« que l'Inde, où il avait servi, ne valait pas les hasards d'une
« telle expédition. (Il y avait du vrai, au moins pour la France
« et pour l'époque, dans l'opinion de Barras.) Rewbell aurait
« préféré créer de petites républiques autour de lui pour y
« dominer à son gré. Merlin, La Réveillère et François de
« Neufchâteau décidèrent, dit-on, cette fatale course, qui
« remit en question les destinées de la France et les résul-
« tats de six ans de victoire. »

A l'époque de l'expédition d'Egypte, l'Angleterre était en guerre avec les Mahrates et les Radjapoutas, comme elle l'est aujourd'hui. Wellington y faisait sa première campagne, comme général ou commandant. Ainsi, à 1.000 lieues l'un de l'autre, Wellington et Bonaparte, sans se connaître, se combattaient.

Les motifs, pour lesquels Jomini blâme l'expédition d'Egypte, en les développant et les fortifiant à l'aide de la science moderne, font paraître bien niais le bavardage de M. Thiers.

1. — Le Directoire n'avait pas la moindre connaissance de ce qui se passait dans l'Inde, en vue de laquelle il entreprenait son expédition ; Bonaparte non plus. — Or, elle allait être victorieuse partout, grâce à sir Arthur.

2. — Il ne connaissait l'Egypte et sa situation que par les rapports de ses agents et les sollicitations de Bonaparte.

3. — Entreprise gigantesque, qui demandait la paix, une paix consolidée partout ailleurs, l'action de la politique, et surtout du temps (Cf. l'Algérie, depuis 1830). C'étaient des milliards et des années à y dépenser,

4. — Il fallait l'assentiment de la Porte, avec laquelle on était en paix ; ce fut ce dont on s'occupa le moins. Violation du droit des gens. Or, le refus de la Porte, appuyé de l'Angleterre, en faisait une *chimère*.

5. — Une conséquence de la conquête, si le projet était sérieux, et le but vrai, était d'envoyer et d'entretenir une expédition par le cap de Bonne-Espérance, huit ou dix vaisseaux, afin d'établir les communications et la domination, de Suez à Pondichéry, par Bab-el-Mandel.

Au lieu de ces considérations, Lazowski et Magalon s'entendent pour atténuer et déguiser les difficultés.

La population est passive ;

La seule force est 9.000 mamelucks ;

La Porte ne dira rien ; d'ailleurs impuissante, et près d'elle désordre.

Mais le *gigantesque* plaît à Bonaparte. — Tout d'abord il organisa la *corruption*, la *trahison* des chevaliers de Malte, afin de s'emparer de l'île. Le ministre de ce marché fut Poussielgue, *inspecteur des Echelles du Levant*.

6. — Et quel moment choisissait-on ?

Quand les choses sont incertaines, un Congrès de Rastadt ; quand l'Europe est indignée de l'invasion de la Suisse et de Rome, que tout frémit en Italie, que l'Autriche et la Prusse se rapprochent, que l'Angleterre arme et intrigue.

7. — Etait-on décidé secrètement à abandonner Tippo-Saëb et l'Inde à leur malheureux sort, et à se contenter de posséder en Egypte un comptoir de commerce ? La chose n'en valait pas la peine. Il ne fallait pas moins qu'une garnison de 30.000 hommes, pour un bénéfice sur le transit, qui n'eût certes pas été de 15 millions. Quant à établir une colonie de Français, il n'y visait pas.

8. — Les communications entre la France et l'Egypte n'étaient pas sûres ; il fallait, par la paix, obtenir cette sécurité ; et c'est à quoi la conquête d'Egypte était un obstacle invincible.

9. — Si on voulait de bonne foi attaquer les Anglais dans l'Inde, mieux valait employer l'expédition dans l'Inde même.

Mais à quoi bon discuter ? — Ni Bonaparte ni le Directoire ne se souciaient de l'Egypte. Bonaparte ne voulait pas s'user à rien faire ; il s'ennuyait. Les directeurs prenaient de lui ombrage ; et la politique odieuse de ces démagogues parvenus trouva tout simple de sacrifier l'élite de l'armée, de dégarnir l'Italie et les frontières pour se débarrasser d'un ambitieux.

Bonaparte demande qu'on envoie Talleyrand pour négocier avec la Porte ; celui-ci gagne du temps, et Bonaparte, parti, fait nommer à sa place un subalterne, Descorcher.

Sur ces entrefaites, arrive l'insulte-faite à l'ambassadeur de la République, à Vienne. Bonaparte *prévoit alors une guerre continentale;* il ne se soucie plus de l'Egypte ; il eût voulu rester. Alors le Directoire lui intime l'ordre de se rendre à Toulon. Il songe à offrir sa démission, mais on l'eût acceptée ; et il part.

Comme tout cela est édifiant et moral !...

9 *mai* 1798. — Bonaparte arrive à Toulon.

Armée d'Egypte : 37.200 hommes.

2.300 h. à Malte.
4.800 h. à Corfou.

Total : 44.300 hommes.

Flotte. — 13 vaisseaux ; 17 frégates ou corvettes ; 300 bâtiments de transport ; montés par 10.000 matelots français, italiens ou grecs, dont la plupart furent, après Aboukir, incorporés dans l'armée.

C'est plus de 54.000 hommes qu'on envoie servir à une fantaisie.

19 *mai.* — Départ de la flotte.

10 *juin.* — Reddition infâme de Malte par le chef de l'ordre, Hompasch.

2 *juillet.* — Débarquement à Alexandrie ; prise de cette ville. — Marche par le désert.

11 *juillet.* — Combat sur le Nil.

21 *juillet.* — Bataille des Pyramides.

25 *juillet.* — Occupation du Caire.

1er *août.* — Bataille d'Aboukir : perte de l'escadre à la suite de cette bataille ; siège et blocus de Malte. Ocit défend Vaubois.

1er *août.* — Combat entre 200 cavaliers français et les mamelucks, — les premiers battus.

23 *août.* — Départ de Desaix pour la haute Egypte.

30 *août.* — La Porte ordonne le rassemblement d'une armée pour reconquérir l'Egypte.

12 *septembre.* — Déclaration de guerre de la Porte à la République.

7 *octobre.* — Bataille de Sédiman, livrée par Desaix dans la haute Egypte. — 340 tués, 150 blessés, 400 hommes malades d'ophtalmie. — Desaix vient chercher du secours au Caire.

22 *octobre.* — Rébellion du Caire.

22 *octobre.* — On fortifie Alexandrie, le Caire, Suez, etc. — On crée un sujet d'impôt, etc.

22 *octobre.* — Création de la légion nautique, formée de 3.000 marins échappés au désastre d'Aboukir, et de tous les matelots étrangers du convoi, âgés de moins de trente ans.

22 *octobre.* — Organisation des dromadaires.

30 *décembre*, **19** *janvier.* — Desaix et Davoust se dirigent avec une flottille vers la haute Egypte. — Arrivée à Girgey.

23 *janvier* 1799. — Affaire de Samanhoud ; défaite de Mourad-Bey, par Desaix ; répétition de la bataille des Pyramides.

*
* *

EXPÉDITION DE SYRIE PAR BONAPARTE

10 *février.* — Bonaparte quitte le Caire.

10 *février.* — Affaire de Thèbes : Osman-Hassan défait par Davoust.

13 *février.* — Combats de Kinch et d'Abou-Manah : les Arabes défaits par Friant.

17 *février.* — Prise du fort El-Arisch par Bonaparte.

17 *février.* — Prise de Gazah.

17 *février.* — Combat de Souhama, contre Mourad-Bey, le malheureux mameluck toujours battu. Mais la flottille française est prise par les Arabes.

17 *février.* — Combat de Bénouth, par Belliard. — Les Arabes vaincus.

7 *mars.* — Prise et sac de Jaffa. — Massacre, pillage, après l'assaut.

Malte. — Vaubois est assiégé et bloqué par Nelson dans la cité Valette, après la bataille d'Aboukir.

Corfou et autres îles. — Chabot, d'abord en bonne intelligence avec le pacha, par suite des promesses de Bonaparte, le voit bientôt devenir hostile, à la suite de la Porte. — Ses 3.500 ou 4.000 habitants, disséminés entre Corfou, Nicopolis, Céphaloni, etc. — Ces petites garnisons sont partout battues et enlevées. — Octobre, novembre 1798.

3 mars. — Chabot lui-même capitule.

14 mars. — Bonaparte quitte Jaffa. Massacre des prisonniers par centaines.

15 mars. — Combat de Khossonne.

16 mars. — Entrée à Caïffa.

18 mars. — Arrivée devant Acre, commandée par Djezzar. La flottille, envoyée pour appuyer l'armée, est capturée par les Anglais. — Alliance avec les Druses.

28 mars. — Assaut inutile. — Approche du pacha de Damas, avec une armée.

7 avril. — Sortie de Djezzar ; repoussé.

8 avril. — Combat de Doubi : Junot.

14 avril. — Bonaparte part du camp d'Acre pour aller au-devant du pacha de Damas.

15 avril. — Bataille du Mont-Thabor.

19 avril. — Recours au siège. — On reçoit par Jaffa trois pièces de 24, et six de 8.

2 mai. — Combat de Benyhady, par Davoust.

3 mai. — Prise d'assaut de Seringapatam, dans l'Inde, par les Anglais ; mort de Tippo-Saïb. — L'expédition d'Egypte assemblée.

7 mai. — Les assiégés reçoivent des secours de toutes espèces. — Assaut du jour : repoussé. — Caffarelli, Rambaud, Bon, tués ; Lannes, blessé. — La peste, apportée de Jaffa, sévit dans l'armée.

10 mai. — Défaite de El Madhy, à Demanbours.

20 mai. — Levée du siège d'Acre.

21 mai. — Arrivée à Teutoma. — Bonaparte détruit tout ce qu'il ne peut emmener. — C'est ici, je crois, qu'il propose de donner de l'opium aux pestiférés, et qu'il en abandonne une partie.

Dévastation du pays de Naplouzain, ruine de Jaffa.

Tout à fait à la manière barbare.

14 *juin.* — Retour triomphal au Caire ; fêtes brillantes, vanteries aux Égyptiens.

Bonaparte dit qu'il a exterminé les Turcs et accompli tous ses projets.

« Ainsi, dit Jomini, se termina une expédition dont tous
« les hommes éclairés sont encore à deviner le but. Quelques
« écrivains exagérés ont prétendu que le plan du général
« français était de marcher sur CPG, après avoir conquis la
« Syrie ; l'absurdité d'un tel projet, est trop palpable pour
« mériter d'être discutée. Il est bien plus probable que
« Bonaparte, fidèle à son système *d'offensive,* voulait préve-
« nir les pachas, détruire leurs armements et augmenter
« l'immense solitude qui sépare l'Égypte du pachalik
« d'Acre. L'occupation de la Syrie, en privant d'ailleurs les
« Anglais des ressources qu'ils en tiraient pour leur
« escadre, les eût obligés d'aller se ravitailler à Chypre ou à
« Candie. *Mais une cruelle expérience dut lui démontrer qu'il
« eût été plus sage, surtout plus militaire, d'augmenter la force
« des établissements de la frontière ; d'y former un camp
« retranché, en se rendant maître des puits, et d'attendre à la
« sortie du désert d'El-Arisch cette armée ennemie, dont nos
« troupes braves et reposées auraient eu bon marché.* »

La manie d'offensive prouve encore que Bonaparte n'a pas l'idée nette de son *principe.* Il mêle ensemble l'*audace,* l'*offensive,* la *concentration,* sans se bien rendre compte de chaque élément.

On n'a pas besoin de faire 50 lieues pour prendre une offensive ; on la prend où l'on veut, quand l'ennemi est venu. 200 mètres à parcourir suffisent pour cela.

Puis, tout ce flafla d'excursions en Syrie, Palestine, Mont-Thabor, haute Égypte, tout cela est charlatanerie pure, indigne d'un esprit sérieux.

Toutes ces courses, si vantées, sont les monuments de la folie de cet homme.

Le 3 mai, dans le temps que Bonaparte était occupé du siège d'Acre, se livrait la bataille du Mont-Thabor ; Desaix conquérait la haute Égypte, mais les Anglais faisaient le siège de Seringapatam, prenaient cette ville d'assaut, où périssait le fameux Tippo-Saïb, et anéantissaient l'empire de Mysore.

Ainsi le plan de Bonaparte, d'attaquer la puissance des

Anglais dans l'Inde par l'Egypte, était démontré faux :
c'était dans l'Inde même qu'il fallait porter la guerre, en se
servant de l'Egypte comme d'un point de passage, qu'on
aurait aisément obtenu de la Porte.

« Cette campagne de l'Inde, dit Jomini, calma en Angle-
« terre les vives inquiétudes qu'avaient fait naître les
« succès de Bonaparte en Egypte. Indépendamment de la
« prise d'immenses trésors et d'un accroissement de terri-
« toire qui en fut le résultat, elle acheva d'anéantir l'in-
« fluence des Français dans l'Inde, où les Anglais restèrent
« sans rivaux. Ils purent, dès lors, prêter un appui plus effi-
« cace à la Porte ; et deux puissances, qui disposaient d'une
« marine immense et de toute la population de l'Orient, ne
« devaient pas tarder à écraser une poignée de braves,
« abandonnés sur les rivages où des armées innombrables
« de chrétiens n'avaient pu se maintenir, du temps des
« Croisades. *Chacun prévoyant dès lors l'issue d'une expédition*
« *téméraire put sonder l'abîme que le Directoire avait creusé*
« *sous ses pas, en prétendant se frayer le chemin de l'Inde à*
« *travers l'empire des Osmanlis.* »

De tous ces faits, connus, publics, la nation française ne
sait à peu près rien. Un engouement prodigieux, le plus
grand dont une nation en masse ait donné l'exemple, ne lui a
permis de rien voir. Bonaparte, le moins digne d'estime des
généraux français, est devenu une idole. Pendant quarante
ans après sa mort, les poètes et les historiens s'obstinent à
en faire un demi-dieu.

Funeste idolâtrie, qui nous couvre de honte, et nous a
coûté cher.

Juillet. — Tristesse de l'armée française.

On enrôle des habitants du pays ; on arme des esclaves
éthiopiens ; on forme un corps de Grecs.

Juillet. — Insurrection à Babyreh.

Juillet. — Mouvements des mamelucks, pour se joindre à
l'expédition préparée par la Porte.

14 juillet. — Débarquement de troupes à Aboukir.

17 juillet. — Prise du fort d'Aboukir, par la faute de Marmont.

25 juillet. — Bataille d'Aboukir.

« L'impéritie de l'ennemi rendait l'issue de la lutte à peu
« près certaine ; mais il fallait ménager le sang des soldats,

« d'autant plus précieux qu'il était 'impossible de le rem-
« placer... »

La victoire coûte aux Français 1.100 hommes hors de
combat. L'impéritie du chef d'abord ; plus tard, l'imprudence
des Turcs, qui, ayant repoussé dans leur camp retranché un
premier assaut des Français, s'avisent de sortir, décidèrent
la victoire. Ce n'est plus le courage qui manqua aux Turcs ;
ce fut le savoir-faire et le bon sens.

De pareils trophées ne devraient réellement pas compter
dans une gloire nationale.

2 août. — Reddition du fort d'Aboukir.

18 août. — Départ du Caire, de Bonaparte, pour Alexandrie.

23 août. — Embarquement de Bonaparte.

1ᵉʳ octobre. — Arrivée à Fréjus.

Jomini excuse le départ de Bonaparte par les mêmes raisons que Thiers, et de pires encore. Il faut les rapporter ici :
« Plusieurs écrivains, dont les déclamations trouvèrent
« quelques partisans, ont qualifié le départ du général
« français de honteux abandon, ne l'imputant qu'à la
« crainte d'être obligé à mettre bas les armes. Il y a plus
« que de l'injustice, dans un pareil reproche ; il y a de la
« mauvaise foi. *Dans des temps ordinaires et sous un Gouver-*
« *nement stable*, nul doute QU'UN DÉPART ARBITRAIRE NE LUI
« EUT ATTIRÉ UNE DISGRACE MÉRITÉE. Mais, dans la situation
« actuelle, il en était tout autrement; *l'intérêt de la chose*
« *publique semblait étroitement lié* au sien, et la crainte ne
« dut entrer pour rien dans sa résolution ; car, si l'avenir
« offrait quelque danger, c'était encore dans le lointain... »

C'est la théorie de la désobéissance des fonctionnaires,
quand le Gouvernement qu'ils servent est faible. Comment
peut-on reprocher à Marmont, d'avoir, après la capitulation
de Paris et la déclaration de déchéance du Sénat, abandonné
l'empereur, qui, certes, n'était pas seulement faible, qui
n'était plus le Gouvernement.

Jomini, juge compétent, bien que totalement dépourvu de
philosophie, en matière de guerre, parle à tort et à travers
sur la politique.

Il ne voit pas, ce que tout le monde cependant apercevait, que le flot de la Révolution se retirait peu à peu,
qu'après le coup d'Etat jacobinique de Fructidor, la bour-

geoisie de 89 se préparait à faire le sien; que, guidée par Sieyès devenu directeur, elle l'eût certainement fait, qu'un général ne lui aurait pas manqué pour cela; et que le gouvernement rétabli sur des bases légales et constitutionnelles, n'en aurait que mieux fait face aux difficultés. En quoi donc Bonaparte était-il indispensable? Est-ce que, dès lors, de l'aveu de Jomini lui-même, il n'était pas l'incarnation du mauvais génie de la France? Comment, la toute-puissance sera la récompense de l'expédition d'Égypte!...

Il laissait, dit-on, l'armée en bon état : les Turcs battus, les Anglais occupés de l'expédition de Hollande ; 20.000 hommes présents sous les armes, déduction faite des pertes, malades, etc. Jomini ajoute qu'une lettre du Directoire l'engageait à revenir; que les opérations des flottes combinées n'avaient d'autre but que de gagner l'Égypte, et d'en *ramener l'armée*.

Oui, d'en ramener l'ARMÉE, non le général tout seul. Le Directoire, en écrivant cette lettre (du 26 mai 1799), condamnait l'expédition et son auteur. Comment celui-ci en aurait-il pris texte pour laisser là ses troupes, et courir de sa personne au secours de la France?

État de l'armée active au départ de Bonaparte ;

« 8.000 hommes morts par le feu et les maladies.

« 20.000 hommes sous les armes, soustraction faite des malades, ouvriers.

« Pas d'argent, le nerf de la guerre.

« Beaucoup de choses nécessaires pour tenir campagne, faisaient défaut. » — C'est Jomini qui dit tout cela.

(Suivant Thiers, des 54.000 hommes qui faisaient le total de l'expédition, 22.000 rentrèrent, à la paix d'Amiens, dans un état quelconque et tous n'étaient pas Français; c'est donc les deux tiers de l'armée qui avaient été sacrifiés à une fantaisie d'héroïsme mythologique.)

Comment! On avoue qu'au 23 août 99, jour de la fuite de Bonaparte, dix-huit mois et demi après la débarque à Alexandrie, l'armée avait perdu 8.000 hommes morts; que 9.000 environ étaient malades, invalides, etc., hors d'état de servir dans l'armée; et l'on ne voit pas que, pour peu que les Turcs fassent un nouvel effort, les Anglais aidant, l'armée est perdue !

Tout cela est donc immoralité suprême; et Jomini montre,

comme tous les autres, que les considérations de droit
comptent peu dans l'âme des soldats. Il dit encore :

« L'Egypte, *entièrement soumise, n'offrait plus d'aliments à*
« *son activité. — La situation maritime de la France la mettait*
« *hors d'état d'y faire* passer de puissants renforts. » Donc
il jugeait la partie perdue. — « En supposant à Bonaparte
« les vues gigantesques qu'on lui a prêtées, il sentait l'im-
« possibilité de les mettre à exécution. »

Assez comme cela. On voit ce que c'est ici que la judiciaire
d'un soldat. J'en pourrais citer bien d'autres exemples de
Jomini. Restons-en là.

*
* *

Nous savons à quoi nous en tenir sur cette campagne classique d'Italie ; si l'activité, la promptitude, la connaissance
du métier s'y fait voir à un haut degré chez Bonaparte, la
routine de l'ennemi, sa mauvaise position, les préoccupations
d'esprit qui l'assiègent, font les trois quarts des succès de
Bonaparte. On dirait un concert perpétuel entre les généraux
autrichiens et lui pour qu'ils se mettent juste dans la position où ils doivent être battus.

Du reste, et dès ce temps-là, intempérance de langage,
d'imagination et de projets ; exorbitance de conception ;
rouerie politique ; immoralité militaire, fourberie, cruauté,
pillage, vol, trahison, arbitraire, mépris de tous les droits et
de tous les principes humains.

La dissolution de la République de Venise ;

La réunion de la Valteline à la République cisalpine ;

L'appui donné au coup d'Etat de Fructidor ;

Le mépris affiché des Italiens ;

Le traité de Tolentino avec le Saint-Siège, où le catholi-
cisme et la puissance temporelle du Pape maintenus témoignent des inclinations de l'homme ;

La prétendue Constitution de la République ligurienne
montrent ce qu'il en est de la conscience et du génie politique de Bonaparte.

On a l'air de fonder des *républiques*, et on les détruit. —
On détruit celle de Venise, on détruit celle de Gênes, on porte
atteinte à celle des Suisses.

— Voici en substance comment Bonaparte, pris pour arbitre par le peuple de Gênes et l'aristocratie, divisés et aux prises, régla leur différend (juin 1797).

Il bâcle une Constitution, portant en substance :

1. Que la souveraineté résidait dans la réunion des citoyens;

2. Que le pouvoir législatif serait composé de *deux Chambres*, l'une de 300, l'autre de 150 membres (non payés);

3. Que le pouvoir exécutif serait confié à un Sénat de douze membres, présidé par le doge.

Jomini ne trouve moyen d'expliquer ce système baroque pour un si petit pays qu'en disant que Bonaparte, *regardant la Ligurie comme une annexe indispensable à la France, visait moins à améliorer son sort qu'à la forcer de solliciter un jour sa réunion.*

Ce qu'il y avait à faire en Italie, après en avoir expulsé les Autrichiens, c'était de maintenir les Etats existants, Piémont, Venise, Gênes, etc., dans leur indépendance respective, en améliorant leurs constitutions selon l'esprit du siècle ; c'était d'organiser la Lombardie; de faire cesser la puissance temporelle du Pape, et puis de rester en observation à Milan, et de veiller au maintien du nouvel état de choses. — Protéger, diriger de haut l'Italie : voilà quelle devait être l'œuvre du Directoire et de Bonaparte.

Mais ces travaux pacifiques n'étaient pas du tout du goût du général, et ici servit encore une des plus étranges mystifications dont la France a été la victime, et qu'entretient soigneusement l'ineptie d'historiens tels que Thiers. On a fait de ce général un *législateur*, un *homme d'Etat*, un *prince de la politique* : il n'en est rien. Lui-même, en 1800-1804, a voulu s'en donner les airs, coquetterie de Auverne de Sussy à l'endroit des bourgeois. En fait, il n'a jamais compris autre chose que le despotisme, il n'a pratiqué que cela; il est étranger à tout. Son plan de gouvernement était d'aller toujours en avant; de régner par la continuité de la victoire, de faire tout pivoter sur ses immenses armées, et d'écraser, *per fas et nefas*, toutes les résistances.

Les combats finis, il n'a plus rien à faire.

Il en cherche d'autres.

Sic en 1803, lors de la rupture du traité d'Amiens, qu'il était heureux de cette rupture !...

Sic après Tilsitt; *sic* toujours.

Le genre d'esprit de Bonaparte s'éclaire ici d'une manière complète.

Sans principes, sans moralité, par son tempérament, par son éducation, par la nature superficielle de son esprit, par l'instinct de désorganisation et de destruction qui fait le fonds de son âme, il est parfaitement à son aise sur toutes les matières, dégagé, leste, prêt à faire flèche de tout bois, et à brûler ensuite toutes les flèches; à se prévaloir de toutes ces idées et à les attaquer toutes.

Son scepticisme universel. — Il croit à la force et il la craint fort; c'est pour cela qu'il la combat par la ruse, le mensonge, la perfidie, le guet-apens, la trahison.

Il se sert de tout pour son orgueil; il lui donne le monde à consommer, la terre et les hommes, les idées et les croyances. Il dévore tout.

L'esprit, ce qu'on nomme *esprit* en France, fleur de l'intelligence (Cf. M. N. sur Voltaire), art d'embellir le bon sens, la vérité, etc., aime à s'élever au-dessus de tout. Il est plus aisé à l'incrédule qu'au croyant; plus au sceptique qu'à l'incrédule; plus au corrompu, à l'homme qui, au scepticisme théorique, joint la corruption pratique, qu'à tout autre.

De là vient l'*esprit de Napoléon.*

La force lui donne ensuite une apparence de positivisme et de raison; Napoléon croit à la force, mais pas tout à fait. Il l'élude, il la trompe, il s'y soustrait, tout en l'adorant.

J'ai pu dire ainsi qu'il avait *plus d'esprit que tout ce qui l'entourait*, que tous ses contemporains. Il était à son aise pour avoir de l'esprit.

Pour juger la valeur militaire de Napoléon, il faudrait voir ce qu'il eût fait en 98-99, pour la défense de ses conquêtes, dans la même position que les autres généraux, c'est-à-dire la République ayant 50.000 hommes de moins.

« Le désastre d'Aboukir et la déclaration de guerre de la « Porte vinrent signaler au Directoire l'impossibilité de se « maintenir en Egypte contre les forces de l'Angleterre et « de la Turquie réunies, et lui donner d'amers regrets sur « *la légèreté avec laquelle il avait combiné cette expédition,* « *cause première de l'incendie qui allait de nouveau embraser* « *le monde.* »

Cette considération, la plus grave de toutes, comment n'est-elle pas venue à Bonaparte? Quoi! il va en Egypte ral-

lumer la guerre générale, une guerre où la France rencontre
contre elle toute l'Europe coalisée, Angleterre, Autriche,
Russie, la Suisse, l'Italie, la Hollande ; la Prusse seule restant
neutre.

Oui, *la seconde Coalition contre la France* eut son principe
premier dans l'expédition d'Egypte, qui dégarnit la France,
débute par une violation du droit des gens, et livre les pays
conquis à la déprédation des agents du Directoire. — Année
de pillage.

(Cette coalition fut formée en *mai* et *juin*, aussitôt après
le départ de Bonaparte.)

Je remarque que Bonaparte est comme certains poètes et
artistes dont le coup d'essai est le chef-d'œuvre, et qui ne
produisent rien au delà.

La première campagne d'Italie est l'œuvre classique de
Napoléon, au dire de tous les militaires. Lasalle, entre autres,
qui y avait servi, disait que les autres n'étaient plus à com-
parer ; que Napoléon, disposant en maître de toutes les
forces de la nation, avait infiniment moins de difficultés
que le général Bonaparte, sans magasin, sans caisse, sans
ressource.

Et, en effet, on peut voir par les faits que, même avec
cette supériorité de moyens, Napoléon n'obtient plus des
résultats aussi grands.

A mesure que l'ennemi améliore sa tactique, apporte plus
de diligence dans ses opérations, *l'étoile* pâlit.

De toutes les batailles livrées par Napoléon, la plus belle,
la plus féconde en résultats immédiats, est celle de RIVOLI.

A Marengo, il s'en tire par bonheur ; de toutes ses victoires, dit Jomini, c'est celle dont il doit s'enorgueillir le
moins... Austerlitz soutient sa réputation ; mais la bataille
est moins belle que celle de Rivoli ; Iéna et Auerstadt ne
doivent pas compter.

Mais *Eylau, Essling, Wagram, la Moscowa, Leipsig, Waterloo,*
forment une série décroissante très marquée.

A Eylau comme à Marengo, il s'en tire par bonheur ;

A Essling, la bataille reste douteuse ;

A Wagram, il ne prend rien, et se voit dans la nécessité de mentir dans son bulletin : pas de canons, pas de drapeaux, pas de prisonniers ;

A la Moscowa, il reste maître du champ de bataille, mais après avoir reçu un coup terrible :

A Leipsig, il est vaincu par la supériorité du nombre et du patriotisme ;

A Waterloo, il est vaincu, malgré la force supérieure, par le sang-froid et l'énergie de Wellington.

En même temps les *combinaisons* baissent chez lui.

Et tout ceci ne lui est pas personnel ; la même chose se produit en Espagne, sous l'action de Wellington.

Il faut voir dans l'histoire de celui-ci les progrès de nos défaites, qui deviennent de plus en plus décisives :

Baylen, Cadix, Cintra, Torrès-Vedras, les Arapiles, Vittoria.

La conquête du monde par les Romains tint à d'autres circonstances tirés d'autres Mémoires Elle Fut ché d'ailleurs jamais complète, et le nivellement des institutions amena bientôt la division.

Dans les temps modernes, les difficultés se doublent ; les conquêtes sont définitivement impossibles, et la guerre absurde.

Plus j'étudie cette matière de la guerre, plus je vois s'expliquer l'histoire de Napoléon et Napoléon par d'autres guerriers célèbres : Du Guesclin, Villars, Condé, Dumouriez, Masséna, Ney, Soult, Lecourbe, Augereau, Junot, Kléber, Lannes, Davoust, etc. Je mets Napoléon dans la série.

— Je ne connais point Turenne. dont je n'ai pas lu l'histoire.

Tempéraments sanguins, antipathiques à l'idée, aimant à battre ; animaux de combats.

Toujours un peu sournois ; peu touchés de la mort des hommes, étrangers au DROIT, qu'ils ne comprennent point ;

N'ayant d'intelligence que la ruse, et un instinct de tactique et de destruction.

Napoléon, devenu chef d'État, se déguise tant qu'il peut : il veut être législateur, administrateur, économiste, moraliste, financier ; il donne le ton à la littérature, la note à l'Eglise, l'esprit à l'Université. En résultat, que produit-il ? rien. Il reste ridicule.

Mon armée, mes armées !...

Je voudrais faire un parallèle entre lui et Louis XIV. A mon avis, Napoléon ne gagnerait pas à la comparaison. Il n'est pas, quoi qu'il fasse, un monarque ; il est un parvenu insolent, charlatan, guindé, histrion, faux en tout.

Son caractère militaire jugé, tiré au clair, sa politique ventilée, il reste un assez pauvre homme.

TABLE DES MATIÈRES

———

———

Tours. — Imprimerie Deslis Frères, 6, rue Gambetta.

TABLE DES MATIÈRES

Tours. — Imprimerie DESLIS FRÈRES, 6, rue Gambetta.

Mon armée, mes armées !...

Je voudrais faire un parallèle entre lui et Louis XIV. À mon avis, Napoléon ne gagnerait pas à la comparaison. Il n'est pas, quoi qu'il fasse, un monarque ; il est un parvenu insolent, charlatan, guindé, histrion, faux en tout.

Son caractère militaire jugé, tiré au clair, sa politique ventilée, il reste un assez pauvre homme.